近代建築史

【部分カラー版】

鈴木博之　編著

五十嵐太郎
横 手 義 洋　著

市ヶ谷出版社

近代建築史

まえがき

　われわれを取り巻いている都市や建築は、基本的に近代社会が生み出してきたものである。したがって、これからの都市や建築の創造にたずさわろうと思うなら、近代社会が創造してきた都市と建築の歴史をしっかり理解しておく必要がある。

　本書は建築学を学ぶ学生が、近代の都市と建築を幅広く理解するための教科書として書かれた。無論、授業を離れて、建築を主題としたひとつの歴史書として読んでいただいても構わない。

　しかしながら、ここでいう「近代」とは何であり、また、いつからはじまるものなのであろうか。定説のなかから、近代についての概念をたどっておこう。

　1770年代に起きた「産業革命」は、機械化・工業化・都市化など、さまざまな変化をわれわれの社会に及ぼした。1789年のバスチーユ監獄襲撃の年をもって記録されている「フランス革命」もまた、そこからは王制・身分制の廃止、基本的人権意識などが生まれる、近代の出発点のひとつである。また1776年の「アメリカ独立宣言」も、ヨーロッパだけが世界の中心ではないと意識される契機であり、近代的自意識の成立に大きな影響を与えた出来事と考えられている。

　日本においては、近代化と西洋化はしばしば同一視されるが、その両者には明らかに違いがあるはずである。時期的には明治維新ではなく、それに先立って1854年に行われた開国が、近代化への出発点となろう。

　「近代：モダン（Modern）」の内実を表わす概念もまた多様である。さきほど近代のはじまりを考えたときと同じように極めて図式的であることを意識したうえで、近代を巡る代表的な概念を取り上げてみるなら、

　「近代性：モダニティ（Modernity）」
　「近代主義：モダニズム（Modernism）」
　「近代化：モダナイゼイション（Modernization）」

という用語が存在することに気づくであろう。

　「近代性：モダニティ」という言葉は、歴史主義が盛んに追究されていた19世紀の時代精神のまさにそのなかから現われてきた。それに対して「近代主義：モダニズム」という概念は、20世紀に近代のイメージを求めるときに、もっとも理解しやすい。近代主義と訳するよりも、モダニズムという言葉自体で定着しているこの概念は、建築に即して考えるなら、「機械」のイメージに結び付いた美学と、社会改革の理想主

義とが融合した産物であり、ル・コルビュジエ、ミース・ファン・デル・ローエ、F.L. ライトら、20 世紀初頭の巨匠といわれる建築家たちと結びつく。

「近代化：モダナイゼイション」の概念は、物質的な社会構造の変化、文明開化というニュアンスをもって広く浸透し、また、高く評価されてきた。これは物質的近代化をもって近代の本質と考える立場であり、現在ではまさにそのことがわれわれの文明の本質を問い直す争点となっている。

本書はこうした「近代」が生み出してきた都市と建築を、西洋近代、日本近代、そして現代の３編からなる構成でたどってゆく。西洋近代の始まりは、18 世紀の新古典主義をひとつの重要な要素と捉えている。様式としてのモダニズムが始まる遥か以前に、建築における近代性は生まれている。

日本の近代は、先にも述べたように開国をひとつの契機として捉えている。日本における近代化の歴史は、建築の面からは歴史様式のリバイバルの時代に始まって、モダニズムの時代に向かうのである。また、近代が生み出した和風建築についても述べている。日本においても、建築における近代表現は複合的である。

そして現代編の始まりは 1960 年代においている。この時期、近代社会の変質が顕在化したと考えられるからである。現代編では日本の建築と世界の建築が同列に述べられてゆく。近代の進行とともに、建築の世界においても、世界が名実ともに一体化する現象が成立するからである。近代編と現代編の時代区分は、世界の一体化（グローバル化）が実現する時期を選んだ結果である。

限られた分量，スペースのなかで近代の歴史的変遷を述べるために、極めて簡潔な記述を心がけた。各編は３人の筆者が分担して執筆したが、それぞれの原稿を持ち寄り、編修者とともに読み合わせを行って統一と均衡を図るようにした。したがって、３編からなる本書の構成は、近代以降の建築の歴史を複合的・多面的に捉える視点を獲得していると自負する。本書を通じて近代・現代の建築史を学び、より良い未来の建築創造を目指していただきたい。

部分カラー版として、2010 年に 48 ページをカラー化した。

2010 年 10 月　　　　鈴木　博之

目　次

第1編　西洋近代

第1章　近代化の衝撃
1・1　近代科学と新古典主義 ………2
1・2　鉄とガラスの可能性 …………5
1・3　建築と工学 ……………………9
1・4　近代国家と建築様式…………13
1・5　工業化社会への危惧…………16
1・6　近代都市計画の誕生…………19

第2章　近代建築の模索
2・1　アメリカの高層建築と住宅……………………………23
2・2　アール・ヌーヴォー…………27
2・3　鉄筋コンクリートと建築表現…………………………32
2・4　機械の時代の建築……………35
2・5　社会主義革命と前衛芸術……38

第3章　近代運動の推進力
3・1　抽象性と客観性………………43
3・2　モダニズムのプロパガンダ……48
3・3　都市居住の問題………………52
3・4　国際的な承認と定着…………56
3・5　表現とイデオロギーの問題…60

第4章　近代運動の広がりと反動
4・1　近代建築の装飾性……………62
4・2　記念性への執着………………65
4・3　全体主義の建築………………68
4・4　モダニズムの浸透……………71
4・5　戦時下モダニズムの模索……74

第5章　国際化社会と多様性の萌芽
5・1　アメリカの躍進………………78
5・2　構造表現………………………82
5・3　戦後世界の都市と建築………86
5・4　戦後モダニズムの表現力……89
5・5　CIAM崩壊と非西洋圏の躍進………………92

第2編　日本近代

第1章　開国（1854）から維新期（1868）
1・1　初期洋風建築 ………………98
1・2　擬洋風建築 …………………101
1・3　御雇外国人の進出 …………104
1・4　近代的都市の形成 …………108
1・5　棟梁からゼネコンへ ………111
1・6　和風建築の進展 ……………114

第2章　洋風建築の本格的導入
2・1　日本の建築家の流れ ………117
2・2　工部大学校とコンドル ……117
2・3　日本人建築家たち …………122
2・4　都市建築の成立 ……………125
2・5　構造的課題 …………………129
2・6　伝統建築の再発見 …………133

第3章　住宅建築と都市
3・1　洋風邸宅 ……………………137
3・2　数寄屋の世界 ………………140
3・3　庭園と公園 …………………142
3・4　郊外住宅 ……………………145
3・5　集合住宅と労働者住宅 ……150

第4章　近代都市のなかの建築
4・1　様式手法の成熟 ……………154
4・2　オフィスビル ……………157
4・3　公共建築と商業建築 ………160
4・4　日本的表現と建築 …………164
4・5　都市計画理論と実践 ………167
第5章　近代建築の導入
5・1　建築運動の出発 ……………171
5・2　日本の合理主義建築 ………174
5・3　ライトとタウト ……………178
5・4　レーモンドと近代建築の影響 ……………181
第6章　日本から世界へ
6・1　戦前の計画から戦災復興計画まで …………184
6・2　公共住宅の展開 ……………187
6・3　ル・コルビュジエの弟子たち…190
6・4　新興数寄屋と新しい和風表現 ……………194
6・5　戦後建築と丹下健三 ………198

第3編　現代建築

第1章　1960年代：世界と日本の共振
1・1　CIAMの崩壊から世界デザイン会議へ ………204
1・2　メガストラクチャーと未来的な都市計画 …………207
1・3　モダニズムの伝播と変容 …211
1・4　住宅の大量供給 ……………216
1・5　近代批判の理論 ……………219
1・6　1968年の革命と万博 ………223
第2章　1970年代：モダニズムの反省
2・1　オフィスビルの冒険 ………228
2・2　フォルマリズムの系譜 ……232
2・3　建築の保存 …………………237
2・4　地域の表現 …………………241
2・5　日本の都市住宅 ……………245
2・6　ハイテクの展開 ……………249
第3章　1980年代：ポストモダンの開化
3・1　ポストモダンという現象……252
3・2　プログラム論 ………………256
3・3　都市再生プロジェクト ……259
3・4　ディコンストラクティヴィズム…263
3・5　バブル経済と外国人建築家…266
3・6　社会主義国と1989年 ………270
第4章　1990年代以降のグローバル化
4・1　ミニマリズムへの回帰 ……274
4・2　1995年以降の建築 …………279
4・3　情報化とコンピュータ ……282
4・4　9.11と悲劇の記憶 …………286
4・5　アジア建築の台頭 …………289
4・6　グローバリズムと日本の建築家 …………294

索引

•人名索引……………………………299
•建物・項目索引……………………309

第 *1* 編

西洋近代

第 1 章　近代化の衝撃 ……………2
第 2 章　近代建築の模索 …………23
第 3 章　近代運動の推進力 ………43
第 4 章　近代運動の広がりと
　　　　反動 …………………………62
第 5 章　国際化社会と
　　　　多様性の萌芽 ……………78

第1章　近代化の衝撃

1・1　近代科学と新古典主義

(1)　伝統への懐疑

西洋建築における近代化のはじまりは18世紀半ば頃とされる。実験と観察によって真実をつかみとる科学の力が，ルネサンス以降続いてきた古典主義の伝統に批判の矛先を向けるようになったからである。すでに17世紀末の段階で，特定の比例が建築美をもたらすというウィトルウィウスの説はクロード・ペローによって疑問視されていたが，1748年にポンペイ，1750年にパエストゥムの古代遺跡が発見され，ギリシア本土の古代建築が本格的に調査されるようになると，絶対的な比例への信奉はますます後ろ盾を失った。考古学的調査が進むたびに，ウィトルウィウスが伝えた情報の誤りが指摘されたのである。考古学だけではない。近代科学による検証の力は過去の偉大な業績さえ乗り越える可能性を示した。パドヴァの科学者ジョヴァンニ・ポレーニは亀裂の入ったサン・ピエトロ大聖堂のドームを力学的に解析し，鉄製のリングによって構造補強した。石材の力学的研究が大いに前進した時代でもあった。

図1・1　『建築試論』第二版の口絵　1755年，M.A.ロージエ

考古学や科学の実証性は，とりわけフランスにおいて啓蒙思想の名の下に改革の気運を高めた。建築の分野では，バロック建築の過剰装飾が徹底的に批

判され，建築の正しい姿が純粋で原始的な起源に求められた。この姿勢が新古典主義の発端となる。建築にとって本当に必要な要素は何か，疑う余地のない普遍的原理とは何か，といった主題の探求は，西洋建築の出自を批判的に検証し，古典主義の原点である古代建築，ひいては真理が引き出しうると考えられた自然に直接アプローチするものだった。

建築理論家のマルク･アントワーヌ･ロージエは建築の純粋な起源として，自生する４本の樹木が形づくる原始的な小屋を描いた（図１・１）。それは樹木の幹を独立円柱，枝を梁や屋根になぞらえ，建築の本質を無駄のない合理的な構造体として捉えたものである。ジャック・ジェルマン・スフロによるサント・ジュヌヴィエーヴ聖堂の内部は当初，ロージエの理想に近いものだったという。太い角柱やアーケードを用いず，水平なエンタブレチュアを独立円柱のみで支えることで視界を妨げない内部空間を実現し，外光に満ちた明るい空間だった。しかしながら後の時代に行われた構造補強ですべての窓が塞がれ，スフロの当初の理想とは異なる姿になってしまった(図１･２)。この聖堂の顛末が象徴するように，建築の構造に本質を見出そうとする傾向は新古典主義の主流とはならず，19 世紀に入るとゴシック建築を理解する際に再び見られるようになる。

図１･２　サント・ジュヌヴィエーヴ聖堂
パリ，1780 年，J.G. スフロ

(2)　新古典主義の普及

実際に広く普及した新古典主義建築は，建築のオーダーを遵守し，全体に簡潔で抑制された表現を特徴とする。ヴェルサイユのプチ・トリアノンは端正な古典主義の装飾を備えながら，ヴォリューム全体が単純な直方体ブロックとしてまとめられた（図1・3）。そして，こうした単純化が極限まで押し進められた結果，実現不能なイマジネーションが構想される。クロード・ニコラ・ルドゥーやエティエンヌ・ルイ・ブレーの描いた幻想の建築は，球体，円錐，直方体といった単純で抽象的な立体を壮大なスケールで使用し，

図1・3　プチ・トリアノン
ヴェルサイユ，1768年，
A.J. ガブリエル

図1・4　ニュートン記念堂案
1784年，E.L. ブレー

崇高な美を喚起している（図1・4）。もっとも，こうした抽象性はまだ現実的な表現とはなりえなかった。いや，むしろ装飾が抑制されたからこそ，建築のオーダーが本質的な装飾として厳格に規則化されたのである。その表現はナポレオン時代に象徴されるように，依然として多くの人々に権威や記念性を伝える重要な役割を担い続けるのである。

建築形態とは別に，設計手法でも合理的なアプローチが試みられた。1794年に創設されたエコール・ポリテクニークは近代の科学技術を重視した専門機関だが，その建築学教授ジャン・ニコラ・ルイ・デュランは，モデュールを用いて多様な平面計画を効率的に制作する方法を展開した（図1・5）。厳格な左右対称性に応じたデュランの設計法は，新古典主義建築が様々なビルディング・タイプに合理的かつ効率的に応用可能であることを伝えている。さらに新古典主義は立面でも，規格化された建築オーダーと施工しやすい簡素な壁面を特徴とすることで，19世紀を通じてヨーロッパおよびアメリカに広く浸透していった。

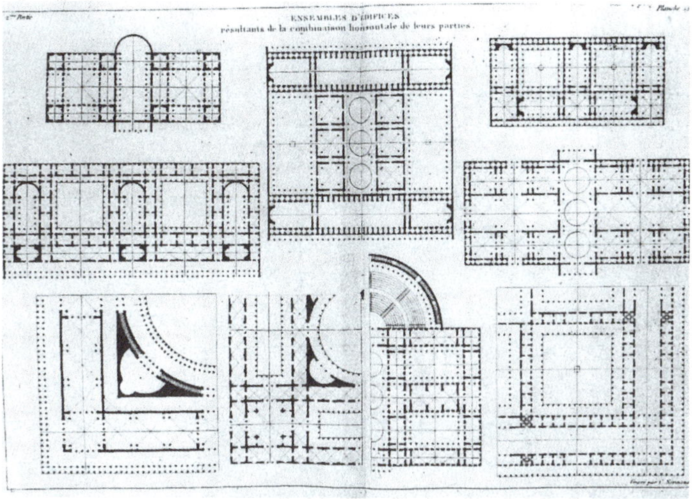

図１・５　『建築講義概要』の図版
1805 年，J.N.L. デュラン

１・２　鉄とガラスの可能性

(1)　産業革命

新古典主義の開花と歩調を合わせるように，新しい技術や材料の可能性も着実に芽生えていた。18 世紀初頭にイギリスのダービー親子が開発したコークス高炉は石炭による製鉄法を大幅に改善し，産業革命の足がかりとなった。ワットの蒸気機関（1775）の導入，反射炉，圧延機の発明と合わせて鉄の大量生産は一気に本格化した。こうしたなか，アブラハム・ダービーはコールブルックデールの製鉄所に鉄鉱石と石炭を効率的に運搬するために，史上初の鋳鉄橋（1779）を架けさせた（図１・６）。わずかスパン 30.5m のアーチ橋ではあったが，鉄を使った大スパン構造への挑戦がここから始まったのである。19 世紀になると大スパンを飛躍的に発展させるワイヤーケーブルの吊

図１・６　コールブルックデールの鋳鉄橋
シュルーズベリ，1779 年，
T. プリッチャード

橋と，強固な構造を持つトラス橋が登場する。ニューヨークのブルックリン橋（1883）は486.5mもの長大なスパンを誇り，フランスのガラビにある高架橋（1884）はギュスターヴ·エッフェルが手がけた橋梁のひとつで，主径アーチ部分に錬鉄製トラスを採用している。

図1·7　ロイヤル・パヴィリオン
ブライトン，1823年，
J.ナッシュ

産業革命によって国力を増したイギリスは原料供給を植民地に依存するようになり，人的，物的な交流を高めていった。当然，建築の表現においても植民地のエキゾティックな表現が登場する。建築家ジョン・ナッシュがブライトンに設計したロイヤル・パヴィリオン（1823）はインド風の建築様式を取り入れた典型例で，タマネギ型のドーム屋根や手摺に鋳鉄を使用している（図１・７）。また，植民地から持込まれた熱帯植物はヨーロッパに大規模な温室の需要を喚起し，産業革命で生産量が増えた板ガラスが大量に使用されることになった。造園技師ジョセフ・パクストンは建築家デシマス・バートンと協働し，チャッツワースに木製の骨組みとガラス板で巨大な温室（1840）を実現した。その後，バートンは技師リチャード·ターナーと，鉄製の骨組みを採用したガラスのヤシ温室（1848）（図１・８）をキュー・ガーデンに建てた。こうしたガラス張り建造物の集

図1·8　キュー・ガーデンのヤシ温室
ロンドン，1848年，D.バートン，
R.ターナー

大成が，1851年の第1回ロンドン万博で建設されたクリスタル・パレス（図1・9）である。パクストンは総ガラス張りの巨大展示館を，規格化された鉄材とガラス板によるプレファブ工法によって，わずか4ヶ月で完成させた。

図1・9　クリスタル・パレス
ロンドン，1851年，J.パクストン

(2)　大スパン架構

温室やクリスタル・パレスを例外とすれば，鉄とガラスが組み合わされるのは，たいていトップライト付きの屋根架構においてであった。ピエール・フランソワ・レオナール・フォンテーヌが設計したオルレアンのギャラリー（1831）は，ガラスのヴォールト天井を持つもっとも早いアーケードである。この大規模な発展形がミラノのガレリア・ヴィットリオ・エマヌエーレ二世（1877）で，現代のショッピング・アーケードの先駆けとなる（図1・10）。都市の流通施設としては，パリの中央市場（1870）も大空間をプレファブの鉄とガラスで実現した例である。また，鉄材は木材に代わる耐火構造としても注目された。とくに，工業生産の基本となる多層式倉庫や工場は鉄骨造煉瓦壁によってつくられた。19世紀後半になると，鉄骨の構造を安定させるために引っ張り鋼棒が使われ，鉄はコンクリートで被覆されるようになる。ジュール・ソルニエの設計したムニエ・チョコレート工場（1871）は，現代の剛接合構造や部品の標準化を予見するものだった。

図1・10　ガレリア・ヴィットリオ・エマヌエーレ二世
ミラノ，1877年，G.メンゴーニ

1830年代後半になると，鉄の大スパン構造が鉄道駅の上屋に使われはじめる。これらを手がけたのも，大スパンの橋梁を手がけてきた技師たちであった。ロンドンのセント・パンクラス駅（図1・11）では，技師ウィリアム・バーロウが当時最大級のスパン74mの上屋（1868）を実現した。こうして，近代社会が要請する大空間施設に技師の活躍の場が拡大した。もちろん，むき出しの鉄の構造体が一般的な建築として受け入れられたわけではないが，技師たちは万博のような華々しい舞台で人目をひく最新の工学技術を披露していった。とくに1889年のパリ万博は，橋梁技師エッフェルによる高さ300mの鉄骨塔（エッフェル塔）と，技師ヴィクトール・コンタマンによる３ピン構造の機械館が実現したことで名高い。こうした工学の可能性や技師の活躍が，旧来の建築家のあり方に影響を与えないはずはなかった。

図1・11　セント・パンクラス駅上屋
ロンドン，1868年，W.バーロウ

1・3　建築と工学

(1)　様式建築と鉄

橋梁，工場，駅舎，市場に鉄が使われてゆく一方で，従来の建築物に対する鉄の使用は構造補強と耐火性向上をめざして普及する。それまで屋根や床の主構造であった木材が鉄材で置き換えられてゆくのである。ヴィクトール・ルイがパレ・ロワイヤルに建てた劇場（1786）は鉄骨の屋根構造を導入した早い例である。耐火性能に加えて，重いシャンデリアを吊すことのできる鉄製の梁は劇場建築に広く使われてゆく。19 世紀になると，教会建築の屋根や尖塔にも鉄材が浸透してゆく。外観の印象はほとんど変わらないが，シャルトル大聖堂の屋根は 1837 年に木造から鉄骨トラスへ改修された。公共建築で言えば，ゴシック様式をまとったイギリス国会議事堂（図１・12）の屋根も鉄骨であり，古代神殿の外観を模したマドレーヌ聖堂（図１･13），ヴァルハラ（図１・14），大英博物館（図１・15）でも屋根架構は鉄骨で，必要に応じてガラスのトップライトを導入している。

鉄製の屋根架構は耐火性と同時に，トップライトによる明るい内部空間を可能にした。チャールズ・バリーのリフォーム・クラブ（1841）ではイタリア・ルネサンス風の中庭がガラス屋根によって内部化され，オックスフォード大学自然史博物館（1861，図１・16）ではゴシック構造を模した鉄骨がガ

図１・12　イギリス国会議事堂
ロンドン，1860 年，C.バリー，
A.W.N.ピュージン

図1・13　マドレーヌ聖堂
パリ，1842年，
A.P. ヴィニョン

図1・14　ヴァルハラ
レーゲンスブルク近郊，
1842年，L.V. クレンツェ

ラスのアトリウムを形づくっている。19世紀前半には一般的な建築の屋根架構や床スラブに鉄が普及した。だが，あくまで目に見えない部分での使用，あるいは内部空間にとどまっていたのであり，建築外観の表現手法になったわけではない。

(2)　鉄表現の模索

ジョン・ナッシュは鉄材を積極的に取り入れた数少ない建築家である。すでにナッシュは非西洋的な様式に鉄を応用していたが，カールトン・ハウス・テラス（1827）では古典主義言語であるドリス式円柱さえも鉄で実現した。もっとも，この鉄柱は石造円柱に見紛うような外観であり，建築表現として鉄を生かしきったとは言えない。鉄は建築の外観とは無関係に，耐火構造，大規模構造を陰で支える技術であった。壮麗なアメリカ国会議事堂のドームは鉄骨構造で実現したのであり，パリ・オペラ座（図1・17）のオーディ

図1・15　大英博物館
ロンドン，1847年，
R. スマーク

図1・16　オクスフォード大学自然史博物館
オクスフォード，1861年，
T.N. ディーン，B. ウッドワード

トリアムは巨大な鉄骨梁の採用によって生まれた。大英博物館中庭に増築されたシドニー・スマークによる円形の閲覧室も鋳鉄構造で実現した大空間だが，鉄そのものを表現したわけではない。こうしたなか，鉄材にふさわしいプロポーションを表現しえた建築家はアンリ・ラブルーストだった。サント・ジュヌヴィエーヴ図書館（1842，図1・18）は，ほっそりとした鉄製円柱が閲覧室のヴォールト天井を支えている。また，パリ国立国会図書館（1868）においても同様に軽快な内部空間が実現されている。大閲覧室は16本の鋳鉄製柱が鉄とガラスの屋根を支え，鉄製の多層式書架が入る書庫はトップライトが最下層まで達するように工夫されていた。

図1・17　パリ・オペラ座
パリ，1874年，
C.ガルニエ

ルイ・オーギュスト・ボワローによるサントゥジェーヌ聖堂（1854，図1・19）は，身廊の柱のみならず，リブ，トレーサリー，天井がすべて鉄で置き換えられた異端的事例である。宗教建築に対して行われたこの大胆な試みは，同時代の批評家に「鉄道駅」や「温室」のようだと酷評されたが，その後，エッフェルとともに手がけた百貨店ボンマルシェの増築（1876，図1・20）

図1・18　サント・ジュヌヴィエーヴ図書館
パリ，1850年，H.ラブルースト

図1・19　サントゥジェーヌ聖堂
パリ，1855年，L.A.ボワロー

図1・20　ボンマルシェ百貨店増築部分
パリ，1876年，L.A.ボワロー，
L.C.ボワロー，G.エッフェル

の方は，鉄とガラスの吹き抜け階段ホールを導入した画期的な商業施設だった。当時のフランス建築界でボワローはあきらかに異端児であったが，鉄への熱心な取り組みは同時代の建築家を大いに刺激した。ボワローに批判的であったウジェーヌ・エマニュエル・ヴィオレ・ル・デュクでさえ，晩年には鉄の使用とその表現の可能性を追求したほどである。3000人を収容するコンサート・ホール案（1858，図1・21）ではあきらかに様式を超えた可能性として鉄の表現を追求している。また，ピーター・エリスがリバプールに建てたオリエル・チェンバーズ（1864）は外観こそゴシック風のオフィス・ビルであるが，主構造を鋳鉄にすることによってファサードに占める張り出し窓の割合が大きくなっている。

図1・21　コンサート・ホール案
1866年，
E.E.ヴィオレ・ル・デュク

1・4　近代国家と建築様式

(1)　様式の役割

鉄の可能性が建物の内部や構造に使用されるようになっても，建築の外観が劇的に変わることはなかった。この時代に都市景観の要所を担った鉄道駅はその典型例で，公共性の強い駅舎の外観は建築家が伝統的な様式で手がける一方,駅舎奥にある鉄製の上屋は技師が手がけていた。ジャコブ・イニャーズ・イトルフによるパリ北駅（1861,図1・22）は鉄の表現を積極的に捉え，上屋の外形が駅舎外観に露出するものの，やはり古典主義的な装飾をまとっている。建築の公共的な表現は依然として石造建築ゆかりの表現に従っており，そうした古典主義の装飾が建築をかろうじて芸術の領域につなぎとめていた。為政者は国家の正統性を過去との連続性において強化する必要があったし，新興ブルジョワや富裕層も前時代の貴族趣味を理想とした。こうした様々な要求に応じて，建築家は過去の様式の再現に活路を見いだしてゆくのである。

図1・22　パリ北駅
パリ，1865年，
J.I. イトルフ

図1・23　ブランデンブルク門
ベルリン，1788年，
K.G. ラングハンス

18世紀半ばに本格化したギリシア建築の調査は，19世紀初頭にスコットランドとドイツで流行する。イギリス人ジェームズ・スチュアート，ニコラス・レヴェットがとりまとめた『アテネの古代遺跡』（1762－1816）を皮切りに，美しい版画を含んだ出版物が建築家の創造力を刺激したのである。ベルリン市門であるブランデンブルク門（1791，図1・23）をはじめ，フリードリヒ・ジリーによるフリードリヒ大王の記念碑コンペ案（1797），レオ・フォン・クレンツェによるヴァルハ

図1・24　アルテス・ムゼウム
ベルリン，1830年，K.F. シンケル

ラ（1842，図1・14）はいずれもギリシアのドリス式神殿に着想を得たものであり，ギリシア芸術をドイツ国家確立の夢に重ねて用いた。カール・フリードリヒ・シンケルもギリシア建築に傾倒したが，国立劇場（1821）では特殊な建築機能への対応，アルテス・ムゼウム（1830，図1・24）では機能的な平面計画という，様式を超えた課題へも取り組んだ。いずれにせよ，ベルリンのシンケル，ミュンヘンのクレンツェを擁護した王室が建築様式を決める第一の担い手であったのはまちがいない。

フランスでは，革命後に実権を握ったナポレオンが自身をローマ皇帝に重ねたこともあり，古代ローマ建築を彷彿とさせる記念建造物が数多くつくられた。エトワール凱旋門（1836），マドレーヌ聖堂（図1・13）はあきらかにローマ建築を模した記念堂であり，権力を誇示するために規模もかなり大きい。こうしてフランスでは，ギリシアよりはローマ，すなわちイタリア的な古典主義が好まれた。それは建築教育の中枢をなすエコール・デ・ボザールが，優秀な学生をローマ留学させていた事実にも見て取れる。王政復古の時代になっても，ボザールではカトルメール・ド・カンシーの意向によって，ローマを範とする古典主義教育が続いた。

イタリアでもギリシアの流行は限定的であった。ジョヴァンニ・バッティスタ・ピラネージはギリシアに対するローマ建築の優位性を説いた。ピラネージはローマの古代遺物に触発された版画を数多く残し，後の建築家に幻想的なイメージによる刺激をもたらした。

(2) 中世主義

イギリスでは18世紀以来，植民地政策を進めていたインドや中国の建築表現が入ってきていたとはいえ，基本的にはパラーディオの建築を範とする古典主義が続いており，19世紀に入ってもロバート・スマーク，チャールズ・ロバート・コッカレル，チャールズ・バリーといった建築家へ古典主義の伝統が受け継がれていた。その背後で，田園の邸宅や城館にゴシック趣味が用いられることもあったが，これは反古典主義という意味で異国趣味と同列であった。文人ホレス・ウォルポールの自邸ストロベリ・ヒル（1753），ジェームズ・ワイヤットが小説家ウイリアム・ベッグフォードのために設計したフォントヒル・アベイ（1796）は文学的流行の副産物と言わねばならない。そのゴシック趣味が古典主義に比肩する建築理論を携え，1830年代よりゴシック・リヴァイヴァルという一運動になりえたのはオーガスタス・ウェルビー・ノースモア・ピュージンのおかげである。彼にとってゴシックは，真の構造と機能を表現するもので，キリスト教本来の表現であり，イギリス人にふさわしい表現であった。かつて新古典主義に見られた合理論がゴシックの名において再来したとも言えるが，ピュージンの理論にふさわしい対象は教会建築であったことはまちがいない。事実，彼によって多くの教会が新築された。一方，ゴシックによる公共建築は数少ないが，それでもイギリス国会議事堂（図1・12）は，イギリス政府のルーツが中世に求められた経緯を直接反映した例である。平面計画こそ古典主義者バリーにゆだねられたが，内外観の装飾はピュージンが手がけた。

図1・25　セント・パンクラス駅舎・ホテル
ロンドン，1874年，G.G. スコット

図1・26　フィレンツェ大聖堂ファサード
フィレンツェ，1887年，E. デ・ファブリス

19世紀後半になると中世主義は他の国々にも広がりを見せる。中世様式の普及は，中世建築の修復作業が大きな後押しをしたからでもある。フランスでは革命時に国有化されたモニュメントの修復が議論されるようになり，ヴィオレ・ル・デュクが中世聖堂の実測および修復設計において大きな役割を果たした。また，ボザールはゴシックを建築表現として認めていなかったから，修復から新築への可能性を広げるのが現実的な道でもあった。イギリスではジョージ・ギルバート・スコットがウェストミンスター・アベイやイーリ大聖堂を修復すると同時にゴシック様式のセント・パンクラス駅舎（図1・25）を設計し，イタリアではエミリオ・デ・ファブリスがフィレンツェ大聖堂ファサード（図1・26）を新たに設計した。フリードリヒ・シュミットはケルンの大聖堂を修復した後，ウィーンでゴシック様式の市庁舎（1883）を実現している。中世建築の修復と新築の設計は19世紀の建築家にとって同次元の創造行為であった。

1・5　工業化社会への危惧

(1)　社会改革へのまなざし

ゴシック・リヴァイヴァルという運動は，古典主義に抗う様式的な反動だった一方で，工業化される社会への批判的まなざしを備えていた。ピュージンは著書『対比』（1836）において，俗悪な芸術品を生む工業生産そのものを強烈に批判した。また，美術批評家のジョン・ラスキンも生産の機械化が進むことによって中世以来の手仕事の伝統が退化することを危惧していた。重要なのは，こうした問題意識がもはや単なる中世主義を超えて，工業化社会における芸術形態はどうあるべきかを考えさせるにいたったことである。ラスキンに学んだウィリアム・モリスはその可能性を手工芸に求めていった。ピュージンやラスキンの流れを受けた

図1・27　赤い家
ベスクリー・ヒース，
1860年，P.ウェッブ

モリスたちの一連の動きをアーツ・アンド・クラフツ運動と呼ぶ。モリスの自邸「赤い家」(1859，図1・27) は中世風田園住宅の趣を感じさせるが，いわば社会改革家としての出発点でもあった。自身で家具をはじめ室内装飾のすべてを手がけ，その情熱はモリス商会の設立につながった。モリス商会は富裕層向けに手工芸製品を送り出す一方で，ギルド的共同体が社会改良の方策であることを主張してもいた。こうしてモリスは一種の社会主義的ユートピアを構想するようになるのだが，この流れが世紀末から20世紀にかけて田園都市という考え方を生み，さらに，芸術のあり方の追求がアーツ・アンド・クラフツ運動からアール・ヌーヴォーに流れ込んでゆくのである。

(2) 都市改造と折衷主義

他方で各国の大都市に目を移せば，産業革命と鉄道の普及は都市人口の増大をもたらし，過密状態に陥った都市環境は劣悪な状態を極めていた。人口増加を吸収すべく安普請で建て増された住宅は，日照，通風が不十分で，給排水設備といった衛生施設も貧弱なものだった。

こうしたなか，ナポレオン三世とセーヌ県知事ジョルジュ・ウジェーヌ・オスマンによってパリに大改造が施される。都市居住環境の整備は，幅の広い並木道を新設し，都市全体に効率的な道路網を生み出す方針とともに進められた。パリ大改造 (図1・28) は，ヨーロッパ主要都市にとって都市改造の基本的な参照源となった。あらたに生み出される都市構造は軸と焦点によって定められた。幹線道路が広場に集まり，そこには軸を受けとめる焦点

図1・28　パリ大改造
パリ，1853-70年，G.E. オスマン

としてモニュメントや建築物が配置された。この文脈で言えば，オペラ座（図1・17）は建築単体を超えて，街路軸に対しても華麗な装飾を披露しているのである。もっとも個々の建築様式が厳密に都市計画に対応していたわけではない。考古学と建築史の研究蓄積によって使用可能な建築言語は豊富になっており，建築家があらゆる時代の建築様式を器用に使い分ける折衷主義は都市にあらゆる歴史様式をばらまいた。パリ市街の都市風景はこうして19世紀後半にできあがった。

オスマンのパリ改造が既存の街区に対して躊躇なく道路を開削したきわめて大胆なものであったのに対し，ウィーンでは旧市街を囲んでいた城壁を撤去し環状道路に変えるという方策がとられた。リンクと呼ばれる環状道路沿いは，新しい都市の姿を発信する重要な地区と考えられ，様々な歴史様式を駆使した公共建築と緑地が配置された（図1・29）。議事堂は民主主義を連想させるギリシア様式で，市庁舎はその原点である中世時代の様式で，劇場は華やかに彩られたバロック様式で，というように。

図1・29　リンク沿いの建築群
ウィーン，1858年以降

折衷主義は様式選択の自由として建築家に受け入れられた反面，その時代の表現としては過去の複製に過ぎないという負い目もあった。パターンブックから建築にふさわしい装飾を選ぶという方法は，建築家の芸術的な独創性を埋没させただけでなく，美術教育を受けていない技師にさえ建築の外観を無難にまとめる術を与えることとなった。工業化の進展，デュランがめざした設計の効率化はいよいよ旧来の建築家の立場を危うくした。19 世紀西洋世界において建築家教育の中枢であったボザールでさえ何度も改革の必要性に迫られたが，結果としては 1867 年に免許制によって建築家という職能を擁護するほかなかった。この動きは利害をともにする建築家たちが一致協力する社会組織を生むにもいたる。イギリス王立建築家協会（RIBA）はその早い例であるが，その後矢継ぎ早に欧米各国で建築家協会が組織されていくのである。

1・6　近代都市計画の誕生

(1)　ヨーロッパの都市計画

旧市街に大街路を開削し，新たな都市構造を整備するオスマン的手法の反動として，旧市街の歴史的雰囲気を生かそうとする計画姿勢も現れる。ウィーンのカミロ・ジッテは中世主義思想を都市計画のレベルに持ち込み，中世都市に空間の非対称的レイアウトとヒエラルキーの魅力を見出した。『芸術的原理に基づく都市計画』（1889）に示されたジッテの手法は，歴史的建築の美を周辺の都市構造を含めて空間的に捉える点で画期的なものであり，20 世紀になると歴史的街区の保存という流れを生むことになる。

だが，多くの中世主義者たちは大都市の改造を論じるどころか，その劣悪な環境を嫌悪し，良好な環境を田園に求めていた。すなわち問題は，富や資本が集中する都市と，豊かな自然と健康的な生活環境を備える田園の決定的対立にまで進んでいたのである。人口過密の都市は郊外に拡大し，都心への通勤という新たな問題も生んでいた。そうしたなか，エベネザー・ハワードの田園都市は，単なる郊外住宅地ではなく，都市と田園の長所を合わせ持つ完全な自足社会として提案された（図１・30）。職・住環境が整備され，緑豊かな計画都市の構想はロンドン近郊レッチワースに実現したが，現実には見込んでいたような都市の自給性は実現せず，大都市ロンドンに依存する郊外都市になってしまった。ただ，道路のレイアウト，統一感のある建物群，

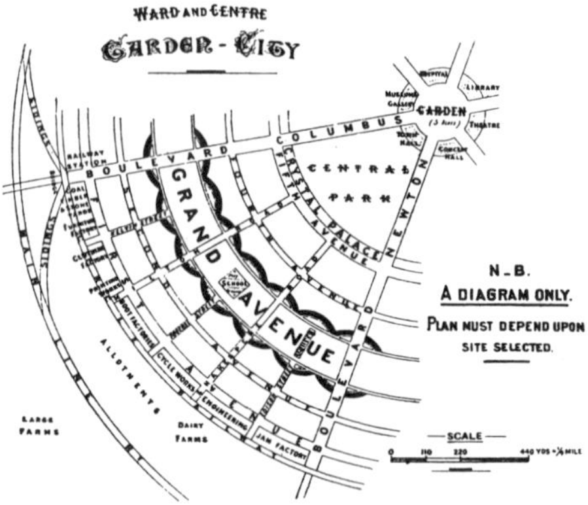

図1・30　田園都市概念図
1898年，E.ハワード

オープンスペースの確保といった要素は，後の理想的郊外住宅地の重要な参照源となった。

スペインのアルトゥーロ・ソリア・イ・マタは，都心に一極集中する伝統都市の代替案として線状都市を提案した。これは鉄道に沿って無限に延長可能な都市モデルで，交通手段と都市形態を関連させた最初の例である（図1・31）。だが，これも実際には土地収用がうまくいかず，マドリッド郊外58キロの計画にとどまった。

ハワードやソリアの構想は，いずれも既存の大都市の求心力，資本主義，土地問題の前に挫折を余儀なくされた。中心から郊外へ拡大してゆくヨーロッパの大都市において，都市全体の制御はできなかったのである。こうしたなかで，整然とした拡張計画を大規模に展開させることのできた都市がバルセロナである。技師イルデフォンソ・セルダによる拡張計画は，正方形ブ

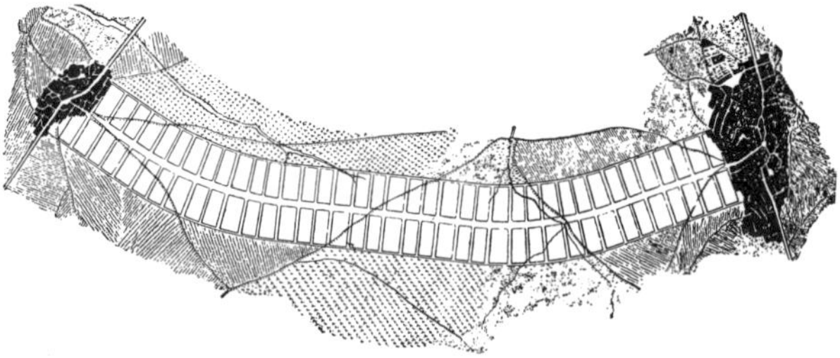

図1・31　線状都市計画案
1880年代，A.ソリア・イ・マタ

ロックで埋め尽くされた格子状プランを基本とし，二本の大きな並木道が対角線状に交差するものだった（図1・32）。この拡張計画はアメリカの都市計画に通じるものである。

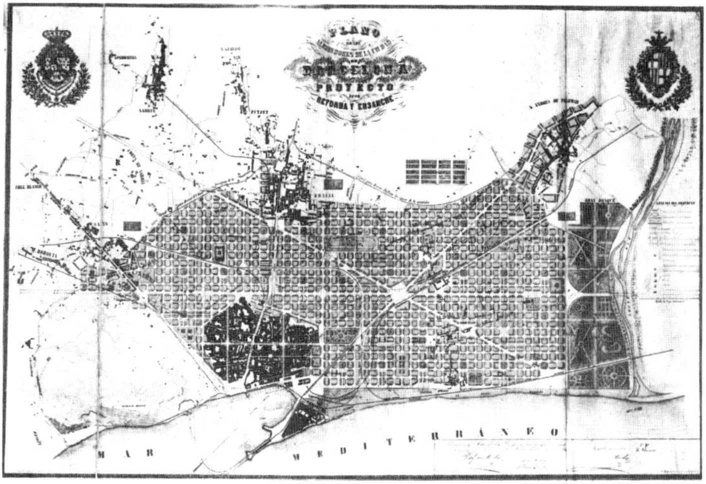

図1・32　バルセロナ拡張計画案
1859年，I.セルダ

(2)　アメリカの都市計画

18世紀末よりアメリカ合衆国の首都として計画されたワシントンDCはバルセロナと同様，まさに格子状の都市構造と直線街路のネットワークによって都市全体を実現している。また，19世紀初頭のニューヨークは，南端からマンハッタン全体の都市計画を直交グリッドの均質なネットワークで推し進めていた。唯一の斜行道路であるブロード・ウェイは，計画以前の道路が残されたものである。アメリカの都市に見られるこうした格子状パターンは植民都市建設に典型的な計画手法である。

アメリカにおいても大都市と自然の関係は考えられたが，それは主に都市公園として実現させられている。造園家フレデリック・ロウ・オルムステッドは，ニューヨークの格子状構造に巨大な余暇の空間としてセントラル・パークを埋め込んだ（図1・33）。イギリスの風景式庭園を思わせる公園の地下には，マンハッタンの都市交通を妨げないように横断道路が通された。

シカゴでは1871年の大火以降に都市計画が急速に進んだ。都心において

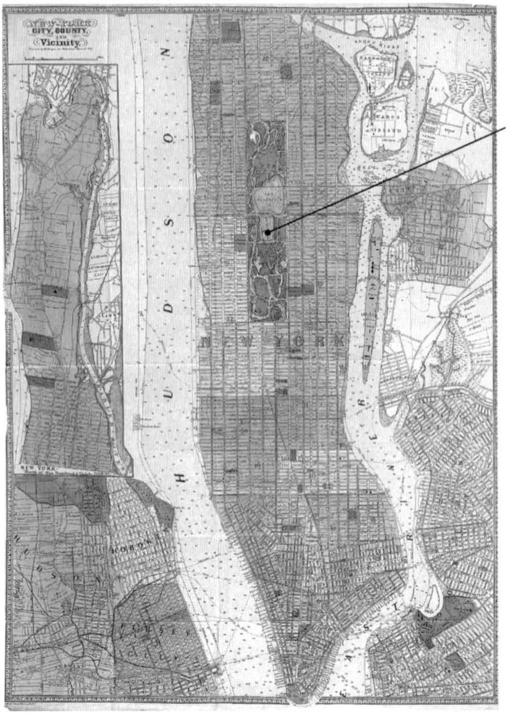

図1・33　マンハッタン島におけるセントラル・パーク
ニューヨーク，1863年，F.L. オルムステッド

は摩天楼が無計画に林立したのであるが，これは資本主義的効率の成果を映し出しており，当時けっして美しい都市景観とは考えられていなかった。その一方で，郊外ではヨーロッパ的な都市景観が目指されたのである。オルムステッドが敷地計画を担当した1893年のコロンビア万博をきっかけとして，都市公園を備えたバロック的都市景観が実現された。また，郊外への交通の整備に伴い郊外住宅地も発展してゆく。フランク・ロイド・ライトの住宅が建ち並ぶことで知られるオーク・パークはその代表例である。アメリカにおいては，高層建築が建ち並ぶ都市中心部，一戸建て住宅が配置される田園郊外住宅地という二つの都市景観が19世紀末に出来上がっていたのであった。

第2章　近代建築の模索

2・1　アメリカの高層建築と住宅

(1)　建築の高層化

高さ制限がなかったアメリカの都市では，都心への人口流入と地価高騰に対する処方として建築の高層化が急速に進んだ。その早い例がシカゴであり，とくに大火（1871）後の新建築ラッシュにおいて数多くの摩天楼を手がけた建築家たちを「シカゴ派」と呼ぶ。技術的な背景には，鉄骨構造の実践的応用とエレベータ技術の発展があった。従来の煉瓦造による高層建築は下層部ほど壁厚が増す欠点があったが，ル・バロン・ジェンニーによる鋼の骨組構造は，下階でも十分な開口をとることのできる可能性を開いた。また，高層居住を成立させるエレベータも19世紀半ばには蒸気式のものがあったが，1887年に電動式が用いられるようになった。ジェンニーによるホーム・インシュアランス・ビル（1885）は初の鉄骨構造の高層建築とされる。ダニエル・バーナム，ジョン・ルートによるモナドノック・ビル（1891，図1・34）は完全な鉄骨構造の応用ではないものの，無装飾の耐力壁が外観を力強く簡素な造形に見せている。この時代，構造が鉄骨でも外観はテラコッタの外装材を用いて石造のように表現されるのが普通で，多くのものが基部，中層部，頂部という古典主義におけるパラッツォの三層構成を美観の拠り所としていた。

図1・34　モナドノック・ビル
シカゴ，1891年，
D.H. バーナム，
J.W. ルート

ルイス・サリヴァンは高層建築をい

図1・35　ギャランティ・ビル
シカゴ，1895年，L.サリヴァン

かに表現するかについて様々な試行を繰り返した建築家である。オーディトリアム・ビル（1889）やギャランティ・ビル（1895，図1・35）では，中層部に方立を持ち込むことで各階の積層よりも垂直性を強調する一方，カーソン・ピリー・スコット百貨店（1899）では中・上層部の窓を無機質な格子状パターンとしてまとめつつも，窓の大きさで変化を与えた。

20世紀に入るとシカゴに代わって，ニューヨークが高層建築の中心地になる。バーナムのフラット・アイアン・ビル（1901，図1・36）はブロード・ウェイと5番街に挟まれた三角形の敷地に平面形状を合わせたユニークな作品だが，外観は古典的構成を守っている。だが，高さを誇示する表現

図1・36　フラット・アイアン・ビル
ニューヨーク，1901年，
D.H.バーナム

図１・37　ウールワース・ビル
ニューヨーク，1910 年，
C. ギルバート

として次第にゴシック建築がふさわしいとされるようになってゆく。メトロポリタン・ライフ・ビル（1909）はヴェネツィアのサン・マルコの鐘楼を模しており，ウールワース・ビル（1910，図１・37）はゴシック大聖堂を彷彿とさせる外観によって241mもの高さを実現し，「商業の大聖堂」と呼ばれた。

サン・フランシスコのハリディ・ビル（1917，図１・38）は外観構成こそ古典的三層構成を保持しているが，中層部が全面ガラスで覆われており，内部の構造を透かし見せている。ガラスのカーテン・ウォールを実践した初の試みであった。

⑵　自然の中の住宅

高層化を極める都心部の動きと並行して，郊外住宅地でも 20 世紀の住宅につながる動きが芽生えようとしていた。19 世紀末のアメリカ住宅はヘンリー・ホブソン・リチャードソンやチャールズ・マッキムらに代表されるシングル・スタイル（屋根や壁に杮板を張り詰めた戸建て住宅）が流行してい

図１・38　ハリディ・ビル
サン・フランシスコ，1917年，
W. ポーク

図１・39　ロビー邸
シカゴ，1909年，F.L. ライト

た。フランク・ロイド・ライトの初期の住宅もその影響下にあったが，オーク・パークの自邸をきっかけに独自の作風が展開されるようになる。シカゴ時代の代表作ロビー邸（1909，図１･39）は，内部空間の流動的なつながり，水平展開するのびやかな外観，直線的な造形と装飾，天然材料の使用など，敷地の自然に調和する「プレイリー・ハウス」を体現したものであった。伝統や様式にとらわれず，草原を住宅の主題として捉えたライトの発想は田園郊外における大衆のニーズとうまく合致し，建築家としての名声を大いに高めることになった。

２・２　アール・ヌーヴォー

図１・40　オルタ自邸
ブリュッセル，1911年，V.オルタ

(1)　自由な装飾

19世紀末のヨーロッパでは，折衷主義の極まりとともに伝統的な要素がますます見えにくくなり，アーツ・アンド・クラフツ運動と錬鉄技術の発展のなかからアール・ヌーヴォーと呼ばれる新たな装飾の流行が生じた。その流行は最初にベルギー，次いでフランス，そしてヨーロッパ各国に急速に広がった。ブリュッセルのヴィクトール・オルタはタッセル邸（1892）や自邸（1911，図１・40）において手すりや門扉に鉄材を積極的に用い，植物の蔓のような装飾を多用した。パリのエクトール・ギマールもカステル・ベランジェ(1894)で同様の試みをしたほか，地下鉄駅入口（1900, 図１・41）をほっ

図１・41　地下鉄駅入口
パリ，1894年，
E.ギマール

そりとした鉄材と貝殻のようなガラス屋根でデザインした。それ以外の国では，かならずしも鉄の表現が際立ったわけではないが，ミュンヘンのエルヴィラ写真工房（1897）に代表されるようにスタッコによる装飾でも，伝統とは切り離された自由な造形が試みられていった。

(2)　ナショナル・ロマンティシズム

鉄の使用に限らず，装飾の自由な造形はヨーロッパ各国の建築家たちによって独自に展開された。民族主義の流れに同調し，地域の伝統を反映しながらも，建築家の個性的な表現が発揮されるようになるのである。バルセロナのアントニ・ガウディは土着の中世建築に着想を得つつも，力学的合理性を重視し，独自の色彩と造形感覚によって，カサ・バトリヨ（1904），グエル公園（1914），カサ・ミラ（1910），サグラダ・ファミリア聖堂（1883－，図1・42）を生み出した。ハンガリーのレヒネル・エデンもブダペスト郵便貯金局（1901，図1・43）においてタイルやモザイクによる曲線モチーフを駆使した。北欧ではストックホルム市庁舎（1906），グルントヴィ聖堂（1913），ヘルシンキ駅（1919，図1・44）などに見られるように，アーツ・アンド・クラフツ運動の影響を受け，地域の伝統を近代の技術に適用させることで脱古典主義の道が模索された。

図1・42　サグラダ・ファミリア聖堂
バルセロナ，1883-年，
A.ガウディ

図1・43　ブダペスト郵便貯金局
ブダペスト，1901年，
L.エデン

グラスゴーのチャールズ・レニー・マッキントッシュもスコットランドの伝統，アーツ・アンド・クラフツ運動の流れのなかで，繊細な曲線が特徴的

図1・44　ヘルシンキ駅
ヘルシンキ，1919年，
E.サーリネン

図1・45　グラスゴー美術学校
グラスゴー，1909年，
C.R.マッキントッシュ

な室内装飾を開拓する。その後は直線的な構成を好むようになり，代表作であるグラスゴー美術学校（1909，図1・45）では石の重厚感とガラスと鉄の軽快さが対比的に表現されている。

⑶　ウィーン分離派

ウィーンでは，様式の伝統を守ろうとする美術アカデミーに逆らって若い世代のヨゼーフ・マリア・オルブリヒやヨーゼフ・ホフマンらが分離派を結成した。オルブリヒの分離派記念館（1897，図1・46）は，平滑な壁面で構成されるヴォリュームの頂部に月桂冠をモチーフとする金色の球体装飾が載せられている。こうしたきらびやかな装飾の効果は分離派の画家グスタフ・クリムトの絵画に相通じる。オルブリヒの師でアカデミー教授のオットー・ワグナーでさえ，分離派の自由な装飾の展開に共感し，華麗な花模様が描かれたタイル装飾をマヨリカ・ハウス（1899）で用い，地下鉄駅（1899）でも伝統にとらわれない装飾を展開した。もっともワグナーの作品は左右対称の古典主義的な全体構成を保持した

図1・46　分離派記念館
ウィーン，1897年，
J.M.オルブリヒ

ものが多い。だが，晩年の傑作であるウィーン郵便貯金局（1906，図1・47）は，内部の出納ホールに半透明のガラス屋根，ガラスブロックの床，アルミの空調吹き出し口などを用い，分離派とは一線を画した抽象的な内部空間を実現した。ホフマンはアーツ・アンド・クラフツ運動の影響を受け，自らウィーン工房を設立し，室内装飾や家具も手がけた。建築の代表作はブリュッセルのストックレー邸（1911，図1・48）で，白大理石の外装材がブロンズで縁取られ，建物全体の直線的な構成が際立っている。

図1・47　ウイーン郵便貯金局
ウィーン，1906年，
O. ワグナー

図1・48　ストックレー邸
ブリュッセル，1911年，
J. ホフマン

(4)　アール・ヌーヴォーの反響

折衷主義の時点で建築家の役割はすでに外観の表面的操作に陥っていたが，アール・ヌーヴォーやウィーン分離派はそこから歴史的モチーフを完全に消し去った。少なくとも建築の表面において，伝統にとらわれない独創的な表現が社会に受け入れられるようになってきたのである。その一方で，建築の表現が装飾にゆだねられることを拒絶する建築家もいた。アドルフ・ロースの衝撃的な論文「装飾と犯罪」（1908）はウィーン分離派の装飾性に対する反論であった。装飾を拒絶したロースの住宅は外観を簡素に仕上げる一方，室内は大理石，真鍮，ブロンズといった高価な材料によって表現力を高めた。代表的な住宅作品に，シュタイナー邸（1910，図１･49），ミュラー邸（1930）があるが，この 20 年間に「ラウムプラン」というコンセプトを発展させてもいる。住宅の内部空間に対して，諸室の床レベルを変え，視線の通り方や空間のつながりを計算して全体をまとめる空間操作として，次世代のモダニストたちに共有されてゆく手法であった。

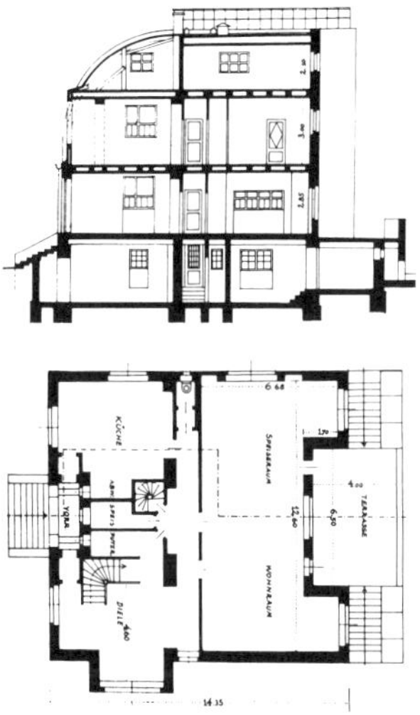

図１・49　シュタイナー邸
ウィーン，1910 年，
A. ロース

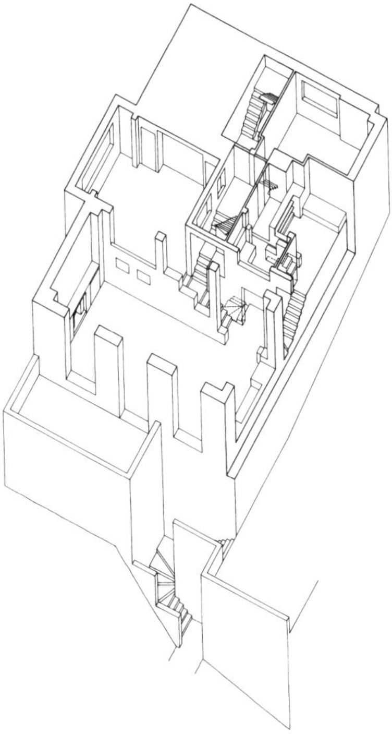

図１・50　ミュラー邸
プラハ，1930 年，
A. ロース

2・3　鉄筋コンクリートと建築表現

(1)　鉄筋コンクリート

アール・ヌーヴォーが建築の装飾性に関心を払っていた裏側で，建築の主構造のあり方も次第に変わろうとしていた。なかでも煉瓦造に代わる鉄筋コンクリート技術の発展は重要である。

近代的なコンクリートの主原料であるポルトランドセメントは19世紀の早い段階で発明されていたが，コンクリートが持たない張力を鉄筋によって補う方法は，世紀後半になって徐々に土木・建築に応用されるようになった。フランソワ・エヌビックは鉄筋コンクリートによる床スラブのつくり方に取り組み，建築における鉄筋コンクリート構造の普及に貢献した。工期が短く安価な建設技術は，工場や万博施設(1900年パリ万博のグラン・パレとプチ・パレの床など）に応用された。アナトール・ド・ボドによるサン・ジャン・ド・モンマルトル聖堂（1904，図1・51）は，鉄筋コンクリートを一般の建築に用いた最初の試みとされるが，教会らしさを表現するためにゴシック的な表現を採用している。

図1・51　サン・ジャン・ド・モンマルトル聖堂
パリ，1904年，A.ド・ボド

20世紀に入ると鉄筋コンクリートは一般住宅の主構造としても普及するようになる。オーギュスト・ペレによるフランクリン街のアパート(1904，図1・52）は，鉄筋コンクリートによ

図1・52　フランクリン街のアパート
パリ，1904年，A.ペレ

る柱・梁構造を駆使し，構造荷重を受けない間仕切り壁によって自由な室内計画の可能性を開いた。ただ，外観はさすがにコンクリート剥き出しというわけにはいかず，花模様の陶磁器タイルで覆っている。シャンゼリゼー劇場（1913）でも細部は簡略化されたものの，全体構成は古典主義的な伝統に従った。ペレにとって，鉄筋コンクリートの実用性と均整のとれた古典主義の表現はけっして相容れないものではなかった。その姿勢はゴシックの伝統に対しても同様であり，ル・ランシーのノートルダム聖堂（1923，図1・53，54）ではゴシック聖堂を思わせる多色ガラスに包まれた空間を鉄筋コンクリート打ち放しによって実現している。

また，マックス・ベルクはポーランドの百年祭記念ホール（1913）で直径67mの巨大ドーム空間を実現した。ドーム空間そのものは歴史的建築にも見られるタイポロジーだが，鉄筋コンクリートの骨組み構造は屋根自体に十分な採光窓をとることを可能にした。

図1・53　ノートルダム聖堂中央塔
ル・ランシー，1923年，
A.ペレ

図1・54　ノートルダム聖堂内部
ル・ランシー，1923年，A.ペレ

(2) 工場建築の影響力

トニー・ガルニエはアカデミックなボザール教育を受けた建築家ではあったが，確実に進行する工業化社会に対してきわめて積極的な反応を示した。彼が描いた「工業都市」(1901，図1・55) は，都市の衛生問題，交通の歩車分離など，後の近代運動を先取りするような画期的な提案を含んでいた。また，ドイツの用途地域制に似たゾーニング法を展開し，都市全体を用途別に旧市街，新市街，郊外住宅地，工業地域など完全に分離して計画した。たとえば，近代都市に不可欠な工業施設を，水力発電がまかなえる河川沿いに置き，そこから緑地帯で分離した高台に居住地域，さらに高い場所に病院を配置した。都市内のあらゆる施設が鉄筋コンクリートで建てられ，建築の表現にはコンクリートの可塑性を生かした流線形の表現も認められる。ガルニエの構想は故郷のリヨンで部分的に実現した。

鉄筋コンクリート構造の施工の早さと安価さは大規模な工場を可能にしたが，その長大な空間がまさに工業製品を大量に製造する流れ作業の現場となった。自動車工場はその代表例で，フォードのハイランドパーク工場(1908)はコンクリートのフレームにガラス窓がはめ込まれるだけの徹底した合理主義の外観を呈しており，同様のシステムはフィアットの自動車工場 (1921，図1・56) にも導入された。ただ，フィアットでは長大な工場の屋上が試験走行用のサーキットとされ，そこへ自動車を導く螺旋状スロープが力強い鉄筋コンクリート表現の見せ場ともなっている。

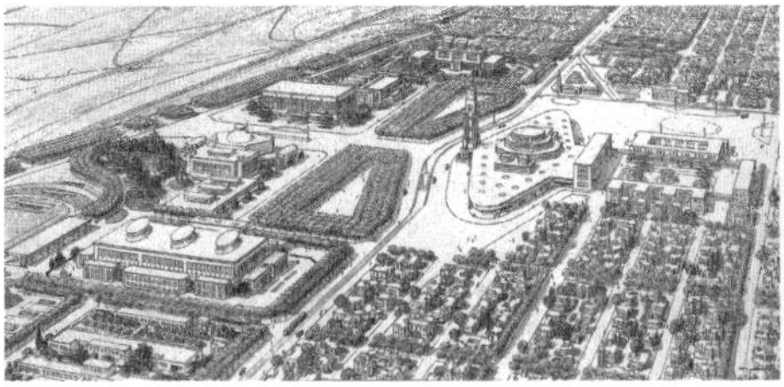

図1・55　「工業都市」
1901年，T.ガルニエ

図1・56　フィアット自動車工場
トリノ，1921年，
G.マッテ・トゥルッコ

２・４　機械の時代の建築

(1)　ドイツ工作連盟

ヘルマン・ムテジウスは，イギリスのアーツ・アンド・クラフツ運動が機械産業と中産階級に目を向けていないことに気づき，ドイツ独自の運動組織を立ち上げることに尽力した。ムテジウスを中心として1907年に設立されたドイツ工作連盟は，実業家や芸術家を巻き込み，機械生産方式を否定せず，高品質の作品をめざす文化組織であり，その活動は1920年代に展開される近代運動の中核を担うようになる。当初，工作連盟にはオルブリヒやホフマンといったウィーン分離派の建築家も参加していたが，次第に新しい時代を担うドイツ人建築家によって組織される。

なかでもペーター・ベーレンスは最初の重要な建築家である。ダルムシュタットの芸術家村に建てた自邸（1901）でこそアール・ヌーヴォー的造形に浸っていたものの，ドイツ最大の電機会社AEGの芸術顧問になると，数多くの工場建築に芸術的表現を付与するようになる。AEGタービン工場(1910, 図１・57）では鉄骨の３ピン・アーチによって大空間を実現する一方，外観に石造の神殿を思わせる柱とペディメントを加えることで建築の記念性を表現した。

ワルター・グロピウスはベーレンス事務所で働いた後で独立するが，アドルフ・マイヤーとともに手がけたファグス靴工場（1911，図１・58）は，玄

図１・57　ＡＥＧタービン工場
ベルリン，1910年，P.ベーレンス

図1・58　ファグス靴工場
アルフェルト，1911年，
W.グロピウス，A.マイヤー

関部にベーレンス流の記念性を残すものの，隅部がガラス窓によって解放され，ガラスのカーテンウォールで包まれた直方体ヴォリュームが新たな芸術の表現力となることを示していた。ドイツ工作連盟展のモデル工場（1914，図1・59）では，一部にフランク・ロイド･ライトの参照も見受けられるが，ファグス靴工場で試みた階段の見せ方をさらに押し進め，ガラスに包まれた隅部の螺旋階段を外観表現のアクセントとした。

図1・59　ドイツ工作連盟展モデル工場
ケルン，1914年，
W.グロピウス，A.マイヤー

(2)　ドイツ表現主義

ドイツ工作連盟展には，その他数多くの建築家による実験的な作品が建てられた。ブルーノ・タウトによるガラス・パヴィリオン（図1・60）は文字通りガラスの表現効果を様々に試行実験したもので，彩色ガラスのドーム屋

図1・60　ガラス・パヴィリオン
ケルン，1914年，B.タウト

根，ガラスブロックによる壁や階段によって新しい建築空間を模索した。

一方，アンリ・ヴァン・ド・ヴェルドはオルタと並ぶベルギーのアール・ヌーヴォーの代表的建築家であったが，後にドイツ工作連盟に合流した。彼によるモデル劇場は鉄筋コンクリートの可塑性を生かし，滑らかな流線的曲線を特徴とする。このように機械生産を否定しなかった工作連盟も，単純に表現の画一化に向かったわけではなく，むしろ形態そのものを探究する姿勢が結果的に表現の多様性をもたらしていた。

こうした美術・建築の傾向は表現主義と呼ばれ，理論的背景にはコンラート・フィードラーやアドルフ・フォン・ヒルデブラントによる純粋な視覚性の強調や，美術史家ヴィルヘルム・ヴォリンガーによる抽象的表現の強調があった。実際，表現主義という用語は1914年のタウトのパヴィリオンを筆頭に，ハンス･ペルツィヒやアムステルダム派，さらに1920年代のエーリッヒ・メンデルゾーンやフーゴー・ヘーリングといった建築家までを幅広く含むようになる。戦時中にメンデルゾーンが描いた流線的造形のスケッチは戦後にアインシュタイン塔（1924，図1・61）として実現している。ハンブルクのチリハウス（1923）もドイツ表現主義の作品とされるが，これは建築ブロックを不整形街区に合わせた結果，鋭い直線性と滑らかな曲面の表現が共存させられることとなった。

図1・61　アインシュタイン塔
ポツダム，1924年，
E.メンデルゾーン

(3)　イタリア未来派

イタリアでは20世紀に入っても古典主義の伝統が根強く，アール・ヌーヴォーの影響も部分的にしか見られなかったが，その反動はきわめて過激な芸術運動として現れた。文学，絵画，彫刻の分野で，機械化された近代都市，それが生み出すスピード感を賞賛するような革命的「未来派宣言」(1909)が発表されたのである。

建築の分野では，アントニオ・サンテリアが未来派の都市（図1・62）をドローイングで描いた。それは過去の伝統との完全なる決別であり，摩天楼，電線，電車，自動車，飛行機といった科学技術がもたらす成果を礼賛した未来予想図であった。サンテリアは第1次大戦で戦死したため実作には恵まれなかったが，単純な流線形ヴォリューム，交通インフラの立体交差など，時代を先取りする前衛的な表現要素が数多く描かれていた。

図1・62　未来派都市
1914年，A.サンテリア

2・5　社会主義革命と前衛芸術

(1)　ロシア革命と建築家

彫刻家のウラディミール・タトリンはキュビスムと未来派の影響を受け，画面から突出した彫塑的抽象絵画をめざし，これを「構成主義」と称した。だが，この用語は主にロシア革命後の前衛建築家のうち，とりわけ社会主義世界の視覚表現として構成の原理を重視するグループOSA（現代建築家同盟）を指して使われるようになる。とくに1919年の「第三インターナショナル」成立を記念してタトリンが構想した塔（1920，図1・63）はロシア構成主義を象徴する作品と見なされた。計画は実現にいたらなかったものの，抽象的造形と回転運動を組み合わせた大胆な着想は衝撃的なものだった。ヴェスニン兄弟による労働宮計画（1923）も実現にはいたらなかったが，抽象的な立体の連結，無線塔，ワイヤーなどの先見的表現要素が見られる。実

図１・63　第三インターナショナル記念塔案
1920 年，V. タトリン

図１・64　ルサコフ労働者クラブ
モスクワ，1929 年，
K. メルニコフ

現した作品では，イリヤ・ゴロソフによるツイエフ労働者クラブがある。直方体ヴォリュームにガラス張りの円筒形ヴォリュームを貫通させるダイナミックな構成で，その反響はイタリア合理主義の建築家ジュゼッペ・テラーニのノヴォコムン集合住宅（1928）にもうかがえる。ロシアの前衛グループには OSA のほかに，形態の理論や法則を追求する ASNOVA（合理主義建築家同盟）があったが，純粋な幾何学形態を用いるという意味で，両グループの表現結果を見分けるのは難しい。たとえば，ASNOVA に所属していたコンスタンティン・メルニコフによるルサコフ労働者クラブ（1929）は，内部の観客席がカンティレバーによって外観に突出する特異な造形を特徴とし，構成主義的造形に類似している（1926，図１・64）。

⑵　オランダの革新と伝統

オランダでもキュビスムを反映し，ロッテルダムで極度に抽象化された幾何学形態に基づく芸術が志向された。画家のピエト・モンドリアンとテオ・ファン・ドースブルフをはじめとする芸術家たちは，雑誌『デ・ステイル』を創刊し，抽象絵画や家具や建築において，正方形と長方形，直線的な面の分割，三原色の応用を試みた。ファン・ドースブルフの初期のスタディには，無装飾の直方体が相互貫入して全体のヴォリュームがつくられる住宅案(1921）や，そうした立体構成に色彩計画が応用されるアクソメ図（1923, 図1・65）が見られる。ヘリット・トマス・リートフェルトによるシュレー

図1・65　デ・ステイルのアクソメ・スタディ
1923年，T.ファン・ドースブルフ，
C.ファン・エーステレン

図1・66　シュレーダー邸
ユトレヒト，1924年，H.リートフェルト

ダー邸（1924，図1・66）は，まさしくファン・ドースブルフのスタディを実現したものである。モンドリアンの抽象絵画を3次元化したような住宅で，外観における立体的構成の面白さだけでなく，用途に応じて収納可能な間仕切り壁を備えるなど，実用面でも空間の可変性への配慮がなされていた。ヤコーブス・ヨハネス・アウトによるカフェ・デ・ユニ（1925）はファサードにデ・ステイルの原則が応用された作例である。

これに対して，アムステルダムでは伝統都市との対話が重視され，建築の伝統的材料である煉瓦や屋根の表現効果を積極的に用いつつ，建物の隅部を丸くするなど曲線を取り入れた新しい造形感覚の建築家たちが主流であった（アムステルダム派）。ミケル・デ・クレルクによるエイヘンハールトの住宅地，ピエト・ローデウェイク・クラメルによるデ・ダヘラートの住宅地では，随所に伝統的造形，幾何学的造形，波のような曲線的造形といった多様な造形要素が散りばめられている。

(3) エスプリ・ヌーヴォー

フランスでも強烈な個性が新しい造形への取り組みを開始しようとしていた。後にル・コルビュジエと名乗ることになるシャルル・エドワール・ジャンヌレは，ペレ事務所，ベーレンス事務所で実務経験を積み，1919年に画家のアメデエ・オザンファンとピュリスム運動を展開し，造形芸術の新しい精神を世界に知らしめるための雑誌『レスプリ・ヌーヴォー』を発刊した。また，建築の理論的立場を表明した著書『建築をめざして』（1923）は，1910年代にヨーロッパ各地で試みられた前衛的な発想を集約し，きわめて

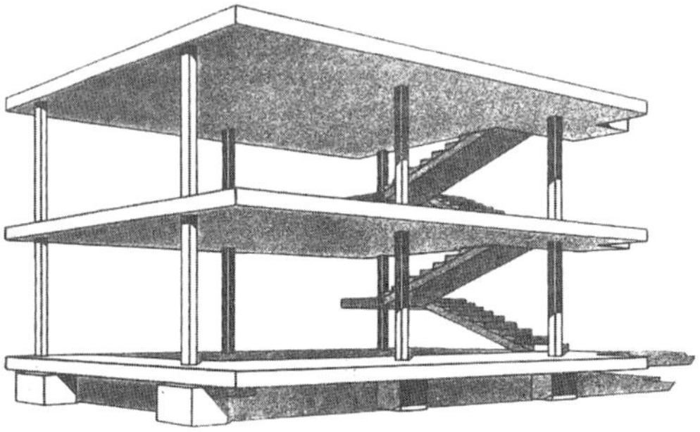

図1・67　ドミノ・システム
1914年，ル・コルビュジエ

明快な原則を示したいわば建築革命の宣言書であり，その後の建築家に大きな影響力を持った。とりわけ,住宅を「住むための機械」とした挑発的スローガンには，機械の正確さと法則性に対する美学的な賛美と，大量生産社会への全面的な支持がうかがえる。鉄筋コンクリート建築のプロトタイプとして描かれたドミノ・システム（1914，図1・67）には近代建築の合理性が新古典主義の原始的な小屋のごとく象徴的に表われる一方，自動車のように大量生産される住宅タイプとしては「シトロアン住宅」(1920) が提示された。

(4)　ワイマール・ドイツとバウハウス

ドイツ工作連盟展が第1次大戦の勃発とともに中断を余儀なくされるなか，ドイツの建築家たちは各々の造形構想を紙上に展開した。タウトはアルプス山中に社会主義のユートピアを表現したが，これは近代の大都市を批判する田園都市の一ヴァリエーションである。また，タウトはロシア革命に同調し，1918年にグロピウスや理論家のアドルフ・ベーネとともにAFK（芸術のための労働評議会）を設立し，新しい国家づくりにおける芸術の役割を大いにアピールした。グロピウスはAFKを指揮していたタウトの社会改革の志には共感していたが，どちらかと言うと芸術家に特化した集団を目指していた。

そして，第一次大戦が終わり，社会民主主義のもとに成立したワイマール共和国において，新しい建築の理想がひとつの建築学校として発足した。グロピウスが校長を務めたバウハウスである。バウハウスは「建築・彫刻・絵画を一体として包含した未来の新建築の考案と創造」をめざす総合芸術学校で，アトリエによる工房教育システムはかつてのアーツ・アンド・クラフツ運動やウィーン工房の理想に近い。だが，パウル・クレー，ワシリー・カンディンスキーといった各国の著名な前衛芸術家を教育者として呼んでおり，次第に表現主義から離れ，デ・ステイルや『レスプリ・ヌーヴォー』に接近するようになる。とくに，ファン・ドースブルフからの刺激，さらに，ソヴィエトとの交流を通じた構成主義の影響は，バウハウスの近代主義的なイメージを世界に大きく発信することになった。神秘主義者ヨハネス・イッテンから構成主義者ラースロー・モホリ・ナジへの講師交代劇は，バウハウス教育がより客観的で技術主義のアプローチへ傾倒してゆくことを象徴している。

第3章　近代運動の推進力

3・1　抽象性と客観性

(1)　ノイエ・ザッハリヒカイト

表現主義から構成主義へと方向を転じたバウハウスに呼応するように，1923年に絵画の分野で主観性を否定し，より即物的な世界の把握を目指す動きが現れる。この傾向はノイエ・ザッハリヒカイト（新即物主義）と称され，建築の分野では表現主義への反動，すなわち客観的で科学的な造形のア

図1・68　ガラスの摩天楼案
1921年，
L. ミース・ファン・デル・ローエ

プローチに対して用いられる。かつてタウトの建築に表現主義の可能性を主張していたベーネも極端な機械主義への転向を示し，グロピウス同様，ますます工業化する社会と芸術の関係を再考せざるを得なくなっていた。

また，ルートヴィヒ・ミース・ファン・デル・ローエもデ・ステイルや構成主義の影響を受け，雑誌『G：素材から形態へ』にガラスの表現効果を積極的に取り入れた摩天楼を発表している。建築平面を敷地に合わせて鋭角的な案（1921，図1・68），曲線的な案（1922）と描き分けているが，ここに描かれる形態は最終目標ではなく，あくまで結果でしかなかった。この意味でミース・ファン・デル・ローエはフォルマリストではなく，素材や技術の可能性に向き合った建築家であると言える。摩天楼案において，表面を覆うガラスはその質感とともに，無限に積層する内部フロアを透かし見せており，鉄骨造が実現する高層建築に均質空間という新しい価値が潜んでいることを予見する。その一方で，ミース・ファン・デル・ローエは鉄筋コンクリートによる低層オフィスビル（1923）も提案しており，こちらは各階を水平に走る連続窓を備えた直方体ヴォリュームが来るべきRC造の標準型を予示していた。

ノイエ・ザッハリヒカイトにおける素材重視の傾向は，スイスの雑誌『ABC』（1924-28）にも強くうかがえる。スイスのハンス・シュミット，オランダのマルト・シュタム，ロシアのエル・リシツキーといった建築家が参加した国際的な建築雑誌であり，デ・ステイルの美学的アプローチに反対し，技術が社会全体の必要を満たすというロシア構成主義的な姿勢を持っていた。シュミットやシュタムは，鉄筋コンクリートによるプレファブリケーションに関心を持ち，芸術作品というより大量生産可能な建築言語を探求したのであった。シュタムにとって形態は生産プロセスの結果であり，したがって，ミース・ファン・デル・ローエの構想したコンクリートのオフィスさえプレファブ生産の可能性として検

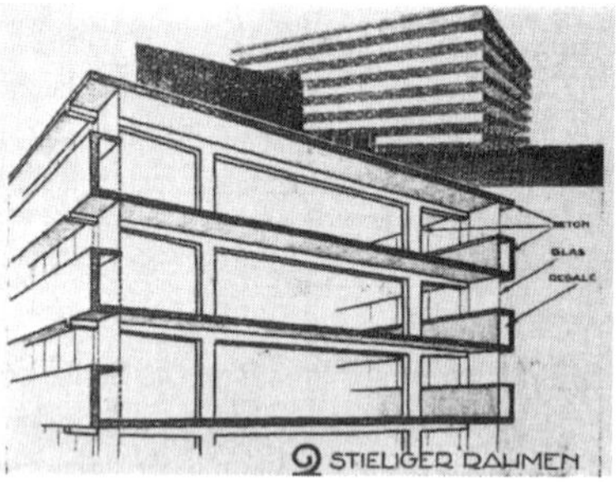

図1・69　RCオフィス・ビルのプレファブ化スタディ
1925年，M.シュタム。上部背後に見えるのがミース・ファン・デル・ローエによるRCオフィス・ビル案。

討されたのであった（図１・69）。

⑵　実用主義と国際性

気鋭の芸術家を多数擁するバウハウスの理想は当初からけっして一枚岩ではなかったが，1920 年代中頃には一様に工業化社会，大量生産，工業技術に即した実用主義に向かうようになった。労働者向けの住環境の整備が急務であった社会背景と合わせて，造形的にはノイエ・ザッハリヒカイトという名の表現主義に対する反動が無装飾な造形を後押ししたのである。建築には必要な機能を果たす実用性と，恣意的な表現を抑えた抽象的な造形が求めら

鳥瞰図

図１・70　バウハウス・デッサウ校舎
デッサウ，1926 年，W. グロピウス

れるようになった。グロピウスが手がけたデッサウ校舎(1926, 図1・70)は，バウハウスが目指した造形を直接反映する絶好の機会となり，実際にはバウハウスの教育以上にその後の建築家たちに大きな刺激を与えた。工作室，事務室，教室，講堂，作業室，食堂，寮といった諸機能が隣り合う二つの敷地に振り分けられたが，建物全体は敷地をまたいでブリッジでつながり，ダイナミックな非対称形の立体構成を特徴とする。表現の客観性は曲線や装飾の排除として捉えられた。一方で，陸屋根，ガラスのカーテンウォール，水平連続窓，白塗りのプラスター壁など，国際的に普及してゆくモダニズムの建築言語が象徴的に示されていた。グロピウスは『国際建築』(1925)において，こうした外観こそが科学と技術に基づく建築の姿であり，来るべき世界共通の建築表現であることを信じた。

1928年に，バウハウス校長の座はグロピウスからハンネス・マイヤーに引き継がれるが，『ABC』と関係を深めていたマイヤーはバウハウスにおいてデザインの問題よりも厳格な生産主義を掲げ，政治的にも左翼思想を鮮明にしていった。それとは逆にドイツの政治情勢は1930年代にかけて保守勢力が躍進していったため，バウハウスの存在は次第に危険視されるようになるのである。

(3)　機械の美しさ

ル・コルビュジエも工業化社会の建築表現を独自の視点から捉えた。大型客船，飛行機，自動車といった最新の機械工作物こそが新しい時代の美しさを体現しており，建築にも導入されるべきと考えたのである。1926年にそれまでの理論的実験を体系化した一連の提案は，「新しい建築の5原則」として広く知られることとなる。①ピロティ，②屋上テラス，③自由な平面，④水平連続窓，⑤自由なファサードである。これらの原則は，それまでの近代

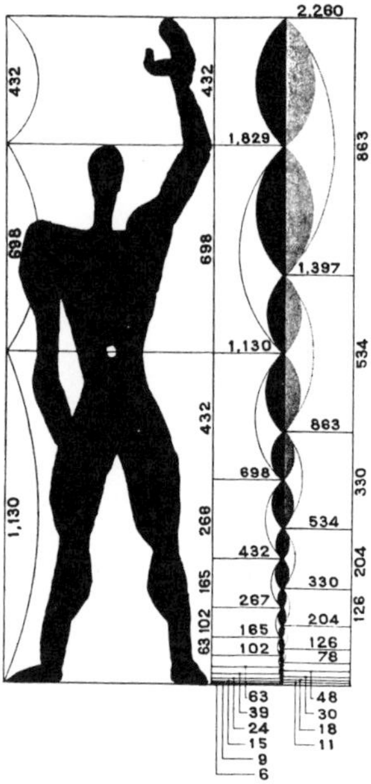

図1・71　モデュロール
ル・コルビュジエ

運動で繰り返されていた文学的・哲学的な宣言文ではなく，最新の構造技術であるRC造を前提にした表現のあり方を的確に指摘できた点で重要な意味を持つ。もっとも，平面および立面で強調された自由は，機械的な正確さと法則性への信奉によって制御され，ルネサンス的な比例に基づく設計法とも相通ずる。彼独自の比例体系である基準尺（モデュロール，図1・71）の探求は以後20年間続くが，部分と全体の関係や各要素の配置に対して合理的かつ客観的な手続きを希求したのである。パリ郊外のサヴォア邸（1930，図

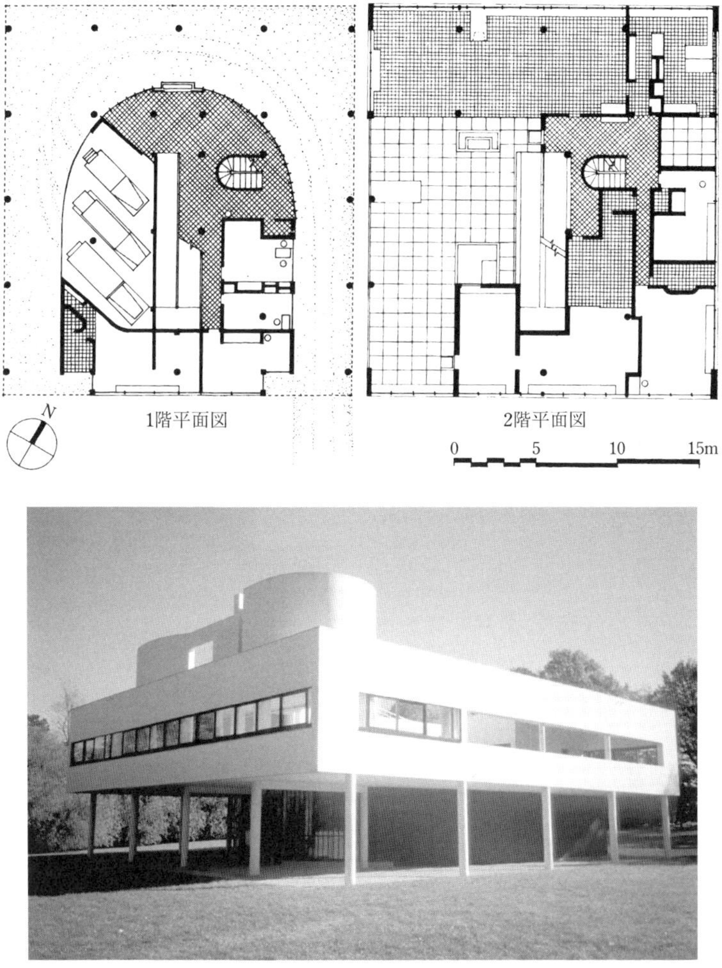

図1・72　サヴォア邸
ポワシー（パリ近郊），1930年，
ル・コルビュジエ

１･72）は建築の５原則を高度な幾何学操作のうちに具体化した別荘である。ピロティで持ち上げられた直方体のヴォリュームは四周に共通のファサードを持ち外観の抽象性を強調するが，平面は諸室の機能的つながりによって首尾よく配置され，１階の曲線は自動車の回転半径によって機械的に定められた。１階から屋上へ続くスロープは，各階の連続性とともに，内外の連続性を強調し，歩き回る人の動きと視線の変化を巧妙に計算したものだった。

３・２　モダニズムのプロパガンダ

(1)　設計競技

一連のモダニストたちによる前衛的造形が第一次大戦後の社会にどの程度受け入れられていたのかを知る手がかりとして設計競技がある。1922年に行われたシカゴ・トリビューン本社ビルの設計競技には，欧米各国から300もの応募案が寄せられ，最終的にゴシックの垂直美を高層建築に生かしたジョン・ミード・ハウエルズとレイモンド・フッドの案（図１・73）が勝利した。その裏側で，グロピウス（図１・74），タウト兄弟，ロース等，ヨーロッパのモダニストたちの案はいずれも落選したのである。前衛建築家の敗北はアメリカの摩天楼だけではなかった。1927年には国際連盟がジュネーヴ本部の設計競技を開催したが，新古典主義を思わせる伝統的な造形の前にやはりモダニストが勝利することはなかった。ただ，こうした落選案のなかにその後の世界をリードする造形の萌芽がうかがえるのも事実である。ハンネス・マイヤーとハンス・ヴィットヴァーの提案は全面的に規格モデュールを導入することで施工の合理化を図り，議事堂部分がピロティによって持ち上げられている。ル・コルビュジエとピエール・ジャンヌレの案（図１・75）は施設に求められる諸機能を想

図１・73　シカゴ・トリビューン本社
シカゴ，1922年，
J.M. ハウエルズ，R.M. フッド

定し，用途ごとに適切なヴォリュームを定め，全体を非対称形に構成した。用途・機能に応じてヴォリュームを分節し，全体配置をまとめていくこの手法は，1931 年のソヴィエト・パレス応募案（図1・76）にも共通する。こちらも実現にはいたらなかったが，ホール屋根を吊り下げる巨大なアーチはロシア構成主義を思わせるようなダイナミックな表現として注目された。1920 年代において，記念性や象徴性が求められる建築にモダニズムの表現

図1・74　シカゴ・トリビューン本社（グロピウス案）
1922 年，W.グロピウス

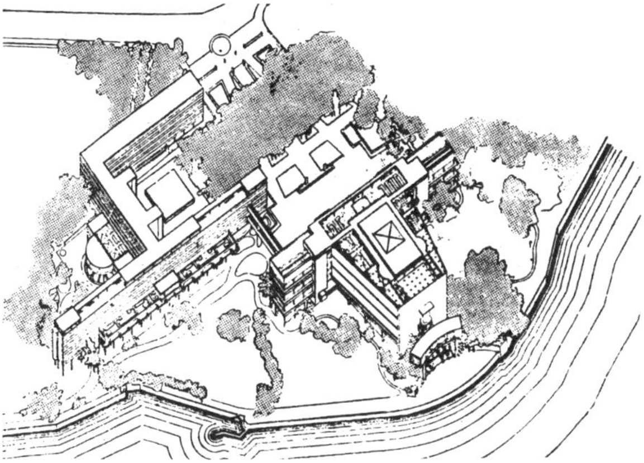

図1・75　国際連盟本部（ル・コルビュジエ案）
1927，ル・コルビュジエ，P.ジャンヌレ

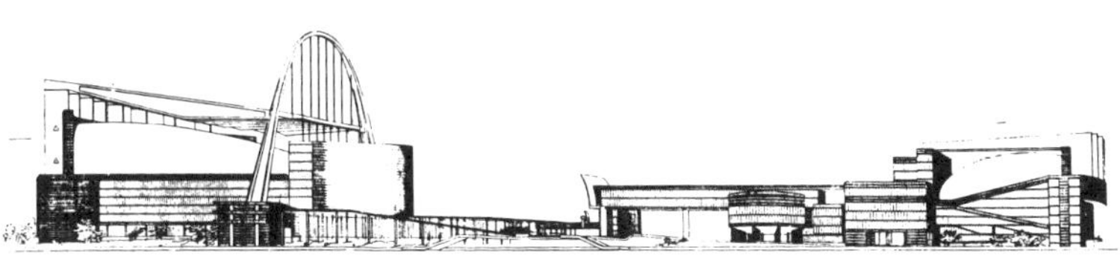

図1・76　ソヴィエト・パレス（ル・コルビュジエ案）
1931 年，ル・コルビュジエ

が採用されることはなかったが，少なくともその造形のあり方を世界に知らしめる機会にはなったのである。

(2) 住宅展示場

図1・77　ヴァイセンホーフ・ジードルング
シュトゥットガルト，1927年，
ル・コルビュジエ

建築におけるモダニズムの普及は，記念的な建築ではなく一般住宅を中心に進んだ。1927年にドイツ工作連盟が開催した住宅展は，シュトゥットガルト郊外の高台に実験住宅団地ヴァイセンホーフ・ジードルングを併設するものだった。敷地の全体計画を担ったミース・ファン・デル・ローエをはじめ，ル・コルビュジエ，アウト，シュタム，グロピウス，ベーレンス，ハンス・シャロウンなど，ドイツ国内外の前衛建築家が多数参加し，与えられた敷地に独立住宅を設計した（図1・77）。各住宅の表現は建築家の自由な創意に任されたが，陸屋根と白いファサードだけは共通の設計条件とされた。こうした真っ白な箱形の住宅群こそが後に「インターナショナル・スタイル」と呼ばれ，世界中の建築家から注目される住宅モデルになるのである。このジードルンクは大衆に近代的な住宅の姿を宣伝するとともに，それまで建築家個人がばらばらに行ってきた近代運動をひとつの力強いまとまりとして見せることにも成功した。ミース・ファン・デル・ローエによる住棟はジードルンク最大の中層集合住宅で，ヨーロッパでは鉄を構造材に用いたきわめて早い例である（図1・78）。この構造のおかげで，内部空間は居住者の好みに応じて自由にレイアウトできるようになっていた。居室の自由度を高める一方で，階段まわりにキッチン，浴室，配管をサービス・コアとして集中させる発想も戦後の高層建築にまで引き継がれるものである。

図1・78　ヴァイセンホーフ・ジードルング
シュトゥットガルト，1927年，
L.ミース・ファン・デル・ローエ

(3) 万博のパヴィリオン

ミース・ファン・デル・ローエは1929年のバルセロナ万博でもドイツ館の設計を委嘱された（図1・79）。仮設建築である展示館は，近代的手法

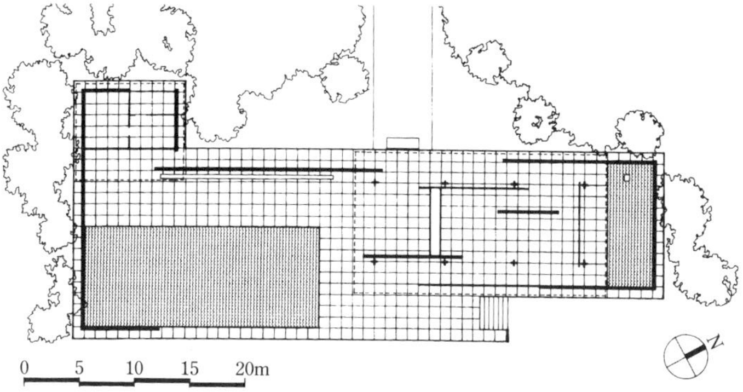

平面図

図1・79　バルセロナ万博・ドイツ館
バルセロナ，1929（再建 1986）年，
L. ミース・ファン・デル・ローエ

を極限まで追求する実験の舞台となった。会場の隅の小さなパヴィリオンではあったが，天井，床，壁といった面の要素が織りなす建築空間が徹底的に考え抜かれた。壁面から少し離された十字形断面の柱，高価な大理石の模様が最小限の要素で構成される造形をいっそう引き立てている。ル・コルビュジエも 1925 年のパリ万国装飾美術博において，万博全体の趣旨とはかなり逸脱してはいたが，独自の理論を反映したパヴィリオンを手がけた。このエスプリ・ヌーヴォー館は，彼が数年来『レスプリ・ヌーヴォー』誌に綴った

内容の純粋な実験装置であり，同時に集合住宅を構成する一単位として考えられたものだった（図1・80）。両パヴィリオンとも万博終了後に取り壊された（後に両方とも再建された）が，ドイツ館は同様の手法がブルノのトゥーゲントハット邸（図1・81）に発展し，エスプリ・ヌーヴォー館もそのコンセプトは都市居住問題を考える最小の住居単位として発展させられた。

図1・80　エスプリ・ヌーヴォー館
パリ，
1925（ボローニャに再建1977）
年，ル・コルビュジエ

図1・81　トゥーゲントハット邸
ブルノ，1930年，
L. ミース・ファン・デル・ローエ

3・3　都市居住の問題

(1)　機能的な都市

住宅に対するモダニストたちの合理主義的なアプローチは都市計画にも同様に行われた。1922年，ル・コルビュジエは「300万人のための現代都市」を発表したが，これは中心部に十字形平面の高層オフィス棟，その周囲に中層，低層の集合住宅を規則的に配置したものだった。この構想はパリのヴォアザン計画（1925，図1・82）にも引き継がれ，都市の機能を居住，労働，余暇，交通にはっきりと区分していた。同じ頃にルートヴィヒ・ヒルベルザイマーが描いたスカイスクレーパー・シティ（1924，図1・83）は，歩行者と自動車用道路を上下に分離した二層構成の都市を体現しており，居住空間を高層建築に集約化することで都市の交通問題を解決する手法を示している。こうした都市構想は近代主義の図式還元的な手法を明確に強調した一方で，財源や既存の都市との関係などには触れておらず，実践には程遠いもの

図1・82　ヴォアザン計画
1925年，ル・コルビュジエ

図1・83　スカイスクレーパー・シティ
1924年，L.ヒルベルザイマー

であった。ただ，ここで重要なのは，モダニストたちの多くにとって近代的な住宅を考えることは都市全体を考えることと同義だったということである。

(2)　CIAM

都市や住宅問題がモダニストたちに共通の重要課題であったことを裏づけるのがCIAM（近代建築国際会議）である（表1・1）。1928年，近代芸術のパトロンであったマンドロー夫人の呼びかけでヨーロッパのモダニストたちがラ・サラ城に集まり，スイス人建築家カール・モザーを議長に近代建築の課題と促進について議論したのがCIAMのはじまりである。権威主義的なアカデミーへの抵抗として出された宣言文にはル・コルビュジエをはじめ24名の建築家が署名した。（表1・2）ル・コルビュジエが主導した宣言内容は，建築の規格化と経済性，都市の機能的計画，住宅問題の解決，建築教育の問題を含んでいた。続く1929年の第2回会議はエルンスト・マイが大規模な都市計画を実践したフランクフルトで開催され，「生活最小限住宅」が議題とされた。1930年の第3回ブリュッセル会議においては，「合理的区画割」を議題として集合住宅の最適

表1・1　CIAM 開催地と議題

	開催地	主な議題
第1回（1928）	ラ・サラ（スイス）	CIAM 結成（ラ・サラ宣言）
第2回（1929）	フランクフルト（ドイツ）	生活最小限住宅
第3回（1930）	ブリュッセル（ベルギー）	合理的区画割
第4回（1933）	アテネ（ギリシア）	機能的都市
第5回（1937）	パリ（フランス））	住居と余暇
第6回（1947）	ブリッジウォーター（イギリス）	戦後の再出発
第7回（1949）	ベルガモ（イタリア）	アテネ憲章の実践
第8回（1951）	ホッデスドン（イギリス）	都市のコア
第9回（1953）	エクサンプロヴァンス（フランス）	住宅憲章
第10回（1956）	ドゥブロヴニク（当時のユーゴスラビア）	住宅憲章の検討

表1・2　ラ・サラ宣言署名建築家リスト

ラ・サラ宣言署名者		活動拠点	国
ヘンドリック・ペトルス・ベルラーヘ	Hendrik Petrus Berlage	ハーグ	オランダ
ヴィクトル・ブールジョワ	Victor Bourgeois	ブリュッセル	ベルギー
ピエール・シャロー	Pierre Chareau	パリ	フランス
ヨーゼフ・フランク	Josef Frank	ウィーン	オーストリア
ガブリエル・ゲヴレキアン	Gabriel Guévrékian	パリ	フランス
マックス・エルンスト・ヘフェリ	Max Ernst Haefeli	チューリッヒ	スイス
フーゴー・ヘーリング	Hugo Häring	ベルリン	ドイツ
アルノルト・ヒュケル	Arnold Höchel	ジュネーヴ	スイス
ハイプ・ホスト	Huib Hoste	ブルージュ	ベルギー
ピエール・ジャンヌレ	Pierre Jeanneret	パリ	フランス
ル・コルビュジエ	Le Corbusier	パリ	フランス
アンドレ・リュルサ	André Lurçat	パリ	フランス
エルンスト・マイ	Ernst May	フランクフルト	ドイツ
フェルナンド・ガルシア・メルカダル	Fernando García Mercadal	マドリッド	スペイン
ハンネス・マイヤー	Hannes Meyer	デッサウ	ドイツ
ヴェルナー・マックス・モザー	Werner Max Moser	チューリッヒ	スイス
カルロ・エンリコ・ラーヴァ	Carlo Enrico Rava	ミラノ	イタリア
ヘリット・リートフェルト	Gerrit Rietveld	ユトレヒト	オランダ
アルベルト・サルトリス	Alberto Sartoris	トリノ	イタリア
ハンス・シュミット	Hans Schmidt	バーゼル	スイス
マルト・シュタム	Mart Stam	ロッテルダム	オランダ
ルドルフ・シュタイガー	Rudolf Steiger	チューリッヒ	スイス
アンリ・ロベール・フォン・デア・ミュール	Henri-Robert Von der Mühll	ローザンヌ	スイス
フアン・デ・サバーラ	Juan de Zavala	マドリッド	スペイン

な高さや住棟間隔が検討された。ル・コルビュジエが「輝く都市」(1930, 図1・84) を提出したのもこの流れを受けたものであった。これはそれ以前の自己完結型の都市を人体のアナロジーに基づく開放型に軟化させてはいたが，都市の機能性に重点を置いた構想である点は変わらない。CIAM で培われた都市理論はマルセイユからアテネへ向かう船上で行われた第4回会議(1933) を受けて，1943 年に「アテネ憲章」としてまとめられたが，そのな

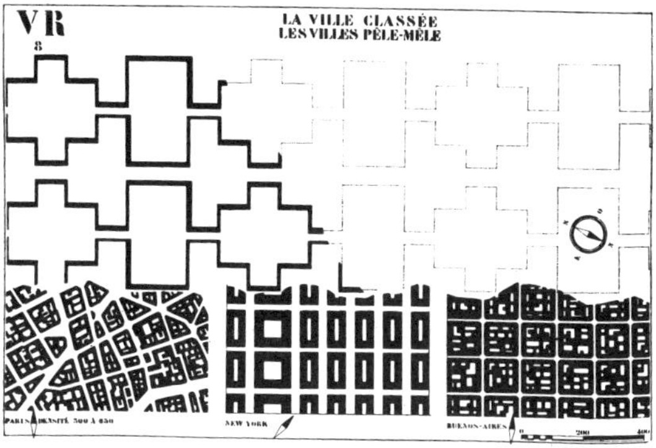

図1・84　「輝く都市」伝統都市との比較
1930年，ル・コルビュジエ

かに1920年代より展開してきたル･コルビュジエの理論が反映されたことも事実である。機械の時代に見合った近代都市の理想的モデルとともに，33の都市の分析を収録してはいるものの，土地の私有制を前提に行政がどれだけのコントロールが可能かという問題については依然手つかずのままであった。

(3)　住宅政策

華々しくも実現には程遠い都市のヴィジョンが展開される傍らで，モダニズムの実質的な成果は，住宅難を解決すべく急がれた国家主導の労働者向け住宅であった。ワイマール時代のドイツではグロピウス，シャロウン，ヘーリングといった多くの建築家が既存の都市の郊外に住宅地を手がけた。かつての田園郊外住宅地との違いは，4－5階建ての集合住宅がより高密度で建てられることである。一般的に各住棟は南北方向に均質に並べられるが，これは通風と採光に配慮した衛生学の成果であった。外観はノイエ・ザッハリヒカイトを裏づけるように，装飾のない陸屋根の建物ブロックが繰り返された。また，アメリカの女性運動を反映して家事労働の効率化も図られ，フランクフルト・キッチンのような機能的設備（システム・キッチンの先駆け）も考案された。エルンスト・マイはフランクフルトをはじめ各地に数多くの住宅団地（図1・85）を実現したが，その基本的姿勢は徹底した経済性と機能性の追求であった。こうしたマイの実践を国際的な重要課題にしたのが，CIAMで議論された生活最小限住宅であった点も見逃せない。こうした住宅建設は当然のごとく芸術性よりは生産性が重視されたのであるが，タウトだけは例外で，ベルリンの住宅地には馬蹄形の中庭，変化に富む造形や素材の使用，彩色によって多様性を実現し，ノイエ・ザッハリヒカイトを乗り越えようと苦心していた。

図１・85　フランクフルトの団地
フランクフルト，1929年，
E. マイ

社会主義体制下のウィーンでも単一の建築ブロックに大量の住戸が収められたプロジェクトが次々に実現した。カール・マルクス・ホーフ（1927，図１・86）は1300戸もの住宅，さらに，商店，幼稚園，図書館などの施設を備えた建築ブロックが全長１キロの敷地にわたって連なるもので，まさに「赤いウィーン」を象徴する建築作品である。

図１・86　カール・マルクス・ホーフ
ウィーン，1927年，K. エーン

3・4　国際的な承認と定着

(1)　衛生学と普遍的モダニズム

ウィーン生まれのルドルフ・シンドラーがアメリカ西部で手がけたロヴェル・ビーチ・ハウス（1926，図１・87）は，コンクリートでできた５枚の壁柱が上部の構造を高く持ち上げ，構成主義を思わせるダイナミックな造形を特徴とする。同じくウィーン生まれのリチャード・ノイトラもロースやメ

図１・87　ロヴェル・ビーチ・ハウス
ロサンゼルス，1926年，
R. シンドラー

ンデルゾーンに師事した後，カリフォルニアに移住し，シンドラーと同じ施主ロヴェルの「健康住宅」（1929，図1・88）を手がけた。その名にふさわしく陽光に満ちた開放的な住空間は急斜面の敷地に迫り出しており，アメリカで最初に鉄骨フレームを用いた住宅とされる。両作品ともに，施主の健康志向が建築家にヨーロッパの前衛に匹敵するほどの大胆な造形を実現させた。

図1・88　「健康住宅」
ロサンゼルス，1929年，R.ノイトラ

地域の伝統的表現が根強い北欧にあって，アルヴァ・アアルトによるパイミオのサナトリウム（1933，図1・89）は，ル・コルビュジエやグロピウスの革新的な表現に同調した特殊な存在である。直線的な構成，白い外観，水平連続窓，片持ち梁で突出するテラスといった要素を持つ本作品によって，フィンランドのローカルな建築家だったアアルトは一躍国際的モダニストとして認められるようになった。もっとも，その後のアアルトは木材の表現的価値を独自に追求してゆくようになるのだが，少なくともこのサナトリウムは「健康住宅」と同様，人間が普遍的に求める健康的な生活にモダニズムの造形言語が適していることを示す実例になった。理論面においても，衛生学的要請はモダニズムの造形言語を正当化する役割を担ったのであり，ル・コルビュジエが描く建築のダイアグラムに太陽や自然が頻出するのは偶然ではない。

図1・89　パイミオのサナトリウム
パイミオ，1933年，A.アアルト

(2) 様式的承認

1920年代にヨーロッパで展開されたモダニストたちの作品群をひとつのまとまった傾向として歴史的に回顧できたのは，そうした近代運動を外から眺めていたアメリカであった。1932年，ニューヨーク近代美術館（MoMA）における初の建築展「近代建築：国際展（図1・90）」はまさにル・コルビュジエ，グロピウス，ミース・ファン・デル・ローエ，アウトらを代表とする近代建築の紹介に捧げられたのである。

図1・90　「近代建築：国際展」ニューヨーク近代美術館，1932年

企画を担当したフィリップ・ジョンソンと建築史家ヘンリー・ラッセル・ヒッチコックが同年に出版した『インターナショナル・スタイル』（1932）は近代運動の主力を担った建築を様式的に定着させた野心的な著書である。名称はあきらかにグロピウスの『国際建築』に着想を得ているのだが，グロピウスが歴史や過去の様式から切り離された普遍的な建築をめざしたのに対し，様式としての定着はモダニズムもまた歴史化を免れないことを予見していた。したがって様式としての理解は，モダニズムの形態的，美学的側面を過度に強調し，それを近年の流行として定義した。非対称の造形，厳格な立体的造形，装飾のないフラットな壁面（白色に塗装されることが多い），陸屋根，ガラス面の拡大（水平連続窓，カーテンウォール），鉄骨造・RC造によって可能となる自由なプラン。こうした形態上の特徴はル・コルビュジエの示した建築の5原則を基本とし，ヴァイセンホーフ・ジードルングやデッサウ・バウハウス校舎などを中核モデルとして選定され，オランダのファン・ネレ煙草工場（1930，図1・91）やオープンエア・スクール（1930，図1・92）のような即物的機能主義建築までが取り上げられた。一方で，同時代の表現主義の作家やライトのような個性は意図的に排除されたのであった。その後，「インターナショナル・スタイル」という用語は次第に指示対象を拡大してゆくが，そのことは1920年代に展開した近代運動が実は多様な様相を呈していたことを逆説的に裏づけている。それでも本用語が近代運動の中核をわかりやすく視覚化し，戦後にいたるまでル・コルビュジエ，ミース・ファン・

デル・ローエ，グロピウスらに近代建築の巨匠としての確固たる地位を与えたのは疑いない。

図1・91　ファン・ネレ煙草工場
ロッテルダム，1930年，
J.A. ブリンクマン，L.C. ファン・デル・フルフト

図1・92　オープンエア・スクール
アムステルダム，1930年，J. ダウカー

3・5　表現とイデオロギーの問題

(1)　機能主義と合理主義

1920年代ドイツにおける近代運動推進の水面下で一つの問題が取りざたされていた。「機能主義者」と「合理主義者」の対立である。機能主義は合理主義としばしば混同され，近代運動の宣伝文句として同一視されたのも事実だが，当時の理論家アドルフ・ベーネは両者の区別を次のように整理している。合理主義者はあらゆる機能を満たすタイプの創造，いわば繰り返しのきく建築をめざし，それが社会的な使命であると考える。一方で，機能主義者は建築を機能に従った一種の有機的生成と捉え，その造形は合理主義とは違い，けっして繰り返しのきかない唯一の建築を生む。この意味で，機能主義は合理主義の名の下に封じ込められたドイツ表現主義にもつながるものであり，建築家の個性を容認することができる。ファン・ドースブルフも機能主義と合理主義を同様に区別しているが，とりわけ形態と機能の結びつきに固執した機能主義者が，余剰空間の心理的効果を認められなかった点を指摘している。

図1・93　シュミンケ邸
レーバウ，1933年，H. シャロウン

実際には，機能主義も合理主義もノイエ・ザッハリヒカイトという時代の傾向にそれぞれ理想的な極として存在するのであり，両者をはっきりと区分することは難しい。たとえば，多くの表現主義者が1920年代に合理主義を受け入れたとしても，ヘーリングやシャロウンのように直線的に構成される造形に向かわない建築家もいた。彼らは，曲面や曲線を基調とする表現主義的で有機的な形態をまさしく空間の機能的な使用から導いたのである。シャロウンのシュミンケ邸（1933，図1・93）は流れるような空間のつらなりが建築の内と外にダイナミックに表れており，諸室を取り囲むバルコニーや階段がその流動性をさらに強調している。

(2)　近代運動という神話

ヨーロッパにおいてモダニストの結集をめざしたCIAMには，ル・コルビュジエと並んで近代運動の強力な理論的促進者がいた。スイスの美術史家ジークフリート・ギーディオンはCIAM発足時から事務総長を務め，『空間・時間・建築』（1941）は当時の建築学校で広く読まれ，戦後に亘って近代運動の推進に影響力を持った書である。また，美術史家ニコラウス・ペヴスナーやエミール・カウフマンも近代運動の推進者であり，モダン・デザインのルーツを18－19世紀に遡って記述した。こうした近代運動の推進者・解釈者たちは，アメリカで「インターナショナル・スタイル」を仕掛けたヒッチコックと同様，モダニズムのイデオロギーのもとに1920年代の革新性や正当性を強調した。実際はこの時代の建築が多様で矛盾をはらんだ造形現象であったにもかかわらず，近代運動はイデオロギーと建築表現が一致したきわめて明快な建築運動として説明され推進されたのである。

第4章　近代運動の広がりと反動

4・1　近代建築の装飾性

(1)　アール・デコ

1920年代にドイツの建築家たちを中心とする近代運動が無装飾の建築をめざしたとはいえ，建築装飾がまったく途絶えたわけではない。第一次大戦まで続いたアール・ヌーヴォーに代わり，1920年代中頃になると装飾はジグザク模様，放物線，流線形のモチーフをはじめとするきわめて無機的な幾何学パターンを特徴とするようになる。この装飾傾向を1925年のパリ万国装飾美術博（図1・94）にちなんで「アール・デコ」と呼ぶ。こうした造形は，航空機，電気照明，無線機といった機械の時代の到来を敏感に映し出す一方，文化的背景としては1922年のツタンカーメン王墓の発見，アステカ建築の流行があり，エジプト建築や中央アメリカ建築の強烈な色彩，段々状の構成が好んで用いられた。アール・デコは建築の様式を確立したというより，いわゆるモダンな装飾として，古典主義やモダニズムの建築を表情豊かに彩った。したがって古典主義よりはモダンな，モダニズムよりは保守的な

図1・94　パリ万国装飾美術博・ボン・マルシェ館
パリ，1925年，L.H.ボワロー

図1・95　デイリー・エクスプレス新聞社玄関ホール
ロンドン，1932年，
O.ウィリアムズ

建築として捉えられることが多い。モダニズムが富裕層のニーズに応えることができなかったこともあり，高級住宅や豪華客船のインテリア，商業建築，通信や新聞社といったメディア関係の建物に盛んに用いられた。デイリー・エクスプレス新聞社は，ファサード全体が光沢のある黒いガラスで覆われたカーテンウォールとなっている。一方，玄関ホールは星形に縁取られたペンダント・ランプ付きの天井と金・銀の光沢感が印象的である（1932，図1・95）。アール・デコはフランス植民地でも愛好され，1930年代に建築ブームで沸いたカサブランカのホテル群が有名である。アメリカ西海岸やフロリダにおいても室内装飾として好まれた。クロム，プラスティック，ガラスが照明装置と合わせて巧みに用いられた。

(2)　摩天楼

同じ頃，ニューヨークではミッドタウン地区にも高層化の波が押し寄せており，こうした摩天楼にも近代的な表現が模索されていた。1916年のゾーニング法以降，高層建築は上方へ行くにつれてセットバックする構成を取らざるを得ず，それが摩天楼の段々状のヴォリュームを規定することとなった（図1・96）。こうしたなかシカゴ・トリビューンをゴシック案で勝利したフッドは，デイリー・ニュース・ビル（1930，図1・97）ではボックス状の外観を垂直方向の連続窓で簡素に仕上げ，玄関周りにのみアール・デコの装飾を施した。ロックフェラー・センター（1934，図1・98）も同様の手法によるが，このエリア全体が大小の高層建築から成る大型不動産開発であった点が重要で，高層棟の足下には劇場や商業施設や庭園が整備され，現代の都市

図1・96　「明日のメトロポリス」
1929年，H.フェリス

図1・97　デイリー・ニュース・ビル
ニューヨーク，1930年，
R.M.フッド

図1・98　ロックフェラ・センター
ニューヨーク，1934年，R.M. フッド他

再開発の先駆けともいえる。

1930年代のニューヨークは建築の高さにおいても世界的な注目を集めた。319m のクライスラー・ビル（1930, 図1・99）は高さ世界一の座をウールワース・ビルから奪っただけでなく，表現もゴシックを完全に抜け出し，とりわけ頂部は外装材として初めてステンレス製パネルが使われ，アール・デコ摩

図1・99　クライスラー・ビル
ニューヨーク，1930年，
W. ヴァン・アレン

図1・100　エンパイア・ステイト・ビル
ニューヨーク，1931年，
シュリーブ・ラム・アンド・ハーモン

天楼の象徴的モチーフとなった。直後に建てられたエンパイア・ステイト・ビル（1931, 図1・100）は高さにおいてクライスラー・ビルをさらに凌駕し，その座は1970年代まで奪われることはなかった。

4・2　記念性への執着

(1)　権威の表現

アメリカの商業建築や個人住宅には，歴史様式からアヴァンギャルドの試みまでヨーロッパの多種多様な建築表現が受け入れられたが，国家そのものを記念する表現は古典主義に求められた。首都ワシントンDCには19世紀末から20世紀前半にかけて歴代大統領に捧げた記念建造物が数多く建てられているが，いずれも古代建築の記念性を借用した。リンカーン・メモリアル（1922, 図1・101）において，アメリカン・ボザールの建築家ヘンリー・ベーコンはギリシア様式に記念性と美のあり方を求めた。また，ジェファソン・メモリアル（1943）は，モンティセロ（1772）やヴァージニア大学内のロトンダ（1826）といったトマス・ジェファソン自身の建築に倣ってローマのパンテオンの外観を採用した。

図1・101　リンカーン・メモリアル
ワシントンDC，1922年，
H.ベーコン

欧米列強の植民地政策においても権力の表現は古典主義に依存した。大英帝国はインド支配の施策として新首都ニューデリーの建設を進めたが，その象徴的な建築がエドウィン・ラッチェンスによるインド総督府（1931, 図1・102）である。列柱が立ち並ぶファサー

図1・102　インド総督府
ニューデリー，
1931年，
E.ラッチェンス

ド，中央にドームを配する外観構成はあきらかにヨーロッパにおける新古典主義の議事堂を連想させるが，ストゥーパを模したドーム，赤味をおびたインド砂岩による細部の装飾や模様はインド土着の要素であり，水平に張りだした深い庇はこの地域の気候に配慮したものである。ニューデリーのマス

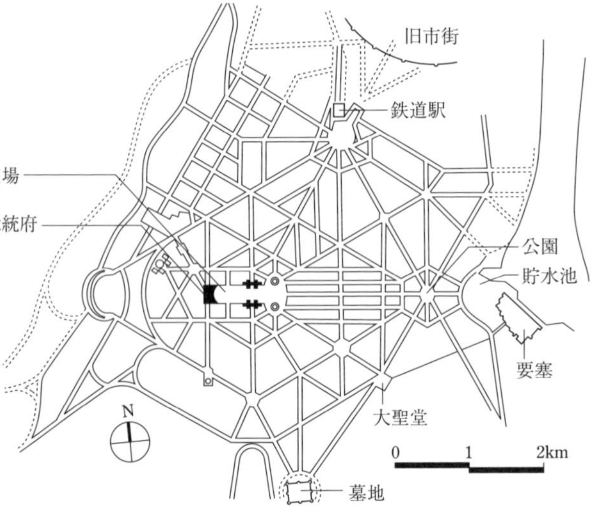

図1・103　ニューデリー都市計画
ニューデリー，1931年，E.ラッチェンス

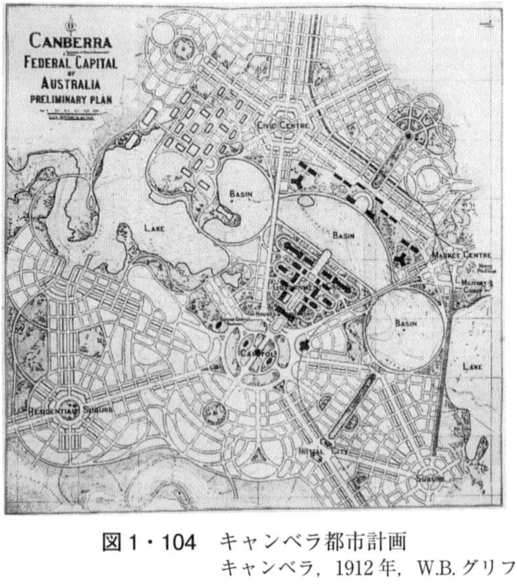

図1・104　キャンベラ都市計画
キャンベラ，1912年，W.B.グリフィン

ター・プランもラッチェンスによってバロック都市計画の手法が適用され，総督府から一直線にのびる道路を中心に街路と広場が幾何学的なネットワークを形成している（図1・103）。ちょうど同じ頃に進められたオーストラリアの首都キャンベラの都市計画（図1・104）も同様の手法によるものである。

(2)　アヴァンギャルドの拒絶

図1・105　ソヴィエト・パレス（イオファン案）
1933年，B.イオファン

新興国家ソ連においても，1920年代末にアヴァンギャルドと政治体制の溝が深まった。レーニンに代わる新しい指導者スターリンによって国家の記念というプロジェクトが進められ，芸術は保守化した。1931年より開始されたソヴィエト・パレス設計競技は，社会主義革命を実現した国家にあって，建築の革命的表現であった構成主義の表現が拒絶され，ル・コルビュジエらアヴァンギャルドが敗北し，アカデミックな古典主義による記念性が指向されるようになる転換点といえる。設計競技に参加したル・コルビュジエ，グロピウス，メンデルゾーンらを退けて最終的に勝利したボリス・イオファンの提案（図1・105）は，新古典主義の基壇から塔状のヴォリュームが立ち上がるモニュメントであり，表現上のインパクトは巨大さのみにあった。頂部にレーニン像を備え，エンパイア・ステイト・ビルを凌ぐ高さの実現が想定されていたのである。計画は第二次大戦の勃発によって頓挫するが，同様の傾向は他の全体主義国家においても顕著に窺うことができる。

都市計画においても，OSAのようなアヴァンギャルド・グループは伝統都市を批判したが，共産党は大衆の文化遺産として伝統都市の保存を決め，持続的発展を促した。工業化促進をめざした5ケ年計画で，鉱山近くにマグニドゴルスクのような新都市が計画されたが，ここでもアヴァンギャルドによる線状都市案は退けられた。そして1932年，ロシア・アヴァンギャルドを担った建築家グループは，スターリン主義の息がかかったVOPRA（プロレタリア建築家同盟）を除きすべて解散させられたのである。

4・3　全体主義の建築

(1) ナチスの建築

1920年代に近代運動の中心的な役割を担ったドイツにおいても，1933年国家社会主義の権力掌握によってその流れは完全に途絶えてしまう。ナチスの政策によって，住宅様式は国際性や機能性よりは民族主義が主題となり，郷土の性格を表現する勾配屋根の住宅（ハイマート様式）が数多く建てられた。一方で国家を体現する建築は，厳格な古典主義に依存した。パウル・ルートヴィヒ・トローストは「党の首都」たるミュンヘンを簡潔な古典主義によって美化し，ヒトラーお抱えの建築家アルバート・シュペーアは第三帝国の理想のためにツェッペリン広場（1934，図1・106）やベルリン都市計画（図1・107）を手がけた。シュペーアの建築には18世紀のピラネージやブレーを思わせる巨大スケールの古典主義が展開された。ツェッペリン広場は実際にナチス党大会の舞台装置として実現し，そこに集まった群衆の光景はサーチライトで劇的に演出され，記録映画『意志の勝利』として世界中に発信された。これに関連して，1937年のパリ万博で，シュペーアによるドイツ館とイオファンによるソ連館が対峙して建てられ，いずれもが威圧的な古典主義を求めたのも興味深い事実である。

図1・106　ツェッペリン広場
ニュルンベルク，1934年，
A.シュペーア。中央部のみ残存。

図1・107　ベルリン都市計画
1938-42年，
A.シュペーア

⑵ 不遇のモダニストたち

こうした背景のなか，近代運動を推進した多くの建築家がドイツを逃れた。モダニズムの新天地はその左翼性からすればソ連がふさわしかったはずだが，実際にソ連を目指した建築家たちは社会主義リアリズムによる芸術の保守化のために目立った業績を上げることができなかった。タウトは1932，33年にモスクワへ赴くが，その後「日本インターナショナル建築会」の招きで日本へ渡り，1936年からはトルコのイスタンブール工科大で教職を得たが，この地に客死した。バウハウスで第2代校長を務めたマイヤーはモスクワで都市計画を教えたが，その後故郷のスイスを経て1940年代はメキシコで教鞭を執った。1930年にソ連に移ったマイはニュータウン計画を実行するが，1934年からはイギリス植民地のタンガニーカとケニアへ渡り都市計画に従事する。民族やイデオロギーの障害がなく，近代運動を推進するのにもっとも都合が良かったのが，戦渦を免れ工業先進国になろうとしていたアメリカだった。バウハウス初代校長のグロピウスは1934年にイギリスへ渡り，マクスウェル・フライと協働しいくつかの住宅建設に携わった後，ハーヴァード大学デザイン大学院へ赴くことになる。バウハウス最後の校長を務めたミース・ファン・デル・ローエもデッサウ・バウハウスが廃校に追い込まれた後，ベルリンでバウハウスの再興を図ったが1933年に完全に閉鎖されてしまう。その後5年間ドイツに残り，ヒトラーが命じた高速道路アウトバーンのサービス・ステーションなどを手がけている。そして1938年，ついにミース・ファン・デル・ローエもシカゴのアーマー工科大学（後のイリノイ工科大学）へ活動拠点を移したのであった。ここにドイツ工作連盟から続いてきたアヴァンギャルドの人材がドイツから完全に流出したのであった。

⑶ ファシズムと合理主義

同じ全体主義でも，イタリアのファシズム建築はあからさまな新古典主義的形態へ回帰するのではなく，古典主義からプロポーションの概念のみを継承することで，近代的な造形を追求することができた。ムッソリーニ政権下ではあったが，アダルベルト・リベラ，ルイジ・フィジーニ，ジーノ・ポッリーニ，ジュゼッペ・テラーニらは1926年に合理主義建築をめざしてグルッポ7を結成し，1930年にはMIAR（イタリア合理主義建築運動）へと運動を展開させた。実際，ムッソリーニがこうした運動を養護していた。全国に建てられたファシスト党関連施設のうち，テラーニによるコモのカサ・デル・ファッショ（1936，図1・108）はファシズムと建築の合理主義がけっして相反するものではないことを示している。シンプルな箱形のヴォリューム，グリッドに切り分けられた白色のファサードは国際的な近代運動の建築言語に通じながらも，厳格な規則性と幾何学性において記念性を体現している。だが，1930年代末になると国家を対外的にアピールするような大規模建築が次第に古典的表現を帯びるようになる。ムッソリーニがローマ近郊に建設を進めた新都市EUR（Esposizione Universale di Romaの略）は，その名の通り1942年のローマ万博会場として計画され，マルチェッロ・ピアチェンティーニが全体計画を担当した（図1・109）。第二次大戦により計画は縮

図1・108　カサ・デル・ファッショ
コモ，1936年，G.テラーニ

図1・109　新都市EUR
EUR，1942年，
M.ピアチェンティーニ

小されたが，リベラによる会議場(1942)，エルネスト・ブルーノ・ラ・パドゥーラによるイタリア文明館(1939，図1・110)が実現した。イタリア文明館は古代ローマ建築のアイデンティティであるアーチをファサード全体に用いた伝統主義の典型で，俗に「四角いコロッセウム」と呼ばれる。

図1・110　イタリア文明館
EUR，1939年，
E.ラ・パドゥーラ

4・4　モダニズムの浸透

(1)　北欧のモダニズム

近代運動の中心ではなかった北欧諸国においては，伝統の古典主義からモダニズムへの移行は政治やイデオロギーの問題ではなかったため，一人の建築家が折衷主義や新古典主義を手がける傍ら，モダニズムの言語も用いることができた。スウェーデンでは，グンナー・アスプルンドがルドゥーの作風を思わせるようなストックホルム公共図書館(1928)を建てる一方，ストックホルム工芸博のためにモダニズムの言語に応答した軽快な構成を持つパヴィリオン(1930，図1・111)を建てる。さらに，イェーテボリ裁判所の増築(1937)では外観こそ既存建築への配慮をするものの，内部は伸びやかな中二階スラブ，透明なエレベータ・シャフトを駆使し，開放的な吹き抜けホールが実現された。フィンランドでいち早く近代運動に反応したのはアアルトとエリック・ブリックマンで，二人が協働したトゥルク見本市コンペ案(1929)はフィンランドにモダニズムの流行を知らしめるきっかけとなった。

図1・111　ストックホルム工芸博エントランス
ストックホルム，1930年，
G.アスプルンド

これを皮切りにアアルトは，パイミオのサナトリウムやヴィープリ公共図書館（1935）といった近代主義の初期作品を実現してゆく。

北欧諸国では，ドイツ同様にモダニズムの進展が社会政策として受け入れられ浸透した。デンマークでは1920年代の政府主導の住宅建設において，中庭を取り囲む前世紀型のプランから直方体の住棟が並列する配置プランへ移行した一方，1932年に社会民主政権が誕生したスウェーデンでは，福祉国家政策のもと「国民の家」と称されるスローガンによって住宅計画が進められた。住宅に用いられたモダニズムの表現に対しても特別な反感はなかった。ドイツ・アヴァンギャルドのように教条主義的でもなく，ル・コルビュジエのように過度に理論的でもなく，いわば既存の伝統のなかに自然に取り込まれたのである。

(2)　自然の利用と地域性

1930年代は近代運動が世界に浸透するとともに，モダニズムにおける表現の画一性や没個性の問題が表面化した時期でもあった。モダニズム理論の拡大が図られるとともに，建築家は自らの作品に他とは違う特徴，すなわち作家性や地域性を込めようとしたのである。近代運動の中心的イデオローグであったル・コルビュジエの建築でさえ，白い箱形の建築に飽きたらずに表現の幅を模索し始めていた。田舎の住宅を伝統工法に従い，粗野な石積みで仕上げたり，自然素材を近代主義的に再構成して用いたりもした。パリの大学都市に建てられたスイス学生会館（1932，図1・112）はピロティで持ち上げられた寄宿舎であるが，玄関部は石張りの曲面壁によって建物の個性を打ち出している。

図1・112　スイス学生会館
パリ，1932年，
ル・コルビュジエ

もともと自然志向が強い建築家ライトは，中期の代表作である落水荘（1937，図1・113）において，鉄筋コンクリートのバルコニー・スラブを滝上に重なり合いながら張り出させるダイナミックな造形を試み，立地を生か

図1・113　落水荘
ピッツバーグ近郊,
1937年，F.L. ライト

した建築表現のあり方を広く世界にアピールできた。

アアルトが手がけたニューヨーク博フィンランド館（1939, 図1・114）は，フィンランド特産の木材でうねるような傾斜壁を実現し，展示方法とともにモダニストたちに広く賞賛された。

図1・114　ニューヨーク博フィンランド館
ニューヨーク，1939年,
A. アアルト

4・5　戦時下モダニズムの模索

(1)　モダニストの個性

モダニズムの拡大は第二次大戦の勃発によって，建築家がヨーロッパ外へ仕事を求めたことにも起因する。ル・コルビュジエはヨーロッパが戦争に突入すると活躍の場を南米に求め，結果としてモダニズムが非西洋圏に移植されることとなった。ル・コルビュジエのリオデジャネイロ計画案（1929），アルジェ計画案（1932–42，図1・115）は，「輝く都市」のような理想的で図式的な案ではなく，自らの旅行体験に基づき特定の場所を想定した案である。ここに，普遍的性格をめざしていた近代主義は，植民地を脱し独立した新興国の強い地域性に触れることで表現や形態の幅を広げることになる。アルジェの場合，海岸線に沿うように曲がって走る高速道路の下には住宅が収められており，その大胆な発想は戦後に流行するメガストラクチャーの先駆けとも言える。

ブラジルでは若い世代の建築家が国家のアイデンティティをモダニズムの表現，とりわけル・コルビュジエの造形に求めた。1936年，ル・コルビュジエはリオデジャネイロの教育・厚生省（1945，図1・116）のために招待

図1・115　アルジェ計画案
1942年，ル・コルビュジエ

図1・116　教育・厚生省
リオデジャネイロ，1945年，
L.コスタ，O.ニーマイヤー，
ル・コルビュジエ

され，実施設計を担当したブラジル人建築家ルシオ・コスタ，オスカー・ニーマイヤーらの相談役となった。ピロティで持ち上げられた高層オフィス・ブロックは屋上のみに特徴的な有機的造形をうかがわせ，街路からセットバックしてオープン・スペースを確保する。また，ファサードを覆う「ブリーズ・ソレイユ」と呼ばれる日除けがル・コルビュジエ後期の建築言語として登場してくるのはこうした日差しの強い地域への対応がきっかけである。

(2)　戦争とエンジニア

第一次・第二次大戦で急速に発展したのが航空技術であったが，航空機を格納する大空間建築にも最新の技術が使用された。オルリー空港の飛行船格納庫（1924，図1・117）は巨大なコンクリートの放物線アーチを使用しており，各アーチは折板構造でスパン90mを実現している。設計者のウ

図1・117　オルリー空港飛行船格納庫
パリ，1924年，E.フレシネ

図１・118　オルヴィエート航空機格納庫
オルヴィエート，1938年，P.L. ネルヴィ

ジェーヌ・フレシネはコンクリートの弱点である引張力への対応策としてあらかじめ鋼材で圧縮をかけたプレストレスト・コンクリートを開発し，コンクリート構造の発展に大きく貢献した。ピエール・ルイジ・ネルヴィも独自のコンクリート表現を展開した。フィレンツェのスタジアム（1932）では大きく跳ね出した片持ち張りの屋根や螺旋階段で賞賛を集め，オルヴィエートの航空機格納庫（1938，図１・118）では斜めに交差する網目状のコンクリート・ヴォールトを屋根架構に用いた。

図１・119　「ダイマクシオン・ハウス」
1927年，R.B. フラー

戦前のアメリカではバックミンスター・フラーが，科学技術を比喩ではなく直接的に日常生活のレベルに応用した住宅案を発表した。「ダイマクシオン・ハウス」（図１・119）は六角形平面の居住空間が中央の支柱からワイヤーで吊り下げられ，軽量金属ジュラルミンを使用する提案であった。とくに中央の支柱にすべての設備配管が収められるアイデアはユニット式の住宅生産に大きな影響を及ぼした。軽い建材，住居の可動性の追求は戦時中の米軍用住居として実際に使用された。もともと航空機用の技術であったアクリル窓や，最新のステンレスやアルミニウムも積極的に活用されていた。ドイツ生まれのコンラッド・ワックスマンはアメリカへ移民した後，1942年に航空機格納庫のために立体トラスを駆使したスペース・フレーム構造（図1・120）を発案する。こうした戦時中の最新技術が，戦後になって大スパン構造の常套手段として広く普及してゆくのである。

図1・120　スペースフレーム構造のスタディ
1942年，K. ワックスマン

第5章　国際化社会と多様性の萌芽

5・1　アメリカの躍進

(1)　亡命したモダニズム

二度の世界大戦によって疲弊したヨーロッパ世界に代わり，戦後の建築文化は工業力と経済力を蓄えたアメリカがリードすることになる。近代運動の舞台はドイツからアメリカへ移動し，ナチス・ドイツを追われたかつてのアヴァンギャルドたちによってモダニズムは成熟を見せる。グロピウスは1937年にアメリカに渡り，ハーヴァード大学でモダニズムの建築教育を根付かせた。渡米後すぐに手がけた自邸はともに亡命したマルセル・ブロイヤーとの協働で，外観はいかにもバウハウス的であるが構造はニューイングランド伝統の木造によるものであった。その後ワックスマンとともにプレファブ住宅の研究を行うが，戦後になると建築共同体TACを立ち上げ，単独の活動よりは若い建築家たちとの共同研究に活路を見いだした。グロピウスのもとには将来のアメリカ建築界を支えていくポール・ルドルフ，イオ・ミン・ペイ，フィリップ・ジョンソン，ベンジャミン・トンプソンらが集まっていた。また，かつてのバウハウス教師陣では，ヒルベルザイマーがイリノイ工科大で都市計画を教え，モホリ・ナジはシカゴで新しいバウハウスを立ち上げた。また，ユダヤ人のメンデルゾーンは，イギリス，パレスチナを経て，1941年にカリフォルニアに移り住宅作品を残している。

図1・121　イリノイ工科大学・クラウン・ホール
シカゴ，1956年，
L.ミース・ファン・デル・ローエ

(2)　均質空間の表現力

1938年にシカゴへ移ったミース・ファン・デル・ローエはイリノイ工科

大学のキャンパス計画に着手し，以後20年に渡って22棟の大学施設を手がけた。その集大成というべきクラウン・ホール（1956，図１・121）は，２つの鉄骨大梁から屋根全体を吊り下げることで無柱の大空間を実現している。均質な内部空間は四方をガラスで囲まれ，ガラスの外観はＩ型鋼の柱によって規則的に分節されている。こうしたガラスと鉄が実現する均質空間はアメリカ時代のミース建築の代名詞であり，住宅からオフィスまであらゆる機能に対応して展開されたものだった。その実験の早い例が個人住宅のファンズワース邸（1950，図１・122）で，８本のＩ型鋼柱に屋根と床のスラブが溶接されただけの簡潔な構造によって，２枚のスラブに挟まれた住空間は地面から浮き上がって見える。浴室・キッチンのコアを除けば，内部空間にはまったく余計な要素がない。ミース・ファン・デル・ローエの有名な言葉「レス・イズ・モア」を反映したこの居住空間が，垂直方向に積層されて生まれたのがレイクショア・ドライブ・アパートメント（1951，図１・123）だろう。そして，同じコンセプトを高層オフィスビルとして実現したのがシーグラム・ビル（1958，図１・124）である。鉄とガラスの直方体ビルという外形は似ているが，外壁は企業価値を高めるよう高価なブロンズで仕上げられた。また，高密度のマンハッタンにありながら，建物前にかなり広い公開空地を取ったことは都市計画上の英断とされるが，同時にこの空地がこのオ

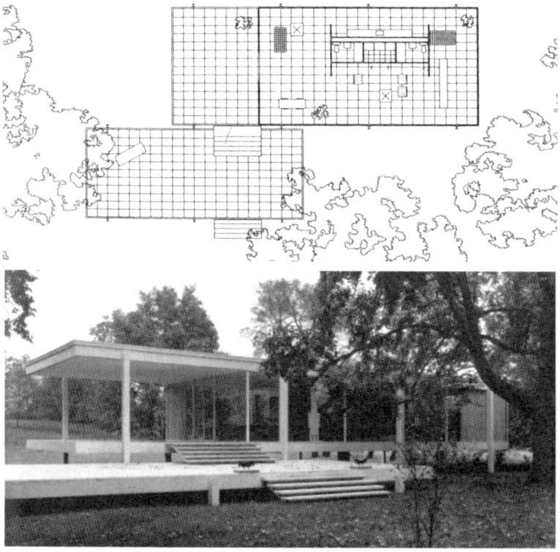

図１・122　ファンズワース邸
プラノ（イリノイ州），1950年，
L.ミース・ファン・デル・ローエ

図1・123　レイクショア・ドライブ・アパートメント
シカゴ，1951年，L. ミース・ファン・デル・ローエ

図1・124　シーグラム・ビル
ニューヨーク，1958年，L. ミース・ファン・デル・ローエ

フィスビルを近隣の建物から切り離し，高級なオブジェとして際立たせてもいる。

(3)　増殖するオフィスビル

第二次大戦後の資本主義国家においてアメリカ建築が主導権を握ったとすれば，箱形のオフィスビルがひとつの建築タイプとして確立し，世界中に模倣されたことが大きい。この流れをリードしたのが戦後に大型設計事務所へ成長したSOM（スキッドモア・オーウィングズ・アンド・メリル）であった。レヴァー・ハウス（1952，図1・125）は，ミース・ファン・デル・ローエの作品と並んで総ガラス張り高層ビルの早い例であり，敷地の使い方はリオデジャネイロの教育・厚生省と同様，高層部分が街路よりセットバックする。SOMのオフィスビルはカーテンウォールの外観を持ち，内部の諸室配置には最大限の自由度を，建設部材の調達には最大限の効率化を実現し，空調と照明の完備されるワーク・スペースを効率よく供給したのである。こうして世界に増殖してゆくオフィスビルは，造形については作家性をきわめ

図1・125　レヴァー・ハウス
ニューヨーク，1952年，SOM

て希薄にし，かつてモダニストたちがめざした合理主義の到達点と言えるのかもしれない。

戦後世界の象徴的機関であるニューヨークの国際連合本部（図1・126）にも箱形オフィスビルが採用された。実施設計はウォーレス・ハリソンだが，ブラジルと同様，ル・コルビュジエが相談役として関わっている。無表情に積層されるオフィスと比較的自由な造形が可能な低層の会議場が組み合わされたコンプレックスは，その後の政府・自治体庁舎の基本型になっている。

図1・126　国際連合本部
ニューヨーク，1953年，W.ハリソン

(4) モダニズムの継承

図1・127　イームズ自邸
ロサンゼルス，1949年，C.イームズ

ヨーロッパからアメリカに導入された建築のモダニズムは，戦前よりこの地で進められてきたプレファブ住宅の実験にもうまく同調した。1945年に『アート・アンド・アーキテクチュア』誌が企画したケース・スタディ・ハウスは，規格化された工業製品によって快適な生活空間が可能であることを長年に渡って実験する舞台であった。このなかで家具デザイナーとして名高いチャールズ・イームズが手がけた自邸（1949，図1・127）は，軽量鉄骨とガラスによる住宅として西海岸を代表する作品である。建材は倉庫や工場に用いられる既成品を用い，徹底したコストダウンを推し進めている。一方で，ジョンソンの自邸であるグラス・ハウス（1949, 図1・128）は，ファンズワース邸に顕著なミニマリズムの居住空間を反復した。ただ，ガラス張りの箱にあって，唯一浴室の入った円形のコアだけが煉瓦の風合いを残し，鉄とガラスのみのミニマリズムを逸脱している。同じ頃，ルイス・カーンもイェール大学アート・ギャラリー（1953，図1・129）において鉄とガラスの開放的なファサードを用い均質な内部空間を実現しつつも，天井スラブにスペース・フレームに基づくコンクリートの幾何学格子を導入した。その幾何学性は円筒形の階段室でさらに表現力を高め，少しずつモダニズムの均質性を突き崩そうとしていたのである。

図1・128　グラス・ハウス
ニューケイナン（コネチカット州），
1949年，P. ジョンソン

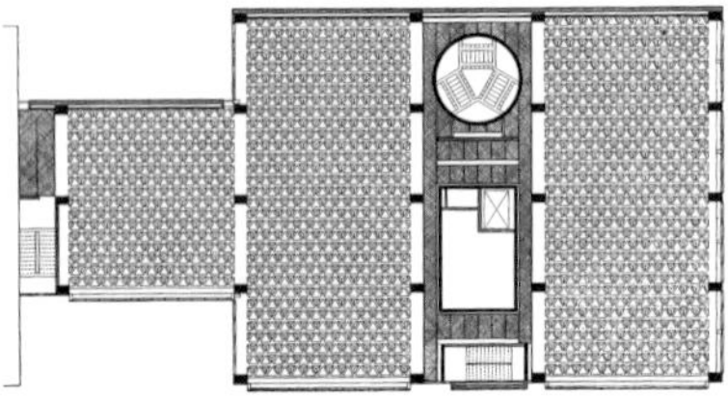

図1・129　イェール大学アート・ギャラリー
ニューヘブン（コネチカット州），
1953年，L. カーン

5・2　構造表現

(1)　コンクリートの曲面構造

鉄筋コンクリートによるシェル構造は，1920年代以降，工場，市場，スポーツ施設のような大空間をいかにして覆うかという命題を追求し発展してきた。戦前期にはスペインのエドゥアルド・トロハが，アルヘシーラス市場（1934），ラ・ザルズエラの競馬場（1935，図1・130）で薄膜のシェル構造を試みたほか，スイスのロベール・マイヤールもスイス博覧会セメント館（1939，図1・131）において厚さ6㎝の薄膜コンクリート・ヴォールトを実現していた。スペインでトロハの構造に影響を受けたフェリックス・キャンデラはメキシコに移住後，メキシコ大学の宇宙線研究所（1952）で双放物面を応用した厚さ1.5㎝の鞍形シェルを実現した。その後，キャンデラはヴィ

図1・130　ラ・ザルズエラの競馬場
ラ・ザルズエラ，1935年，E.トロハ

図1・131　スイス博セメント館
チューリッヒ，1939年，
R.マイヤール

図1・132　ソチミルコのレストラン
ソチミルコ，1958年，
F.キャンデラ

ルゲンミラクローサ聖堂（1953）においてゴシック建築やガウディの建築に通じるような造形を試みた後，ソチミルコのレストラン（図1・132）では双放物面の屋根が反復されるダイナミックな表現を実現している。1940年にフィンランドからアメリカに帰化したエーロ・サーリネンは，正三角形平面を球面シェル屋根で覆ったMITのクレスジ講堂（1955）を完成させる。その一方，JFK空港のTWAターミナル（現第5ターミナル，1962，図1・133）では4枚のコンクリート・シェルを組み合わせることで飛び立つ鳥を思わせる彫刻的な形態を試行し，シェルの曲面は特定の幾何学的図形を想定することなくまったく自由に定められた。イタリアのネルヴィはローマ・オリンピックのために大小二つの屋内競技場（1957，1959，図1・134）を完成させたが，戦前の格納庫で培ったリブ付きのシェル屋根で大スパンの空間を覆っている。また，ローマのテルミニ駅（1950）は，駅舎事務棟こそ直方

図1・133　JFK空港TWAターミナル
ニューヨーク，1962年，E.サーリネン

体ヴォリュームに水平連続窓というインターナショナル・スタイルを彷彿とさせるものの，足下の券売ホールを覆うコンクリート屋根は事務棟とは対比的に屈曲するダイナミックな表現とされた。

図1・134　スポーツ・パレス（小）
ローマ，1957年，P.L.ネルヴィ

(2)　大空間構造の多様性

戦後の大スパン構造では鉄筋コンクリートのほかに，吊り構造やスペース・フレームも登場した。マシュー・ノヴィッキによるローリー競技場(1953，図1・135）は，斜めに交差した二つのアーチが間に張られたケーブルの張力と平衡状態となって，大空間を覆う特徴的な屋根形状を生み出している。サーリネンによるイェール大学ホッケー・リンク（1958，図1・136）は105mの鉄筋コンクリート・アーチが構造上の背骨となり，そこからケーブルで曲面屋根が吊られ左右に広がって

図1・135　ローリー競技場
ローリー（ノースカロライナ州），
1953年，M.ノヴィッキ

いる。内外ともにダイナミックな曲面の表現を見ることができる。戦時中にユニバーサルなユニット建築を思案していたフラーは，フォード自動車の迎賓館のために28mの単層スペース・フレーム・ドーム（1953）を手がけ一躍脚光を浴びた。その後フラーは数多くのジオデシック・ドームを発表してゆくが，いずれもドームの表面を三角形の単位に分割することでパネル化やユニット化の普及を提唱するものだった。ホノルルに建てられたカイザー・ジオデシック・ドーム（1957）はアルミ製のパネルをつなぎ合わせることで演奏会のための大空間を工期22時間で完成させた。ユニット化と軽量化を突きつめていった最終成果が10年後のモントリオール万博のアメリカ館（1967，図1・137）であり，球体はスチールの線形部材による複層スペース・フレームで作り上げられた。

図1・136　イェール大学ホッケー・リンク
ニューヘブン（コネチカット州），
1958年，E.サーリネン

図1・137　モントリオール万博アメリカ館
モントリオール，1967年，R.B.フラー

5・3　戦後世界の都市と建築

(1)　都市復興と建築の再建

第二次大戦後のヨーロッパの都市復興は，戦前の都市構造や土地所有の状況を持続させてゆく方向と，完全に新しい都市計画を実現してゆく方向に大別できる。ほとんどの都市が前者であり，復興計画のなかで破壊された多くの歴史的建築が元通りの姿に再建された。残存部分と再建部分を区別させる手法は様々に議論されたが，ドレスデンのツヴィンガー宮殿のように建物全体が復元に果てしなく近い再建例も数多い。その一方で，都心部が徹底的に破壊されたロッテルダムは後者の代表例である。土地と建物の強制収容を実現し，道路網と街区のパターンは一新された。ヤコブ・ファン・デン・ブロークとヤコブ・ベレント・バケマによるラインバーンは，歩行者専用道路とともに計画されたショッピング・モールとして名高い。さらに，アメリカ建築文化の象徴であった高層ビルがヨーロッパ都心部で建てられるようになったのも戦後である。ミラノ中央駅前に建つピレッリ・ビル（1956，図1・138）はその早い例であり，三角形状に窄められた両端部にスリットを入れることで建物全体をシャープに印象づ

図1・138　ピレッツリ・ビル
ミラノ，1956年，
G.ポンティ，P.L.ネルヴィ

図1・139　モスクワ大学
モスクワ，1953年，L.ルドネフ

けている。また，デュッセルドルフのマンネスマン・ビル（1958）は厳格なモデュールを繰り返したアメリカ型のオフィスビルである。こうした西側諸国の動きと対照的なのがスターリン体制の続くソ連で，モスクワ大学(1953，図１・139）やホテルといった高層建築の表現において，中央に尖塔を頂き左右対称の構成を守ったアール・デコ摩天楼を継続させていた。

(2)　建築家の復興計画

第二次大戦後の復興都市計画のなかでフランスのル・アーブルは単独の建築家が主導権を発揮できた数少ない例である。この計画は晩年のペレが1947年より生涯をかけて取り組んだもので，6.21mのモデュールに基づいて全体を構成し，建築部材の規格化とプレファブ化が強力に推し進められている。均一化が単調さに陥らないように集合住宅のヴォリュームに変化をつけ，市庁舎やサン・ジョセフ聖堂にはモニュメントとしての役割を担わせた（図１・140）。柱の意匠はパリの経済・社会評議会（1937）で使われたものを継承している。ル・アーブルと同じ手法はアミアンでも繰り返され，駅舎，ポルティコの付いた駅前の大通り，高さ104mの塔状高層アパート（1948）が鉄筋コンクリートで実現された。

ル・コルビュジエは戦後フランスの復興都市計画への独自の解答として，マルセイユにユニテ・ダビタシオン（1952，図１・141）を実現した。これはひとつの都市街区を巨大な一棟の建物に収容し，そのなかで都市生活が完結するという垂直型の都市構想であった。造形的にはコンクリートの巨大なピロティが建物を地面から持ち上げ，さらに，スイス学生会館で試みられていた荒々しい打ち放しコンクリートが建物全体の印象を決定づけるまでに徹底された。各住戸の詳細はモデュロールという独自の比例体系によって導かれたほか，色彩計画も綿密になされた。

図１・140　ル・アーブル復興計画
ル・アーブル，1947-50年，
A.ペレ

図1・141　ユニテ・ダビタシオン
マルセイユ，1952年，
ル・コルビュジエ

日本では丹下健三が広島の都市復興のなかで平和記念公園および記念資料館を実現した。ル・コルビュジエの建築言語に影響を受けつつも，都市と建築の関係性，原爆ドームを計画軸の焦点とする独創的な手法によって世界的に大きな注目を浴びた。このプロジェクトによって丹下は第8回 CIAM 大会に招待され，ル・コルビュジエ，グロピウス，ホセ・ルイ・セルト，ギーディオンといった近代運動の主役たちと交流を深めた。

5・4　戦後モダニズムの表現力

(1)　表現力の回復

近代科学を援用したモダニズムの厳格性や合理性がもはや斬新さのシンボルではなくなってきた戦後において，建築の表現力はふたたび様々なレベルで模索された。ライトが手がけたジョンソン・ワックス本社の事務棟(1939，図1・142）は内部空間に柱頭が円盤状に広がる54本の柱が並び，円盤の隙間から採光が取られることで，あたかも蓮の葉を水中から見上げたような印象を与える。1950年に完成する14階建ての研究開発棟は，エレベータを収める中央のコアから各階の円盤状スラブがキャンティレバーで跳ね出す構造を採用した。ライト晩年のグッゲンハイム美術館（1959，図1・143）は，螺旋形スロープという導線そのものがギャラリーとなっており，来館者は最初にエレベータで最上階まで行き，スロープを下りながら絵画を鑑賞するというユニークな空間設計である。アトリウムを取り巻くスロープは建物の外観を動きのある流動的な造形にも仕立てている。

図1・142　ジョンソン・ワックス本社事務棟
ラシーン(ウィスコンシン州)，1939年，F.L.ライト

図1・143　グッゲンハイム美術館
ニューヨーク，1959年，F.L.ライト

図1・144　ロンシャンの礼拝堂
ロンシャン，1955年，
ル・コルビュジエ

ロンシャンの礼拝堂（1955，図1・144）はル・コルビュジエが初めて手がける宗教施設であり，それまでの作風とは完全に異なりきわめて詩的な造形へのアプローチを示している。ステンド・グラスを彷彿とさせる小窓は不規則に壁を穿ち，壁はうねるように回り込み，屋根のコンクリート・シェルは空へ向かって反り返っている。ここでは機械の美とは程遠い，個性や風土を反映させた彫刻的な造形が展開されたのである。

(2)　機械と機能を超えて

機械の美や厳格な機能性を体現するモダニズムの推進力は完全に色褪せ，かわって「経験主義」，「ヒューマニズム」，「自然主義」，「有機的」といった言葉が多用されるようになった。これらはいわば修正されたモダニズムであり，科学技術や設計の合理的な手続きを継承しつつ，形態の自由度を高め，場合によっては歴史的，地域的な文脈，すなわち場所の感覚に対応する力さえ備えつつあった。アメリカのライトや戦前の表現主義に対する再評価，歴史的建造物の再生計画，建築史におけるパラーディオ研究が背景に存在した。高層ビルにおいては，ミラノのトッレ・ヴェラスカ（1958，図1・145）が地域に根ざした中世の塔の形状を採用し

図1・145　トッレ・ヴェラスカ
ミラノ，1958年，BBPR

図1・146　森の火葬場
ストックホルム，1940年，
G. アスプルンド

た点で特筆される。

さらに，もともと建設技術や建築表現に地域の伝統色が濃かった北欧では，「森の火葬場」(1940，図1・146）を手がけたアスプルンドやアアルトのような建築家が戦前より自然や人間にやさしいモダニストと目されていた。アアルトの場合，一時期アメリカを拠点にしたことによって戦後にはますます国際的名声を高め，MITの寄宿舎ベイカー・ハウス（1948，図1・147）やセイナツァロ村役場（1952）が環境へ応答する建築の表現とされた。

図1・147　MITベイカー・ハウス
ケンブリッジ（マサチューセッツ州），
1948年，A. アアルト

ル・コルビュジエ後期の作品を特徴づける荒々しい打ち放しコンクリート表現を「ブルータリズム」と呼ぶのもモダニズムの方向転換としてはわかりやすい指標である。こうした力強い表現のきっかけはル・コルビュジエ自身の北アフリカのアルジェ，南米ブラジルでの経験に遡ることができる。

5・5　CIAM崩壊と非西洋圏の躍進

(1)　第三世界の首都

モダニズムの建築言語によって官庁建築が実現したリオデジャネイロに続いて，ブラジルでは1956年に新首都ブラジリアの建設が決定された。そしてここでもル・コルビュジエに触発されたブラジルの建築家たちが活躍した。コスタによる都市計画は上空から見ると飛行機のような姿をしており，CIAMの原則に従って機能的なゾーニングを実現している（図1・148）。両翼部分にはスーパーブロックの住居棟が建ち並び，機首にあたるエリアは官庁街とされた。

ニーマイヤーが手がけた政府庁舎（図1・149）と宗教建築はコンクリートによる多彩な造形を披露し，無機質な印象を免れないモダニズムの造形に祝祭性すら感じさせる。ここにニーマイヤーが好んだ自由な曲線や立体表現は，すでにパンプルア聖堂（1947）のヴォールト屋根に見てとれる特徴である。

戦後にイギリスより独立したインドでは，パンジャブ州の州都としてチャンディガール（1962，図1・150）が建設された。これはル・コルビュジエが初めて実践した都市計画である。グリッドに分割された全体のレイアウトとは別に，総督官邸，裁判所，事務局棟，議事堂といった公共建築にはモダ

図1・148　ブラジリア計画
ブラジリア，1956年，L.コスタ

図1・149　ブラジル国会議事堂
ブラジリア，1960年，O.ニーマイヤー

図1・150　チャンディガール
チャンディガール，1962年，ル・コルビュジエ

ニズムの建築言語を地域の伝統を加味しながらアレンジすることで，自由で大胆な彫塑的造形が試みられた。この一大プロジェクトのなかで，ル・コルビュジエの建築は記念性の獲得，すなわちオブジェとしての性格が一層強まったと言える。

(2)　CIAMからチームX（テン）へ

1956年，ドゥブロヴニクで開催されたCIAM第10回会議が事実上CIAMの終幕となった。世代交代を告げるように，第9回会議ではオランダの若手グループが台頭し，戦前の成果であるアテネ憲章を疑問視した。彼らは続く第10回会議を実質的に組織したことで「チームX」と呼ばれるようになる。こうして，1959年のオランダ・オッテルロー会議で公式にCIAMはチームXに引き継がれた。新しい都市の主題として提示された「クラスター」,「モビリティ」,「成長と変化」などは，あきらかに都市をダイナミズムのなかに捉える意識を表明している。さらに，CIAMの理論主導の姿勢を否定し，実践検証に基づいた多元的な方法の発見に注意を払った。チームXの活動は約20年間続くが，近代建築における国際的な見解の統一よりは，むしろ個々の創作活動のうちにモダニズムの多様性と多元化を求めようとする傾向が強かった。スミッソン夫妻はハンスタントンの中学校（1954，図1・151）を鉄骨，ガラス，煉瓦という素材を用いて即物的に仕上げた。アルド・ファン・アイクの子供の家（1960，図1・152）は10m角の大ユニットと3.3m角の小ユニットが全体の構造システムとなり，プレイルーム，読書室，寝室といった各機能の配置が考えられた。秩序ある全体構造を定めておき，各部は融通の利く要素を配置してゆくという設計手法は1950年代にオランダで注目され,「構造主義」と呼ばれる。

図1・151　ハンスタントンの中学校
ノーフォーク，1954年，
スミッソン夫妻

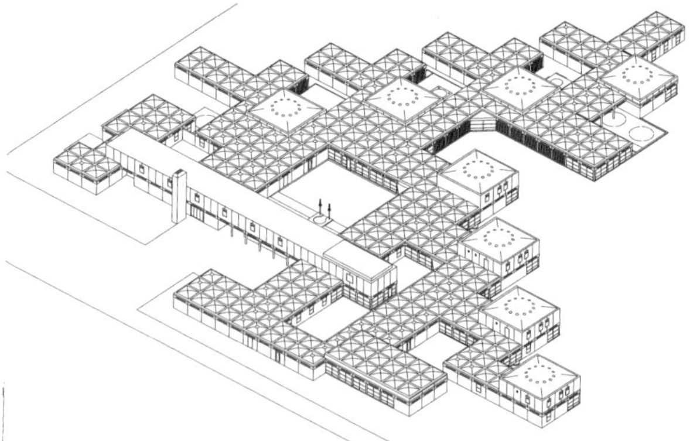

図1・152　子どもの家
アムステルダム，1960年，
A.ファン・アイク

1951年にCIAMという国際的舞台に躍り出た丹下健三は，体制がチームXに移ってからもオッテルロー会議で自身の東京都庁舎（1957）や菊竹清訓の「塔状都市」（1958）を披露するなど一層積極的に活動した。また，1960年に東京で開催された世界デザイン会議はいわば非公式のチームX会議とも言えるイベントで，丹下は菊竹清訓，黒川紀章，川添登，槇文彦，大高正人といったメタボリズムの思想を紹介するなど，次世代を担う日本人建築家に国際的な舞台を用意した。日本から国際建築における最新のトレンドが発信されるようになるのはこの頃からである。

第2編

日本近代

第1章　開国（1854）から維新期（1868）…………98

第2章　洋風建築の本格的導入……………………117

第3章　住宅建築と都市………137

第4章　近代都市のなかの建築……………………154

第5章　近代建築の導入………171

第6章　日本から世界へ………184

第１章　開国（1854）から維新期（1868）

１・１　初期洋風建築

(1)　開国と近代化

日本近代建築史は日本の近代化過程のなかで生み出されたすべての建築の歴史である。したがってそこには洋風の歴史主義建築，和風建築，近代建築などが含まれる。そしてその歴史は，日本の近代化とともに始まる。

日本が本格的に近代化を開始するのは嘉永七年（1854），日本の開国以降であるが，すでに開国以前，佐賀藩は嘉永三年（1850），製鉄のための反射炉を建設している。反射炉は薩摩藩，幕府によっても建設されてゆくが，現存するものは幕府の江川太郎左衛門が安政元年（1854）伊豆韮山に建設したものである（図２・１）。これは現存する日本最古の耐火レンガ建造物と考えられる。開国前年，ペリーが浦賀にきた嘉永六年（1853），幕府は江川に品川台場の築造を命じている。

開国後，薩摩藩は藩営のモデル工場を建設し産業の近代化に努めた。慶応

図２・１　韮山反射炉 韮山 静岡県，1854年，江川太郎左衛門

図２・２　集成館機械工場 鹿児島，1865年

元年（1865）竣工の集成館機械工場（図２・２），慶応三年（1867）竣工の日本初の紡績工場，鹿児島紡績所が残されている。前者はわが国には珍しい石造の建築である。

図２・３　そろばんドック
長崎，1868 年

(2)　幕府の近代化政策

幕府は本格的軍艦建造のための造船所として，長崎製鉄所を設けた。安政四年（1857）にオランダから機械類を購入して製鉄所を起工し，文久元年（1861）に落成したものである。創設時は「長崎鎔鉄所」という名であった。維新後明治新政府は，幕府が保有していた長崎製鉄所を管轄下に置くとともに，薩摩藩とグラバー等が建設していた小菅修船場を長崎製鉄所の所管とした。現存するこの小菅修船場（図２・３）は俗に「そろばんドック」の名で知られ，英国に機材が発注された船渠と岸壁，レンガ造の巻上げ機小屋などからなり，明治元年（1868）に竣工したものである。ここで使われた日本初の赤レンガは，厚さが薄く俗に「こんにゃく煉瓦」と呼ばれた。この建物は現存最古の洋風レンガ建築と考えられる。

また幕府は元治元年（1864）に横須賀製鉄所の建設を決めている。フランスのツーロン港に似ているなどの理由から，横須賀が建設地とされた。慶応元年（1865）起工，明治維新によって製鉄所の一切は明治政府に引き継がれ，整備が続いた。しかしながら機械の一部を除いて，建物は残っていない。

(3)　開港地

開国後，幕府は開港五港（横浜・神戸・新潟・箱館・長崎）を定めた。箱館には防衛力の強化などのために五稜郭（図２・４）が築造された。設計は洋式軍学者の武田斐三郎。大砲による戦闘を迎えた時期の西洋式築城を採用し，堡を星型に配置している。安政四年（1857）起工，慶応二年（1866）に竣工した。五稜郭は，戊辰戦争の最後

図２・４　五稜郭
函館，1866 年，武田斐三郎

図２・５　グラバー邸
長崎，1863年

の戦いの地として有名であり，明治二年（1869），新政府軍に明け渡されている。

これら開港場には西洋の影響を受けた建築が現れてゆく。長崎山手の外国人居留地には，安政六年（1859）に来日した貿易商トマス・グラバーが文久三年（1863）に建てた邸宅，慶応元年（1865）頃に竣工した茶の製造業者オルトの邸宅，グラバー商会から独立してホーム・リンガー商会を興す貿易商リンガーの邸宅（明治元年：1868頃竣工）が並んでいる。グラバー邸（図２・５）はアジアの植民地住宅によく見られるベランダを巡らせた構成に特徴がある。長崎には元治元年（1864）に竣工した木造によるゴシック様式の大浦天主堂（図２・６）も現存している。その他の開港地の建築では，次に述べる擬洋風建築である新潟税関庁舎（明治二年：1869竣工）が現存している。

図２・６　大浦天主堂
長崎，1864年

1・2　擬洋風建築

(1)　和小屋と洋小屋

開国以後，洋風建築が建設されるのを目の当りにして，それまで在来木造建築を手がけてきた棟梁たちが新たな活動を始める。彼らはナマコ壁を用いたり，寺院の花頭窓や千鳥破風など，和風の細部意匠をちりばめながら，これまでの和風建築ではない擬洋風建築といわれるものを生みだしていった。擬洋風建築とは，日本の伝統的建築技術を基盤に，西洋風の建築形式を作りだしたものである。その大半は木造で,外壁は漆喰塗であったり,ナマコ壁,下見板貼りであったりする。日本建築のモチーフ，社寺の装飾細部を用いることが多く，構造技術も伝統的和風建築のものである。たとえば屋根を支える小屋組には洋風のトラス構造を用いた洋小屋（図２・７）ではなく，伝統的な束や梁を渡す和小屋（図２・８）が用いられる。

擬洋風建築を手がけたのは，進取の気風に富んだ棟梁たちであった。横浜が開港されるとただちにそこに進出し，文久二年（1861）には幕府公認の４人の請負人のひとりとなっていた二代目清水喜助は，そこから本格的洋風建築を手がけてゆく。

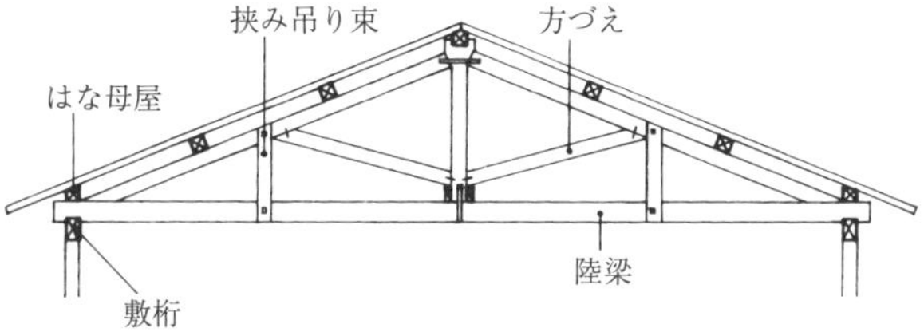

図２・７　洋小屋

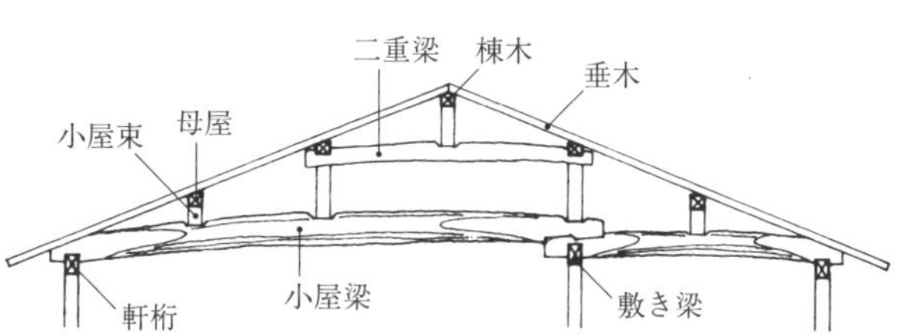

図２・８　和小屋

⑵　地方の棟梁たち

彼以外にも長野の佐久に明治八年（1875），中込学校を作った市川代次郎，明治九年（1876）に松本の開智学校（図２・９）を作った立石清重，明治八年（1875）に山梨の睦沢学校（図２・10）を作った松本輝殷，また小宮山弥太郎などの存在が知られる。彼らが作り上げた学校は，文明開化の明日を担うこどもたちのために，地元の資材と智慧が傾注されたのであった。

図2・9　開智学校
松本，1876年，立石清重

擬洋風建築は学校などの新しい施設に用いられただけではなく，神社仏閣にも応用された。明治一五年(1882)，奈良の生駒山に宝山寺獅子閣（図２・11）を作った吉村松太郎，明治八年(1875) に金沢の尾山神社神門（図２・12）を作った津田吉之助らの仕事がそれである。彼らは伝統的な大工棟梁としての技術を基盤として新しい表現をもつ建築に取り組んでいった。また，弘前の堀江佐吉も擬洋風から発して本格的な洋風建築へと進んでいったひとりである。

図2・10　睦沢学校
甲府，1875年，松本輝殷

図2・11　宝山寺獅子閣
生駒，1884年，吉村松太郎

図2・12　尾山神社
金沢，1873年，津田吉之助

こうした人々が生まれたのは，江戸時代までの日本の建築技術の水準の高さを物語る。建築表現こそ新しいものの，擬洋風建築を支える技術は在来のものであったからである。しかしながら彼らは横浜や神戸などの開港地に出かけて行き，新知識を貪欲に学んだのであった。こうした技術水準の高さは各地の棟梁たちだけではなく，各地の技師たちにも見出される。工部省の林忠恕，北海道の安達喜幸，三重県の清水義八らは，伝統的技術の上に立った技師である。

⑶　左右対称・中央の塔

擬洋風建築の多くは，左右対称の構成をもち，中央に塔を上げる。こうした構成法は各地の学校や郡役所など，公的な建築に特に見られるもので，敷地に余裕があり，堂々とした構成を印象的に示すことができる立地条件が生み出したものと考えられる。文明開化の表現のひとつがここにある。

逆に擬洋風建築に触発されて，伝統的建築に新しい方向をもたらした人々もいた。岩手県出身で北海道で活躍した花輪喜久蔵は，小塔を屋根に上げた和風建築を得意として，本林流宝塔造りと称した。同じように伊豆の長八として知られる鏝絵の名人，入江長八も単純に和風の名工とのみに分類できない存在であった。幕末から明治初年にかけての時期には，和も洋もたがいに刺戟を与えあう存在であった。建築における摂取と応用は決して一方向にだけ起きるのではない。

1・3　御雇外国人の進出

(1)　ウォートルス

近代日本における建築の発展には，外国人建築家の存在が決定的に重要であった。元治元年（1864）には琉球で製糖工場建設に携わっていたといわれるT.J.ウォートルスは，そうした外国人建築家の代表格である。その後彼は長崎での初期の洋風建築施設に関わったと考えられ，リンガー邸やオルト邸の設計にも関与したといわれる。明治四年（1871）に彼は大阪で造幣寮（図２・13）と泉布館（図２・14）の設計を行い，東京では竹橋陣営（図２・15）を設計している。翌年には皇居山里の鉄製吊り橋（図２・16）も設計する。これはイギリスの土木技師I.K.ブルネルの作品を思わせるレンガ造の支柱をもつ形式である。橋梁として興味深い事例は兵庫県に残る神子畑鋳鉄橋（図２・17）である。これは生野鉱山の施設のひとつとして建設されたわが国ではめずらしい鋳鉄橋で，設計は日本人の手になると考えられている。ウォートルスはアイルランド生まれの土木建築技師であったといわれ，日本での仕事を終えた後には上海，ニュージーランドで仕事をした。アメリカの

図２・13　造幣寮
大阪，1870年，T. J. ウォートルス

図2・14　泉布観
大阪，1870年，T. J. ウォートルス

図2・15　竹橋陣営
東京，1874年，T. J. ウォートルス

図2・16　皇居山里吊り橋
東京，1872年，T. J. ウォートルス

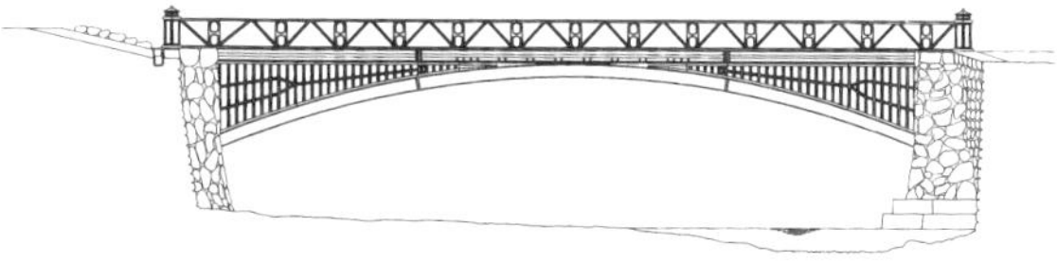

図2・17　神子畑鋳鉄橋
朝来（兵庫），1885年

コロラド州で2人の弟とともに鉱山開発に当たっている。ウォートルスは明治初期の建築界に大きな足跡を残して去った。

(2)　御雇外国人による建築

ウォートルスと同じ元治元年頃に来日したと考えられているR.P.ブリジェンスは横浜山手にイギリス仮公使館，東京には築地ホテル館などを設計した。彼はアメリカから来日したが，その前歴は詳しくは知られていない。また横須賀製鉄所の建設に携わったフランス人技師のE.A.バスチャンは群馬県富岡市に残る富岡製糸所（図2・18）を設計している。これは木骨レンガ造建築であり，小屋組みは無論洋風のトラス構造である。

開国後の日本にとってまず必要となったもののひとつが，外国船を受け入れるための灯台であった。そのための技師として活躍したのがイギリス人土木技師のR.H.ブラントンであった。彼は幕末の慶応四年に（1868）来日し，横須賀製鉄所で仕事をした後，灯台建設に従事した。彼は明治九年に帰国するまで，神子元島，釣島，犬吠埼など26基の灯台と関連施設を設計した。札幌農学校ではアメリカ人教師のW.ホイラーが札幌農学校演武場（時計台）

図2・18　富岡製糸所
富岡，1872年，E. A. バスチャン

図2・19　札幌農学校演武場（時計台）
札幌，1878年，W.ホイラー

（図２・19）を設計している。札幌ではアメリカ東部の木造の下見板貼りのコロニアル建築が多く導入され，全国に広がっていった。

(3)　その他の外国人建築家

明治初期の外国人建築家の作品としては，フランスに生まれ，グラスゴー経由で明治五年に来日したC.A.C.ド・ボアンヴィルによる工部大学校本館，神戸居留地から生野鉱山の技師となり，のちには三菱の技師となるフランス人建築家J.レスカスによる西郷従道邸などが知られる。さらに時代が下ってからは，明治二一年（1888）に神学教師として来日して，翌年から建築に携わりはじめて神戸にハンセル邸（図２・20）やハッサム邸などを残したA.N.ハンセルの作品が知られる。

図２・20　ハンセル邸
神戸，1896年，A. N. ハンセル

１・４　近代的都市の形成

(1)　外国人居留地の形成

開国によって建築における近代化とともに，都市の近代化が始まる。江戸時代にすでに造成されていた出島をもつ長崎では，東山手と南山手の居留地が開発された。横浜は既存の東海道神奈川宿から道路を開いて大岡川に吉田橋を架け，その橋詰に関門を置き居留地側を関内，外側を関外と称した。神戸は東は旧生田川から西に旧鯉川まで，北は旧西国街道に囲まれた臨海部分が居留地として形成された。居留地には擬洋風の商館や住宅が建設され，横浜のように公園が設けられたり，海岸沿いに遊歩道が設けられる例があった。

⑵　鉄道の敷設

居留地の形成は幕末から行われたが，明治政府が成立してから次に行われたのは鉄道の敷設であった。開港地が海に向かって国を開く作業であるとすれば，鉄道の敷設は国内の開放であった。横浜と東京を結ぶ鉄道が開設されるのは明治五年（1872）のことである。その駅舎を設計したのは，先に述べたR.P.ブリジェンスであった。彼は得意の木骨石貼りの構造によって駅舎を設計した。伊豆の斑石によって外装された東京側の新橋ステーションの駅舎（図2・21）は，そこから築地の居留地に人びとを招く東京の表玄関であった。新橋ステーションが作られた同じ年に，銀座レンガ街（図2・22）が作られる。これは大火の後の東京を再建する事業であるとともに，本来はこの形式の町を東京全体に拡大する試みでもあった。この町を設計したのはT.J.ウォートルスだった。しかしこれは，レンガ造の建築になじまない人びとの違和感の結果，そこだけに留まることになった。

⑶　北の大地

北海道開拓使が明治初年に果たした役割は大きかった。榎本武揚や新撰組の残党たち，さらには上野の戦争を戦った彰義隊の落人たちが立て籠った五稜郭を平定した明治政府は，北海道を特別な場所として開拓するべく新しい政治組織を組み立てた。それが北海道開拓使である。明治政府が潜在的にもっていた農本主義的な理想がそこに試みられる。明治六年（1873）に建てられた北海道開拓使本庁舎（図2・23）は開拓使に勤務したアメリカ人技師の手

図2・21　新橋駅
東京，1871年，
R. P. ブリジェンス

図２・22　銀座レンガ街
東京，1877 年，
T. J. ウォートルス

になるもので，中央にドーム状の屋根をもつ。アメリカ的な建築が多く建てられた北海道で，明治一三年（1880）に竣工した豊平館（図２・24）は，日本人建築家安達喜幸の手になる意欲的な作品である。中央のポーティコは楕円形に張り出し，そこに２本ずつまとめられた柱が立つ。これはバロック的な構成であるがその上の二階中央には擬洋風を思わせる破風と懸魚が設けられている。安達は大工棟梁の出であったから，自己のバックボーンを示したのかもしれない。

⑷　官衙建築

明治政府の建築技術者には，幕末に在来の伝統的大工技術を身に付けていた人々がしばしば見出される。林忠恕はその代表で，幕末に棟梁として仕事を行い，維新とともに明治政府の建築を担当するようになる人物である。内

図２・23　開拓使本庁舎
札幌，1873 年

務省や駅逓寮（ともに明治七年：1874），大審院（明治一〇年：1877，図２・25）など，多くの官庁建築が彼の手によって生み出された。みな木造で，入口部分を強調した建築である。間延びした柱の配置などは，上司であったウォートルスに通じる傾向である。こうした擬洋風の官庁建築は清水義八の手になる三重県庁舎（明治一二年：1879），星野総四郎による新潟県会議事堂（明治一六年：1883）などにも見られる。

図２・24　豊平館
札幌，1880年，
安達喜幸

(5)「山形市街図」

政府が目指した都市と国土の近代化を直接担った官僚の代表が三島通庸である。維新に抵抗した東北地方を平定するための地方官（県令）として辣腕を振るった三島は，山形市街を擬洋風建築の官庁建築の並ぶ都市にして，それを画家の高橋由一に描かせている（図２・26）。山形には擬洋風の病院建築として知られる済生館（明治一二年：1879）も存在する。三島は酒田では城を壊してそこに擬洋風建築によって朝陽学校をつくるなど，建築によって

図２・25　大審院
東京，1877年，林忠恕

図２・26　山形市街
高橋由一画

新時代を視覚化することに熱心だった。新しい時代の到来は，都市と建築の面目の一新によって，もっとも印象的に人々に実感されるからであった。

１・５　棟梁からゼネコンへ

(1)　二代目清水喜助

開国とともに新しい建築を学び始めたのは，それまで大工棟梁として在来の技術を蓄積してきた人々であった。なかでも二代目清水喜助は開港後の横浜でブリジェンスから洋風建築の手法を摂取し，ブリジェンスの設計による築地ホテル館（明治元年：1868，図２・27），自らのデザインによる国立第一銀行（明治五年：1872，図２・28），三井組ハウス（明治七年：1874，図２・29）などを建設する。彼はその事業を順調に拡大し，現在にまでいたる総合的建設業を起した。現代の建設会社のなかには，こうした大工棟梁の技術を出発点にもつ会社が少なくない。それは開国以前からの，わが国の建築技術の水準の高さを物語っている。

(2)　請負業の成立

幕末までは建設請負業という者は存在しておらず，大工棟梁が存在するだけであった。建築の請負が始まったのは，開国後神奈川県に定式請負人という制度ができてからだといわれる。先に述べた清水喜助，高島嘉右衛門らはそうした仕事を行った。高島の場合，横浜で土木建築請負工事や埋め立てを行って鉄道敷設事業を請負った。横浜では鹿島岩吉が建築請負業を行い，後に鉄道建設工事に進出していった。また，名古屋の棟梁の家筋であった竹中藤五郎は，寺社を手がけるなかから明治六年に名古屋鎮台の工事を請け，やがて神戸に進出して事業を拡げた。幕末から明治にかけて，新しい活動に乗り出していった棟梁たちは多かった。建設業はそこから育っていったのである。明治二〇年（1877）には大倉喜八郎らが出資して日本土木会社が作られた。これは土木建築を総合的に行う会社を目指したがうまく行かず，大倉土木として再出発した。幕末に生まれた大林芳五郎は土木請負業を志し，大阪

図2・27　築地ホテル
東京，1868年，R.P. ブリジェンス

図2・28　国立第一銀行
東京，1872年，清水喜助

築港工事，第五回内国勧業博覧会などの仕事を通じて建設業での地歩を固めていった。

(3)　東北の棟梁たち

棟梁から出発した建築家には，様々な経歴をもつ者がいる。山添喜三郎の場合は明治六年（1873）のウィーン万国博覧会に派遣されて日本館を建設した体験が大きかった。明治政府がはじめて参加したこの万国博覧会は，日本の建築が欧米の興味を引いたできごとであった。山添は博覧会に出品された日本建築のイギリスへの移築を行い，帰国後は内務省勧農局，農商務省工務局などで工場を手がけ，宮城県技師となった。彼もまた建築を通じて日本の近代化に尽した技術者であった。前述の弘前出身の棟梁堀江佐吉は，青森に旧第五十九銀行本店（明治三七年：1904・現青森銀行記念館，図２・30）などの作品を残すとともに，多くの建築作品を建設する企業を残した。

図２・29　三井組
東京，1872 年，清水喜助

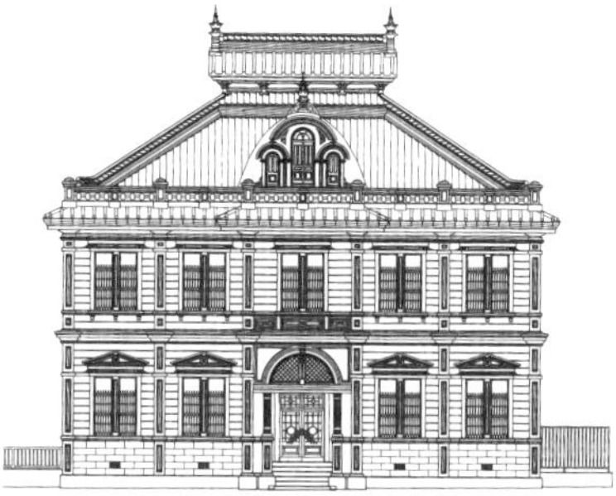

図２・30　第五十九銀行本店
青森，1904 年，堀江佐吉

(4)　北陸の建設業者たち

土木系の建設業をおこした人々の多くが北陸地方から出ている。佐藤助九郎，飛島文吉，熊谷三太郎，前田又兵衛など，現在につながる建設業を興した人びとがこの地方から排出している。豪雪と急峻な河川を相手に治山治水の課題が多かったことがこうした人びとを排出した遠因であると言われるが，近代に入ってからは鉄道建設や水力発電工事がこの地方では重要となり，さらにビジネスチャンスを拡大したとも考えられる。建設業は土木分野と建築分野との両面から成り立ち，それらをともに行うようになって，総合建設業いわゆるゼネコンが育ってゆくのである。

1・6　和風建築の進展

(1)　近代化と西洋化

開国から維新を経て，日本が近代化してゆく過程は洋風化の時代と考えられがちである。非西欧諸国においては，近代化は西洋化と同義にとらえられる場合がある。しかしながら近代化が生み出したものが西洋風のものばかりではないことを認識する必要がある。維新後の社会が生み出した身分的規制の廃止，資本の蓄積，道具や施工技術の進歩は，近世的な建築表現の開化をもたらしてもいる。小江戸と呼ばれることのある埼玉県川越市川越の商家群（図２・31），銅器の生産で知られる富山県高岡市山町筋の商家群（図２・32）などは，豪壮な和風の町家のすがたが見られるところであるが，これら

図２・31　川越の商家群
川越

図２・32　高岡の商家群
高岡

の町家は明治以降に建設されたものである。川越の場合は，明治二六年(1883)の大火以後の再建がその街並みを生み出している。そこには，近代がもたらした建築表現のひとつが和風であったことが示されている。厚い黒塗りの店蔵造りは，耐火性を考慮した都市建築であった。

図２・33　日下部家
高山（岐阜），1879 年

(2)　明治期の町家

小京都とも呼ばれる岐阜県高山市内に，隣り合って建つ日下部家（明治一二年：1879，図２・33），吉島家（明治三八年：1905 の大火後の再建）もまた，明治期に最高水準に達した町家のすがたを伝える建築である。太い縦横に組まれた格子，駒寄せなどには和風町家の粋が見られる。

図２・34　本芳我家
内子（愛媛），1889 年

江戸以来の木蝋生産によって栄えた愛媛県内子町には，その最盛期であった明治中期に建てられた建物が残されている。本芳我家（明治一七年：1884，図２・34），上芳我家（明治二七年：1894）がそれであり，ここには木蝋生産のために付属屋や土蔵も建ち並んでいた。これらもまた近代初頭の生産性向上が生み出した建築である。内子町は大正年間になって西洋蝋の生産が本格化するとその地位を失う。

(3)　東本願寺の造営

京都では幕末の大火で焼失した東本願寺の建物が，明治期に再建されていった。第九代伊藤平左衛門が設計した大師堂（明治二八年：1895，図２・35）は桁行七間，梁間八間の大きさをもち，その床面積は東大寺大仏殿を越える最大規模を誇る。同じ明治二八年（1895）竣工の阿弥陀堂は木子棟斎設計で，桁行五間梁間六間の建物である。勅使門(図２・36)は明治四四年(1911)竣工で，設計は京都府技師であった亀岡末吉による。亀岡式と呼ばれる流麗な細部意匠で知られる彼のデザインは，明治・大正時代に新しい感覚の装飾

図2・35　東本願寺大師堂
京都，1895年，伊藤平左衛門

図2・36　東本願寺勅使門
京都，1911年，亀岡末吉

図2・37　二条城本丸御殿
京都，1894年

が生まれていることを示している。東本願寺には，当時開発された琵琶湖疎水から防火用水を引くなど，近代技術も大いに導入されている。

(4)　二条離宮本丸御殿

京都から首都が東京に移った後，元の二条城は離宮とされ皇室に編入された。ここには，江戸時代からの遺構であり現在国宝に指定されている二の丸御殿が残されているが，明治二七年（1894）に京都御所今出川御門内にあった桂宮邸の御常御殿などが移建されて本丸御殿（図2・37）とされた。これは弘化四年（1847）に建築された建物である。近代の京都を整備するための事業のひとつであったと考えられるが，明治以後の国家の表現のひとつが和風建物の移築であったことは，近代化が西洋化のみを意味するものではなかったことを教えてくれる。

第2章　洋風建築の本格的導入

2・1　日本の建築家の流れ

(1)　近代化と建築家

日本の建築が近代化の過程を歩むなかで，それを担う主体である建築家が形成されてゆく。開国から戦後の1960年までの間に，様々な出自をもつ建築家たちが建築を担っていった。これまで見てきたように，開国後の建築は御雇外国人建築家と擬洋風建築を生み出した伝統的棟梁たちによって開始されたが，その後，日本人建築家は正規の洋風建築教育，伝統的建築，外国からの影響などが何度かの波を形成しながら現れてくる。ここにまずその流れを整理しておくならば，つぎのような局面を見出すことができるであろう。

1．お雇い外国人時代（代表的存在がJ.コンドル・歴史様式リヴァイヴァル）
2．日本人伝統的建築棟梁の流れ（代表的存在が二代目清水喜助・擬洋風建築）
3．西欧建築教育を経た日本人建築家（工部大学校卒業生・辰野金吾が代表的）
4．数寄者たちの棟梁・建築家（柏木貨一郎，仰木魯堂，岡本春道，高橋箒庵）
5．日本人建築家第二世代（地方技師，工手学校，専門学校，名人たちの時代）
6．新しい建築運動の影響（分離派建築会，モダニズム建築，コルビュジエら）
7．近代建築の出発（戦後モダニズムへの展開，前川・丹下・メタボリズムへ）

2・2　工部大学校とコンドル

(1)　工学教育と建築

工部省は初代工部卿伊藤博文のもと，明治三年（1870）に設置された。伊藤とともに幕末の長州を脱藩してイギリスに渡り，グラスゴーで造船を学んで帰国し，実質的に工部省設立の中心にあった山尾庸三は，エンジニア育成の必要を説いた。こうして，最初は工学寮，後に工部大学校となった工業教育機関が，明治六年（1873）10月に開校された。その都検（校長）にはグラスゴーからヘンリー・ダイアーが招聘された。ダイアーは当時世界に生まれつつあった高等工業教育機関を参照して，工部大学校の教育プログラムを編成した。工部大学校には土木学，機械学，電信学，造家学，実地化学，冶金学，鉱山学の6科が置かれ，後に造船学が加わった。このうちの造家学が建築教育を行う学科である。造家学は，工業教育の一環と位置づけられたのであった。多くの教師はダイアー同様グラスゴーから来日したが，造家学を担当する教師はロンドンからやってきた。それが他の教師よりやや遅れて明治一〇年（1877）に来日した，ジョサイア・コンドル（Josiah Conder, 1852－1920）である。

(2)　コンドル

わが国に西洋建築を最初に本格的に教授したコンドルは，来日前にロンドンにおいて，当時の有名なゴシック復興主義者の建築家ウィリアム・バージェス（William Burges，1827－81）の事務所で1874年から76年まで働いていた。同時に彼はサウスケンシントン美術学校とロンドン大学で建築を学んでいる。この時代は，建築教育が個別の建築事務所での修業から，学校教育へ移行しつつある時期であり，コンドルはこうした時代の教育の両面を経た人物だった。これは彼が日本で教育を行う上で，有益であった。彼の教育はデザイン，構造，材料，設備，施工にまたがっていたし，建築の本質についての授業も含むものだった。同時に彼は明治政府によって，教師であるととも

図2・38　遊就館
東京，1881年，
G. V. カペレッティ

に建築家でもあることを求められていたから，来日早々から，設計活動も行なっていた。

(3) 工部美術学校

一方，工部大学校に併設されて工部美術学校が存在した。これは「百工勧奨」を司どる工部省に付設された，美術画学と彫刻の教育機関であった。明治九年（1876）に設置されたこの学校には，イタリアから3人の教師が招聘されていた。画家A・フォンタネージ，彫刻家V・ラグーザ，建築家G・カペレッティである。カペレッティは参謀本部（明治一二年：1879），遊就館（明治一四年：1881）などの作品を残しているが，教育者としては能力不足だったと言われる。しかしながらここからは曽山幸彦，大熊氏広などの芸術家が育った。この明治美術学校は明治一五年には閉校，翌年廃校となる。工部省自体，明治18年には廃省となってしまう。工部大学校は文部省に移管され，のちに東京大学，さらに帝国大学の一部となる。

図2・39　上野博物館
東京，1882年，J. コンドル

図2・40　開拓使物産売捌所
東京，1880年，J. コンドル

⑷　上野博物館

コンドルの建築観を示した作品に，上野博物館（図２・39）がある。明治一五年（1882）３月に開館したこの建築に，コンドルはインド・イスラム風の意匠を試みた。それは東洋の建築スタイルであり，日本にふさわしいと彼が考えた結果だったのである。同じようにコンドルは開拓使物産売捌所（明治一四年：1881，図２・40）ではヴェネツィアン・ゴシック風を，訓盲院（明治一二年：1879）ではロマネスク風を用いている。これらはやはり建物の用途や立地環境を考慮した様式選択であった。コンドルは西洋建築をそのまま日本に建てればよいと考えたのではなかった。彼は日本の文化に深く憧れており，自らも日本の絵画，庭園，生け花，演劇などの研究と実践を開始していた。そうであってみれば，彼が日本に建てられる建築を日本にふさわしいものにしたいと考えるのは，至極当然のことであろう。

⑸　鹿鳴館

明治政府の要請に応じた設計は来日後のコンドルに相次いでもたらされた。鹿鳴館（明治一六年：1883，図２・41）は彼の作品中もっとも名の知られた建物である。外務卿井上馨の欧化政策の舞台となった国家の迎賓施設に，彼はインド・イスラム様式を基本としたデザインを用いた。彼にとってこの様式がいかに重要であったかが感じられる。しかし同時に彼は古典主義系統のデザインで皇居山里正殿案（明治一五年：1882），有栖川宮邸（明治一七年：1884）をまとめ，ゴシック系統のデザインでは東京大学キャンパス計画を立てている。この計画案（明治一一年：1878頃）は実施されず，彼は帝国大

図２・41　鹿鳴館
東京，1883年，J.コンドル

学となってからのキャンパスに法文科大学（明治一七年：1884）を設計したのみだった。後にこのキャンパスには工科大学が建設されるが，その設計者は彼の最初の教え子のひとり，辰野金吾設計であった。工科大学校舎が竣工する明治二一年（1888），コンドルは後事を辰野金吾教授に託すかたちで，任期満了によって外国人教師から転じていた講師の職をも辞し，以後は民間の建築家としての活動に専念する。

(6)　一丁ロンドン

街区としての広がりをもったオフィス街の建設は，皇居の前にひろがる丸の内地区から始まった。そこに建てられたレンガ造のオフィスビル群は，一丁ロンドン（図２・42）とよばれるようになった。丸の内の土地を三菱の岩崎家が入手するのは，明治二三年（1890）３月６日のことで，このとき丸の内の土地八万千坪余りが払い下げられた。同じ年に本社内に丸の内建築所を

図２・42　一丁ロンドン
東京

図２・43　三菱一号館
東京，1894年，J. コンドル

図２・44　三井家倶楽部
東京，1913 年，J. コンドル

設置し，工部大学校の第一回卒業生であった建築家，曾禰達蔵を入社させている。そしてコンドルも三菱社の顧問に就任している。この地区に明治二七年(1894)，三菱一号館(図２・43)は竣工した。ここに日本最初の本格的オフィス街の礎が築かれたのである。翌年には二号館，翌々年には三号館が竣工する。ここまでの設計はコンドルが担当していた。以後二〇号館までが明治四五年（1912）には竣工してゆく。「一丁ロンドン」の中核部の出現である。

(7)　コンドルの後期作品

民間での仕事に専念したコンドルの後期作品は，穏やかな古典主義作品が多く，種別としては大邸宅が多い。初期の様式的試みの多様さから，日本の嗜好に合わせた様式へと作風を収斂させた結果であろう。岩崎彌之助邸(現・開東閣)（明治四一年：1908)，三井家倶楽部（大正二年：1913，図２・44)，島津忠重邸（現・清泉女子大学）（大正四年：1915）などがその代表である。

２・３　日本人建築家たち

(1)　辰野金吾

コンドルの来日以来驚くほど早く，明治一二年（1879）に第一回の工部大学校卒業生が送り出された。辰野金吾，片山東熊，曾禰達蔵，佐立七次郎の四名が巣立ってゆく。辰野は工部大学校の第一回卒業生のなかから選抜されて高峰譲吉らとともに英国に留学し，帰国後はコンドルにかわって日本の建築教育の中心に座ることになる。日本銀行本店（明治二九年：1896，図2・45），国技館（明治四二年：1909，図2・46），中央停車場（現・東京駅，図2・47）（大正三年：1914）など，日本を代表する建築を多く手がけた。赤レンガと白い石を横縞状にあしらったデザインは，辰野式とよばれる。

図2・46　国技館
東京，1909年，辰野金吾

図2・45　日本銀行本店
東京，1896年，辰野金吾

図2・47　東京駅
東京，1914年，辰野金吾

図2・48　京都博物館
京都，1895年，片山東熊

図2・49　赤坂離宮迎賓館
東京，1909年，片山東熊

(2)　片山東熊

長州の藩閥につらなるところから宮内省に奉職した片山は，生涯を皇室建築家として過ごす。奈良と京都の帝室博物館（図2・48）をそれぞれ明治二七年（1894），二八年（1895）に完成させ，宮内省内匠寮の内匠頭になる。代表作品に東宮御所（現・赤坂離宮迎賓館），明治四二年：1909，図2・49）がある。この建物は明治末年にいたって日本が西洋建築の歴史様式を学習し終えたことを示す作品である。ここには庭園側立面にルーヴル宮殿東面，正面にウィーンのノイエ・ホーフブルク宮殿の影響が認められる。

(3)　曽禰と佐立

曽禰達蔵は海軍技師を経て三菱社に入り，丸の内の建築を手がけた。後に後輩の中條精一郎と曽禰・中條建築事務所をつくり，慶応大学図書館（明治四五年：1912，図2・50），東京海上ビル本館（大正七年：1918），日本郵船ビル（大正一二年：1923），華族会館（昭和二年：1927，図2・51）などを手がけた。

佐立七次郎は同級生のなかでは寡作に留まり，早くに引退したが，水準原点標庫（明治二四年：1891，図2・52），旧日本郵船小樽支店（明治三九年：1906）などの作品を残している。

図2・50　慶応大学図書館
東京，1912年，
曽禰・中條建築事務所

図2・51　華族会館
東京，1927年，曽禰・中條建築事務所

図2・52　水準原点標庫
東京，1891年，佐立七次郎

2・4　都市建築の成立

(1)　市区改正計画と官庁集中計画

銀座煉瓦街や丸の内のオフィス街の建設にみられる都市の面的開発は意欲的に進められたが，それがただちに都市全体に広がることはなかった。銀座煉瓦街の建設が一段落した明治一三年（1880），「東京中央市区画定之問題」という構想が出される。これは東京の中央部分を確定して道路などを整備し，重点的に経営しようというのである。計画はさらに進められてゆくが，結局

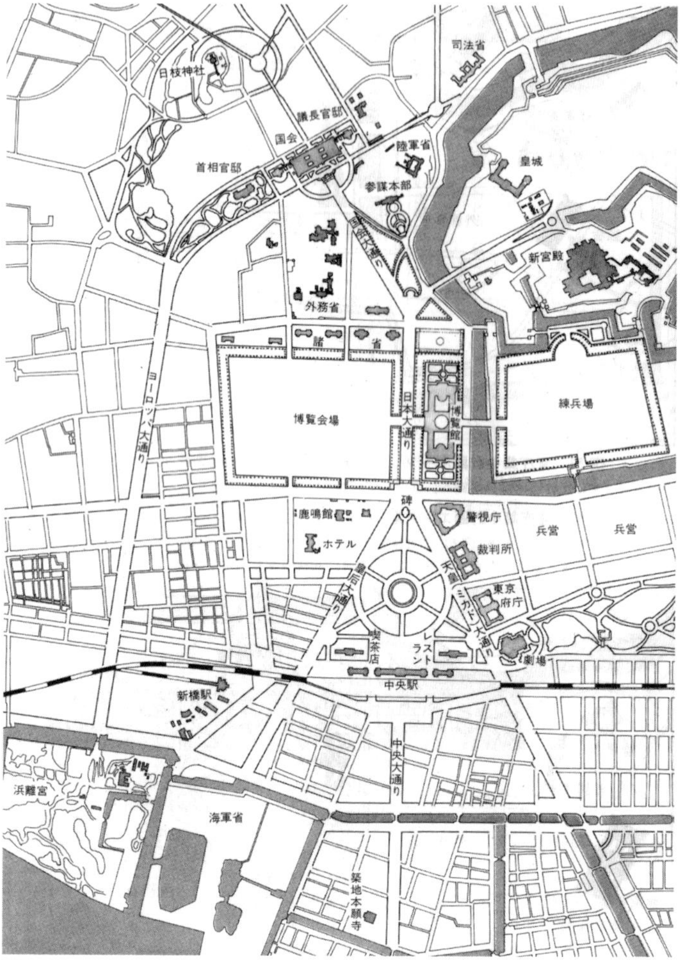

図2・53　官庁集中計画図
東京，1886年，エンデ・ベックマン建築事務所

は実らない。明治一八年（1885），内務卿山県有朋が東京市区改正局の新設を太政官に求めたにもかかわらず，同じときに外務卿井上馨が求めていた臨時建築局の方が新設を認められる。条約改正を狙って努力し続けている井上馨は，東京に散らばっている官庁を集めて官庁街を整備しようとしていた。外国に劣らない中央官庁街をもつことが，外交上の威信に寄与するからである。これは「官庁集中計画」（図2・53）といった。「市区改正事業」は後回

しにされ，明治21年になってから政府の勅令が出された。

官庁集中計画は，いまの霞が関の官庁街をつくるもととなった事業である。そこで招聘されたのが，ベルリンの建築事務所エンデ・ベックマン建築事務所だった。彼らは，日本が求めているものが西欧的な都市の姿であることを知ると，実に大掛かりな官庁集中計画を明治一九年（1886）にまとめあげた。しかしながら，結局官庁集中計画が残したものは，司法省と裁判所の建築，そして日比谷公園の着手といったところだった。しかしこの計画があってはじめて，いま見るような霞が関の官庁街が生まれてくるのである。市区改正の方は，いまで言うところの都市計画を意味していたにもかかわらず，実際は道路と水道という，都市のなかの線状の施設の整備に止まった。

(2)　ホテルと劇場・公会堂

都市計画が進まぬなか，個々の建物は都市を意識してデザインされるものが多く現れてくる。渡辺譲の設計した帝国ホテル（明治二四年:1891，図2・54）は，都市施設を本格的な洋風建築によって作り上げていたし，横河民輔による帝国劇場（明治四四年：1911，図2・55）もまた，西洋の劇場を日本に実現しようとする意欲に燃えていた。これらは，開国まもない時期の築地ホテル館に見られる擬洋風の面影を払拭している。都市の整備は単体の建物の成立によって進められていくのであった。

コーネル大学卒業という経歴の後，臨時建築局の技師を務めていた妻木頼黄は同局の廃止後，内務省，大蔵省へと転じて活動したが，作品には東京府庁舎（明治二七年：1894），東京商業会議所（明治二七年：1894，図2・56），旧横浜正金銀行本店（明治三七年：1904，図2・57）など，角地の立

図2・54　(旧)帝国ホテル
東京，1890年，渡辺譲

図2・55　帝国劇場
東京，1911年，横河民輔

図2・56　東京商業会議所
東京，1899年，妻木頼黄

図2・57　旧横浜正金銀行
横浜，1904年，妻木頼黄

地を意識した都市的デザインが見受けられる。

大学南校からフランス留学を経て文部省の建築家となった山口半六は，四高（明治二二年：1889，図2・58），帝国大学理科大学（明治二一年：1888）などで，抑制の効いた建築表現を示した。兵庫県庁舎（明治三五年：1902）が遺作となった。大阪中の島に建つ大阪中央公会堂（大正八年:1919，図2・59）は篤志家の寄付によって建設された建物で，岡田信一郎の競技設計入選作を辰野金吾が修正して実施した都市建築である。

図２・58　四高
金沢, 1891 年, 山口半六

図２・59　大阪中央公会堂
大阪，1918 年，岡田信一郎

２・５　構造的課題

(1)　トラス構造の導入

西洋の木造建築は屋根を支える小屋組にトラス構造を用いている。これに対して伝統的和風の小屋組は梁と束を組み合わせる和小屋であったことはすでに見た。トラス構造の洋小屋が用いられている場合には，それが西洋建築の技術の系譜に属していることの証左となる。トラス構造が構造的に強いという認識は，西洋建築技術を学んだ建築家たちにしみ込んでゆき，東大寺大仏殿（図２・60）や正倉院の明治期における修理では，小屋組みに鉄骨トラス梁や木造トラスの小屋組が導入された。これは伝統的な建物の外観を維持するためには，洋式のトラスを導入して，建物を構造的に安定させようという，明治期の修理理念にもとづくものであった。明治二四年（1891）におきた濃尾地震が，建物の構造補強の重要性を建築家たちに印象づけたことも，その背景にあった。

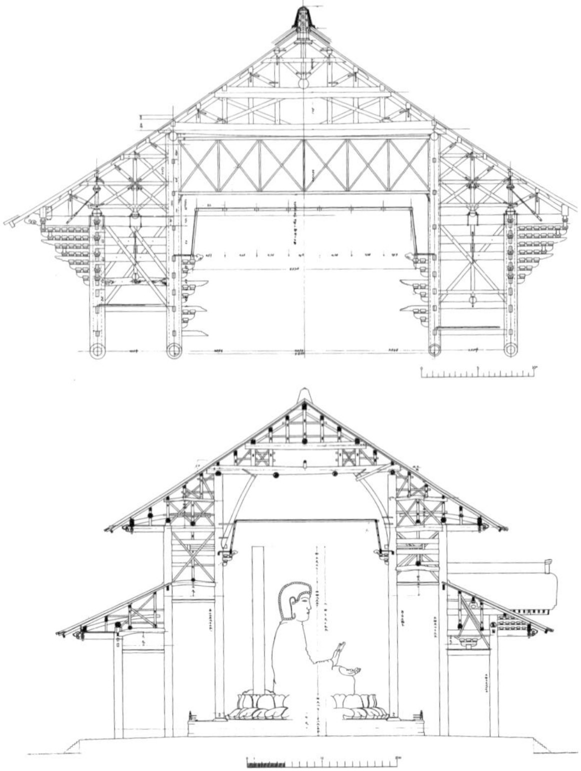

図２・60　東大寺大仏殿明治期修理断面図

⑵　レンガ造

西洋建築の材料としてもっともよく用いられたのがレンガである。レンガは初期には同じ段に長手と小口を交互に見せるフランス積み（フレミッシュ・ボンド，図２・61）が見られたが，後には長手が積まれた段と小口が積まれた段が繰り返されるイギリス積み（イングリッシュ・ボンド，図２・62）が一般的になった。レンガは幕末の居留地を通じてもたらされたが，幕末官営工場では国産レンガが製造された。長崎で扁平なこんにゃくレンガといわれるものが用いられたことは前述した。銀座煉瓦街建設に当たっては，東京近郊の小菅にホフマン窯が築かれ煉瓦製造を行った。この窯は後に小菅集治監用地に組み入れられ，そこで製造される桜の刻印を持つレンガは「囚人レンガ」と呼ばれるようになった。

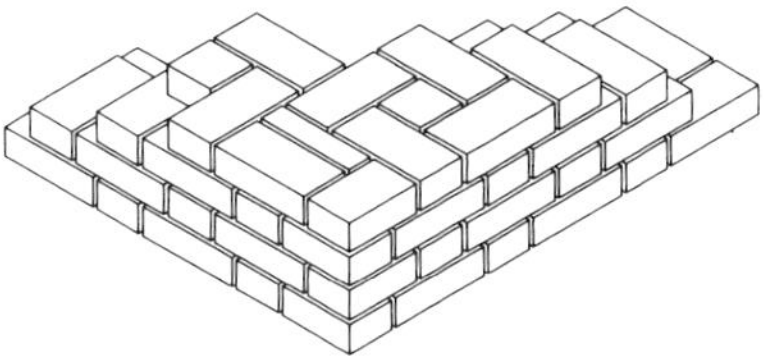

図２・61　フランス積み

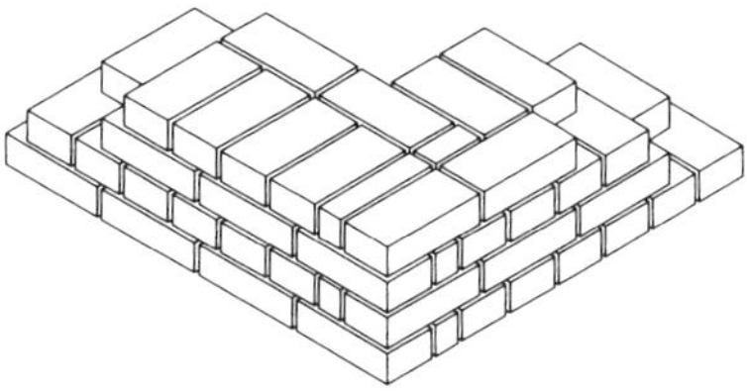

図２・62　イギリス積み

(3)　濃尾地震

明治二四年（1891），明治時代最大の地震である濃尾地震が起きた。建築物の被害は大きく，完成まもない名古屋電信局など，レンガ造建築の被害も多かった（図２・63）。丸の内のオフィス街を設計しようとしていたコンドルは現地に駆けつけ，日銀本店を設計中だった辰野金吾は急遽設計変更して建物を強化した。この地震以後，レンガ造の目地には従来の漆喰モルタルからセメント・モルタルが用いられるようになり，レンガのあいだに帯鉄を敷込むなどの補強法（図２・64）がとられるようになった。妻木頼黄が用いた帯鉄補強は碇聯鉄工法とよばれる。濃尾地震を契機として，明治二五年(1892)に震災予防調査会が設立され，後の関東大震災においても，この組織は多くの調査と対策立案に取り組んだ。

図２・63　濃尾地震被災写真

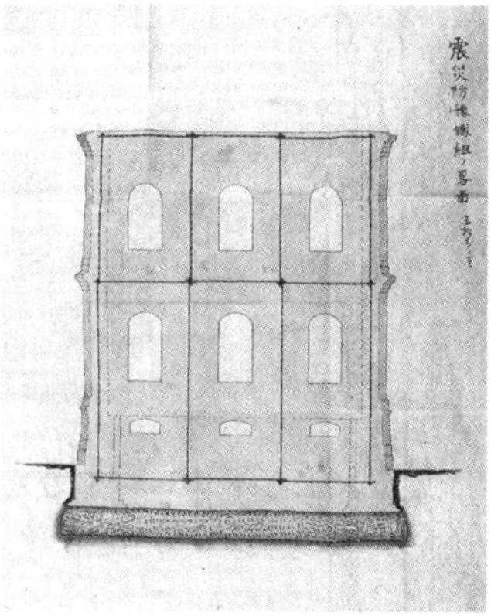

図２・64　レンガ造補強図
J. コンドル

(4)　土木構造と建築家

初期の建築家たちは土木構造物への関与が現在より大きかったといえる。コンドルの弟子であり海軍の技師を務めた櫻井小太郎は明治四二年(1909)，下北半島の海軍大湊要港部のための軍用水道堰堤（図２・65）に最初のアーチ式ダムを設計しているし，琵琶湖疎水の水を用いた御所水道のための九条山御所水道ポンプ室の設計には宮内省の技師たちが参加している。橋梁の意匠に関しては，妻木頼黄が設計した日本橋(明治四四年：1911，図２・66)，武田五一が設計した平野橋(昭和一〇，1935）をはじめとする大阪市内の橋梁など，多くの事例をみることができる。しかしながら建築家と土木構造物との関係は徐々に薄れていった。

図２・65　大湊軍用水道堰堤　むつ（青森），1910 年，櫻井小太郎

図２・66　日本橋　東京，1911 年，妻木頼黄

(5)　関東大震災

大正一二年（1923）９月１日，関東大震災が首都圏を襲った。東京，神奈川を中心に多大の被害をもたらしたこの地震は，地震後の火災によって災害が拡大した。死者・行方不明者 10 万5 千人余りのなかで，建物の倒壊だけによる犠牲者は 10 分の１ほどであったろうといわれる。震災からの復興が大きな課題となり，幅員のある道路網の整備，建築物の耐震化，不燃化が進められた。木造建築は上階の重みで一階部分から倒壊し，レンガ造建築は重

図２・67　初期鉄筋コンクリート構造物

しの効いていない上階部分から倒壊した。レンガ造建築はこの震災を契機に，鉄筋コンクリート造（図２・67）にその地位を譲った。構造学者の佐野利器が，以後の時代のリーダーシップを握ることとなった。彼は建築物の耐震化と都市計画の実施の両面から，都市改造を進めていった。市街地建築物法には，佐野の耐震理論が取り入れられた。こうして建築は構造安全性を重視する体制が整えられていった。

２・６　伝統建築の再発見

(1)　奈良県庁舎と伝統的様式

奈良県において新しい県庁舎を建設するために赴任した長野宇平治は，わが国古建築発祥の地である奈良にふさわしい伝統的建築を設計するよう議会から求められ，和風の意匠をもつ奈良県庁舎（明治二八年：1895，図２・68）を完成させた。この後，奈良公園周辺は美観を損ねぬようにとの考えから同様の和風意匠が用いられるようになり，奈良県物産陳列所（図２・69），奈良県立図書館，奈良ホテルなどが同様のスタイルで建設されていった。これは地域的な調和を図るものであるとともに，日清戦争後の国家意識の高揚とも関連する。この時期，西洋建築をわが国に教授するために来日したはずのＪ・コンドルが和風の意匠による唯一館（明治二七年：1894）を設計している。

図２・68　奈良県庁舎
奈良，1895年，長野宇平治

図２・69　奈良県物産陳列所
奈良，1902年，関野貞

⑵　古社寺修理

明治三〇年（1897）に古社寺保存法が定められ，近代国家整備の一環として国家による古社寺建造物の修理事業が開始される。この時期に奈良県に赴任した関野貞は，精力的に奈良県下の歴史的建造物を調査し，その後奈良の新薬師寺本堂（図２・70）の修理に着手する。彼はここで解体修理を行い，建物のすがたを当初と思われるすがたに復原した。この作業はそれまで見慣れた建物の形を変えるものであったため，大きな議論を呼んだが，以後の歴史的建造物修理の基本的方向性を定めるものとなった。また，この後妻木頼黄，伊東忠太，関野貞によって東大寺大仏殿の修理も行われる。ここで鉄骨によるトラス梁が挿入されたことはすでに述べた。こうした大胆な行為を伴いながらも，古社寺を保存・修理する試みが進められていった。

修理前

修理後

図２・70　新薬師寺新旧立面図
奈良，関野貞

⑶　宮殿の建設

明治時代になって，天皇はもとの江戸城西の丸御殿を皇居としたが，この

図2・71　明治宮殿正殿内部
東京，1888年，木子清敬

建物は焼失し，しばらく赤坂の旧紀州徳川家御殿を使用した。新しい宮殿をどのような様式にするかは議論を呼び，前述のようにコンドルが江戸城内の山里の地に西洋風宮殿を計画したものの中止，外観は京都御所に倣った伝統的な木造御殿として明治宮殿が，京都で禁裏出入りの大工の家柄の出である木子清敬らによって，明治二一年（1888）に竣工した。木子ら京都から扈従してきた技術者たちは，この宮殿の設計の中心として活動し，新しい意匠と古くからの伝統を織り交ぜることによって「新しい伝統」を生み出していったのである。無論そこに参加した工部大学校出身者たちの西洋建築の知識も重要な役割を果たした。宮殿の建設には皇居造営事務局（後に御造営事務局）が設けられ，当時の日本最大の設計組織を形成していたのである。宮殿正殿は折上げ格天井をもつが，そこに壮麗なシャンデリアがつき，床も寄せ木張りであり，和様折衷のデザインである。明治宮殿（図2・71）の特質は和様のうえに西洋風宮殿の意匠を重ねた，建築表現の重層性にあるといえよう。木子は最初に帝国大学造家学科で日本建築の講義も行っている。

⑷　平安神宮と伊東忠太

明治二八年（1895），平安遷都1100年記念祭の施設として作られたこの建物は，平安京の大極殿を縮小再現する目的であったが，やがて桓武天皇を祀る神社（図2・72）として整備された。設計には木子清敬，伊東忠太が当たり，ここに過去の建築を再現するという新しい建築創造のジャンルが開かれた。

伊東忠太は帝国大学工科大学造家学科卒業後，同大学院に学び，日本建築史研究をはじめ，その概説を完成させた。明治二〇年（1887）「法隆寺建築論」で工学博士となり，明治三五年（1902）から三八年まで中国，インド，トルコ，欧米を歴訪し，古建築を調査した。それまでの造家という言葉を不適切として，学会名や学科名を建築に改めさせた。帝国芸術院会員となり，昭和一八年（1943）には建築界初の文化勲章を受章した。伊東によって，日本建築は近代日本の建築学のなかで，学問体系を与えられたのであった。

(a) 修理前
京都，1895年，木子清敬，伊東忠太

(b) 修理後

図2・72　平安神宮

第３章　住宅建築と都市

３・１　洋風邸宅

(1)　大邸宅時代

洋風邸宅は日本が近代化を進める過程で定着し，大規模な邸宅が建設されるようになる。それは洋風の邸宅がわが国の生活のなかに定着し，日常的な迎賓や生活の場となっていった軌跡でもあった。洋風邸宅は昭和戦前期にそのピークを迎えることになる。しかしながら昭和一五年（1940）を過ぎる頃から戦時体制がはじまり，それ以後は建設されることも少なくなり，第二次世界大戦を終えてからは時代がモダニズム建築の時代に入ることもあって，作られることもほとんどなくなってゆく。同時にそれは戦前まで存在した特権的な富裕階層の消滅とも連動するできごとであった。明治時代末期から約50年間が，洋風大邸宅の成立期から成熟期までの時期である。日本の住宅建築は，伝統的和風御殿の脇に西洋館が建つ和館洋館併立期，伝統的住宅に応接間として洋室が付く洋室付設期，そして和洋折衷住宅期，さらにモダンリビングといわれる洋風主体の住宅へと変化を遂げて現在にいたるのであ

図２・73　開東閣
東京，1908年，J.コンドル

る。

図２・74　松本健次郎邸
北九州，1910 年，辰野金吾

日本人建築家たちの第二世代というべき人々が活躍するようになる時期が，彼らが学んだ洋風建築が生活の舞台である住まいのなかにも本格的にもたらされる時期であり，それが洋風邸宅の成熟期と重なる。それまでは西洋館は貴顕紳士の構える邸宅のなかの迎賓館的存在であったが，西洋館と生活の場が徐々に融合するようになり，そしてその西洋館にも，新しい様式がもたらされるようになるのである。

わが国に本格的に西洋建築の様式を教授したジョサイア・コンドルの晩年の作品は，古典主義様式を基本とする落ち着いたたたずまいのものが多いが，明治四一年（1908）の岩崎弥之助邸「開東閣」（図２・73）はエリザベス朝様式を取り入れた大邸宅であった。日本人建築家の先達でありリーダーであった辰野金吾は，後期の作品において様式的に新しい試みを実現している，九州に建つ松本健次郎邸（明治四四年：1911，図２・74）は，木造西洋館のなかに当時の最先端の様式のひとつであったアール・ヌーヴォーのモチーフを取り入れていることで知られる。本来であればアカデミズムの体現者として正統的（保守的）様式をまもるべき立場にあった辰野が，いわば前衛的な様式を紹介しているところに，近代日本の建築家がいかに西洋を学ぼうと必死であったかが窺われる。

(2)　ハーフ・ティンバーとスパニッシュ

図２・75　李王家の邸宅
東京，1930 年，権藤要吉

しかしながら様々な洋風邸宅がわが国に定着してゆくのは昭和戦前期になってからであった。東京の赤坂に建つ李王家の邸宅（現・赤坂プリンスホテル旧館，昭和五年：1930，図２・75）は宮内省内匠寮の権藤要吉らの手になるフランス風のインテリアを持つ邸宅である。昭和七年（1932）に竣工した神戸・御影に建つ武田長兵衛邸（図2・76）は松室重光設計のハーフ・ティンバー様式の邸宅であり，昭和八年（1933）に九州の久留米市に建てられた石橋正次郎邸（図2・77）はアメリカのコーネル大学に学んだ松田軍平が設計したスパニッシュ様式の邸宅である。ハーフ・ティンバー様式とスパニッシュ様式はわが国の大邸宅を二分するまでに好まれた様式であった。

図2・76　武田長兵衛邸
神戸，1931年，松室重光

図2・77　石橋邸
久留米，1933年，
松田軍平

こうした洋風邸宅の最高峰というべき存在は，岩崎小弥太が熱海の別邸として営んだ「陽和洞」（昭和九年：1934，図2・78）である。イギリス風のハーフ・ティンバーを基調として，深い屋根をかけたこの邸宅は洋風邸宅がわが国の風土に根づいたことを示す記念碑的な作品である。設計は，三菱の顧問として活動したジョサイア・コンドルの後を引き継いで，ながらく三菱関係の建築を作りつづけた曽禰中條建築事務所であった。この邸宅の二階部分には和室が設けられており，洋館と和館がそれぞれ迎賓機能を受け持つという形式ではなく，ひとつの建物のなかに和風と洋風が併存する生活スタイルが定着してゆくのである。

図2・78　陽和洞
熱海，1935年，曽禰・中條建築事務所

3・2　数寄者の世界

(1)　実業家達の数寄屋

近代化が進むなかで邸宅もまた洋風化するが，その一方で豪壮な和風邸宅もまた数多く建設されるようになる。わが国資本主義の発展に多大な貢献をした渋沢栄一は，明治九年（1876）に東京深川に清水喜助の手になる和風の邸宅を建て，兜町に辰野金吾設計の洋館を建てたが，その後現在の北区の飛鳥山に新しい和風の邸宅を建設した（図２・79）。これは数寄屋棟梁，探古斎柏木貨一郎の手になるもので，明治三四年（1901）から本邸となった。日本の近代化を担った実業家，政治家の邸宅には，このような和風大邸宅が多く，その設計には数寄屋棟梁だけでなく，西洋建築の教育を受けた建築家も多く関わっていた。幕末から明治にかけての政治家にも普請に凝る人物は多く，その一例としては宮内大臣などを歴任した田中光顕がいる。彼は東京に蕉雨荘，湘南の岩淵に古渓荘（図２・80）という和風大邸宅を営んだ。

数寄屋棟梁としては，三井系の実業家たちの茶室を数多く作り上げた魯堂仰木敬一郎が知られる。彼は茶道や日本美術を好み，数寄者といわれた実業家たち，鈍翁益田孝，狸山團琢磨，箒

図２・79　渋沢邸
東京，1899？年，
柏木貨一郎

図２・80　古渓荘
神奈川，田中光顕

図２・81　護国寺の茶室
東京，仰木敬一郎

庵高橋義雄らのために茶室などを手がけた。東京音羽の護国寺境内に残る茶室群(図2・81)がその代表作である。三井系以外でも住友家の京都鹿ケ谷邸(図2・82)は住友営繕部の日高胖と棟梁北村捨次郎による和風邸宅である。

図2・82　住友鹿ケ谷邸
京都，日高胖，北村捨次郎

(2)　建築家による近代和風邸宅

建築家が関与した和風の大邸宅には，現在比叡山延暦寺の大書院（図2・83）として使われている建物がある。これは武田五一の設計によるもので，はじめは東京に村井吉兵衛邸として建設されたものであった。武田は卒業論文に茶室建築の研究をテーマとするなど，当初から和風建築に興味をいだいていた。この旧村井邸には，和風の意匠とともに当時最新の流行であったアーツ・アンド・クラフツ運動の装飾の影響も見られる。武田に続く世代の建築家たちも，後に見るように，様式手法の成熟を示す多様な様式をこなした。

図2・83　延暦寺大書院（旧村井邸）
大津，1928年，武田五一

そうした近代的和風大邸宅の掉尾を飾る存在が，岩崎小弥太が東京鳥居坂に建設した本邸（図2・84）であった。これは大江新太郎の設計になる和風邸宅で，内装には漆の松田権六などが参加し，アール・デコ風をも加味した建築であった。岩崎小弥太はここに日本の文化の粋を集めた民間の迎賓館を建設したのであった。その意味で，近代における和風建築は日本の近代の表現であった。残念なことにこの建物は戦災で焼失し，その後には前川国男，吉村順三，坂倉準三の共同設計による国際文化会館が建てられている。

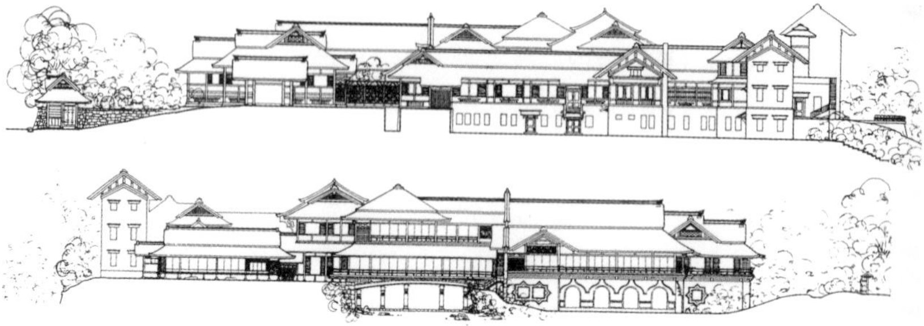

図2・84　岩崎小弥太邸
東京，1927年，大江新太郎

大正から昭和戦前期における和風建築は，日本の近代化のなかで中心的存在であった資本家たちが自らの存在証明として求めた建築表現であった。こうした近代和風建築は多くの地方都市にも見られるものであり，極めて高度な木工技術や施工精度の高さを示している。これらは邸宅建設を可能にする資本の蓄積とともに，洋鋼を用いた工具の発達，材料の流通の発展，技術者たちの技術の向上がこうした質の高い建築を生む基盤となっており，それらもまたわが国における近代化の進行を示すものであった。

3・3　庭園と公園

(1)　庭園から公園へ

都市が近代化する過程では，江戸時代からの施設を新しい施設に転用する，一種の読み替えが行われた。江戸城が皇居に転用されたのはその代表的な事例である。同時に都市を西欧化するために，新しい要素も加えられていった。公園の設置もその一例である。明治六年（1873）の太政官布告は各府県が公園を定めるよう命じた。これにもとづき東京では，上野，芝，浅草，深川，飛鳥山の5公園が定められた。これらのうち，上野（図2・85）は寛永寺，芝は増上寺，浅草は浅草寺，深川は富岡八幡の境内をもとに作られた公園であり，飛鳥山は江戸時代以来の行楽地であった。近世都市の名所を読み替えて公園を設けたのだといえよう。

東京以外の都市では，高知城や弘前城のように城郭が開放されて公園化したもの，金沢の兼六園，高松の栗林公園，岡山の後楽園のように大名庭園が公園化したものなどが見られた。

洋風の意匠をもつ公園としては明治二二年（1889）の市区改正によって生まれた日比谷公園（図２・86）が知られる。明治以後陸軍の練兵場になっていたこの土地は，実施案は洋風の部分が林学の専門家本多静六の手になるもので，和風庭園の部分は小澤圭次郎の手になり，花壇の部分は園芸家福羽逸人の手になった。ここに，はじめて日本における西洋風の要素をもつ都市公園のすがたが現れた。

⑵　京・大阪・名古屋の公園

京都では平安遷都 1100 年を記念して建設された平安神宮の神苑（図２・87）が庭師小川治兵衛によって作られた。第一期の部分は明治二八年（1895）に完成し，第二期の部分は 1914 年（大正三）に完成した。小川治兵衛はこれ以前，山県有朋の京都別邸無隣庵（図２・88）の庭園を造って，それまでの日本庭園に開けた平面性と開放性をもたらした。彼は琵琶湖疎水の水を利用した大庭園を南禅寺近傍に次々と作り上げ，円山公園などの整備，桂離宮や修学院離宮の庭園管理にも活躍していった。こうした日本庭園の近代化は，京都を中心として，各地に新しいスタイルの邸宅と庭園をもたらしていった。

図２・85　上野公園
東京，1873 年

図２・86　日比谷公園
東京，1889 年

図２・87　平安神宮神苑
京都，一期（1895 年），二期（1914 年），小川治兵衛

図２・88　無隣庵庭園
京都，1896 年，小川治兵衛

また洋風庭園の導入も様々に行われ，福羽逸人はJ・コンドルが設計した東京高輪の岩崎弥之助邸「開東閣」に洋風庭園を設計し，コンドルは自らが設計した東京西ヶ原の古川邸に洋風のバラ園を設計している。古川邸では和風庭園の部分は小川治兵衛が作り，近代における庭園の伝統を生みだした。

大阪では明治二四年（1891）開園の中の島公園，明治四二年（1909）開園の天王寺公園があった。天王寺公園は明治36年の第五回内国勧業博覧会用地として大阪市が買い上げた土地の半分を開放したものである。残りの半分は新世界ルナパークとして開発され，初代の通天閣（図2・89）が建てられた。これは戦後再建され，現在にいたるまで都市のシンボルのひとつとなっている。

名古屋では開府300年記念にあたる明治四三年（1910）に名古屋で開催された第十回関西府県連合共進会を，設置が決まっていた鶴舞公園（図2・90）の用地で開催した。名古屋に洋風建築を数多く建てた鈴木禎次は，そこに恒久的施設として噴水塔と奏楽堂を設計し，西洋風に一部和風を加味したデザインを試みた。鶴舞公園は名古屋の代表的洋風公園となった。

図2・89　通天閣
大阪，1912年，設楽貞雄

図2・90　名古屋鶴舞公園
名古屋，1910年

3・4　郊外住宅

(1)　近代の専用住居

日本の都市が近代化してゆく過程は，それまでの身分制にもとづく都市の土地配置を，私有地と官有地に整理し直してゆくところから始まった。江戸時代には武家の居住する場所だった部分の多くは新に住宅地として再利用され，その後都市が拡大するに及んで，住宅地は郊外の農地を宅地化するかたちで拡大してゆく。そこには洋風の邸宅と和風の邸宅が並立する形式の大邸宅ではなく，建坪50坪程度までの中小住宅が建設された。一般には応接用

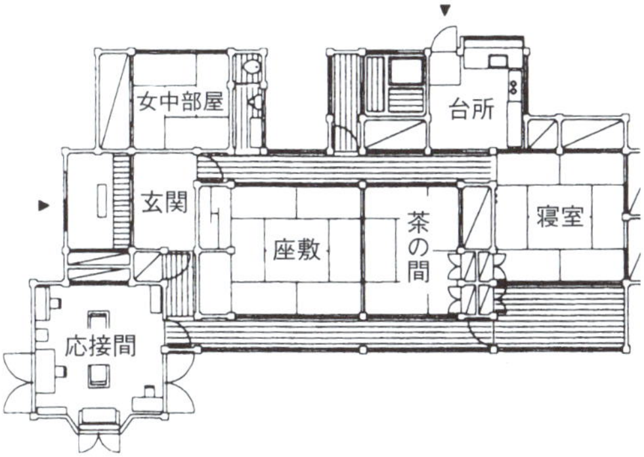

図2・91　中廊下型住宅

立面図

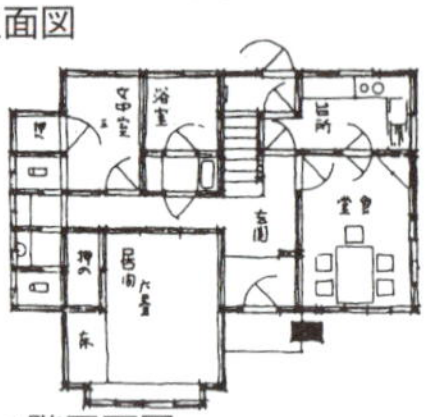

1階平面図

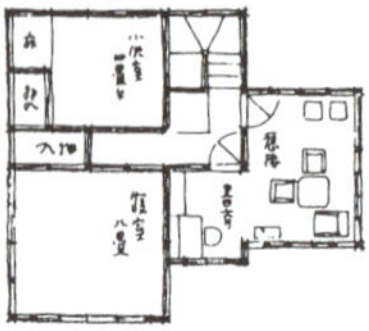

2階平面図

図2・92　あめりか屋住宅

の洋間を加えた和風住宅が多く，平面計画としては中廊下型住宅（図2・91）と呼ばれる，廊下によって住宅を南北に分け，北側に台所や浴室や便所を配する形式が用いられた。

図2・94　聴竹居
京都，1928年，藤井厚二

⑵　あめりか屋と藤井厚二の試み

これら郊外住宅の多くは在来工法を用いて，大工棟梁の手によって建設されていた。明治三〇年に大学を卒業した武田五一は茶室建築を卒業論文の主題としたが，これはあくまでも例外的であった。また，明治四三年に大学を卒業した安井武雄が卒業計画に住宅を選んだことも，当時にあっては異色であった。

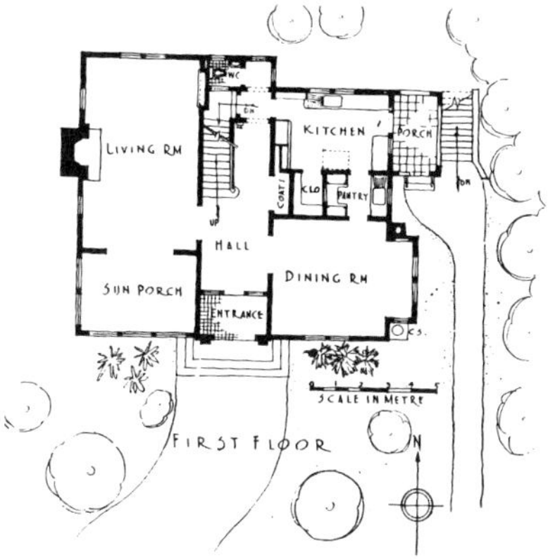

1階

図２・93　スパニッシュ様式の住宅
W. M. ヴォーリズ

新しい傾向の郊外住宅をもたらしたのが，橋口信助が興したあめりか屋（図２・92）であった。明治四二年（1909）に文字通りアメリカのバンガロー住宅の輸入から活動を始めた橋口は，山本拙郎の設計による住宅を作るようになる。居間を中心にした廊下の少ない間取り，大壁で洋風の外観がその特徴である。また，アメリカから宣教活動を目指して来日したW.M. ヴォーリズは，住宅を中心として幅広い建築設計を行い，アメリカ経由のスパニッシュ様式の住宅（図２・93）を多く手がけた。スパニッシュ様式は明治初期に英国の大邸宅の様式としてもたらされたハーフティンバー様式と並ぶ代表的な洋館のスタイルとなった。

しかしながらやがて建築家たちもそうした一般的な中小の住宅を手がけるようになる。京都帝国大学教授であった藤井厚二は，京都近郊の大山崎の土地に自ら実験住宅を建設し続け，昭和三年（1928）に聴竹居（図２・94）を完成した。これは和風の住居と洋風の住居を融合する試みであった。ここにはF.L. ライトやC.R. マッキントッシュ等の影響も見られる。

⑶　土地所有と住宅

住宅地の開発は東京本郷に旧大名阿部家が開発を始めた西片町（明治五年：1872）や，三菱が神田三崎町に開発したレンガ造の住宅地（明治二三年：1890）などに始まる。これらは大規模な土地を所有する地主による住宅地開発であった。一般に都市開発は土地の所有形態と関連があり，以下のパターンが認められる。

集中型大土地所有者→住宅地開発

集積型大土地所有者→貸地経営

小規模土地所有者→貸家経営

住宅地開発はやがて鉄道会社による沿線開発が主流となる。関西における池田（明治四三年：1910，図２・95），櫻井（明治四四年：1911），また東京郊外の田園調布（大正一二年：1923，図２・96），成城学園（大正一四年：1925），常盤台（昭和一一年：1936，図２・97）などがその代表例である。そこでは住宅地に付属して公園，学校用地，町会施設などが設けられた。こうした住宅地開発は，農地を所有する人々が土地整理組合を設立して，耕地整理の手法で農地を宅地化する動きに連なってゆく。面積的にはこの手法による宅地化がもっとも大規模なものであった。大正一四年：1925設立の東京西郊の井荻土地整理組合が代表的な例である。

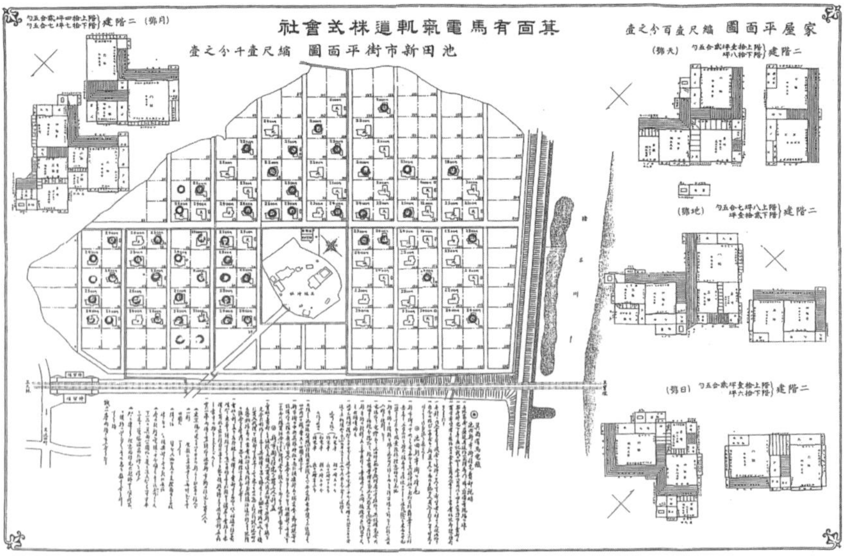

図２・95　池田
大阪，1910年

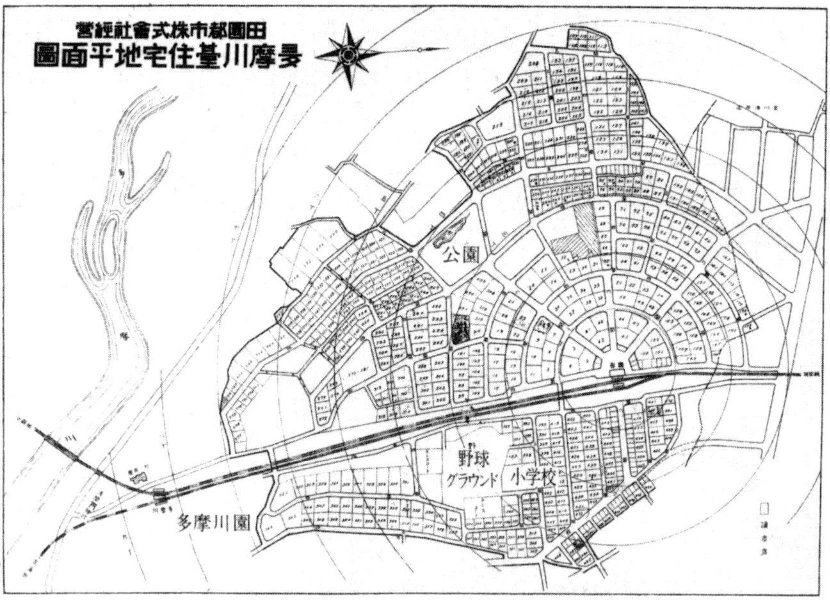

図2・96　田園調布
東京，1923 年

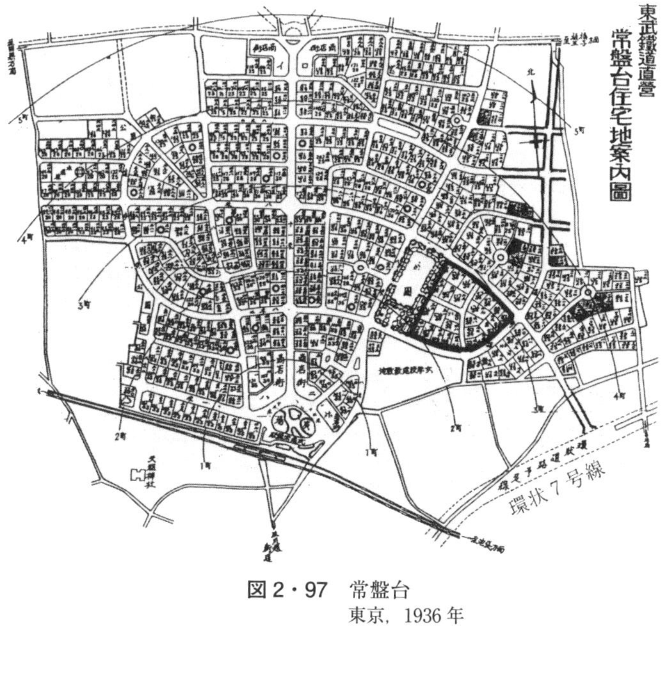

図2・97　常盤台
東京，1936 年

3・5　集合住宅と労働者住宅

(1)　新しい居住

近代社会が生み出した住居は，独立専用住居である。近代社会は生産活動を工場生産によって行い，労働者たちはそこに通勤する。それが職住分離の近代都市構造である。工場に対して居住の場として成立したのが，独立専用住居であった。無論そこで成立したのは，大邸宅や郊外の独立専用住居のみではない。かつての長屋形式の住居は民間の借家形式の長屋としてながく存続するし，新しい集合住居の形式もやがて生まれてくる。それらはまず軍の兵舎であり，企業の労働者のための寄宿舎や寮であり，そして公的な集合住居である。このような集合住居は，近代社会が必要とした労働力を確保するための施設であった。それらはその労働力を必要とする軍事施設，工場，社屋などの近くに立地する。通勤の手段が発展するとともに，住宅の立地可能な地域も拡大してゆくが，郊外へ拡大するのは中産階級を中心にする住宅地であった。一方，民間の中産階級向けのアパートメントハウスも生まれるようになる。

(2)　都市庶民住居

都市内の小規模地主たちには，長屋（図２・98）を建てることによる貸家経営を行う例が多く，そこでは井戸を共有する例，井戸と便所を共有する例など，様々な形式が見られた。また二階建ての長屋も見られる。二階建て長屋は，ある程度の住戸面積がないと階段部分に面積をとられ過ぎて，効率が悪くなる。畳数で20畳程度の規模がないと二階建ては成立しない。しかし都市の過密化のなかで，1920年代後半にはかなりの二階建て長屋が成立していた。東京では関東大震災（1923年）以後に復興された都市中心部の長屋では二階建てがしばしば見られる。一般の町家形式の建物の場合も，それまでは二階部分は「むしこまど」を

図２・98　関西の長屋事例

ぎりぎりに設けた階高の低いタイプが多かったが，大正期を境に十分な階高をもつ二階建て町家が増えてゆく。

また欧米の集合住居の形式を導入する試みも見られるようになり，大正一四年（1925）には東京御茶ノ水にW.M. ヴォーリズ設計の文化アパートメント（図2・99）が竣工している。アメリカ型のアパートであり外観はスパ

図2・99　御茶ノ水文化アパート
東京，1925年，W.M. ヴォーリズ

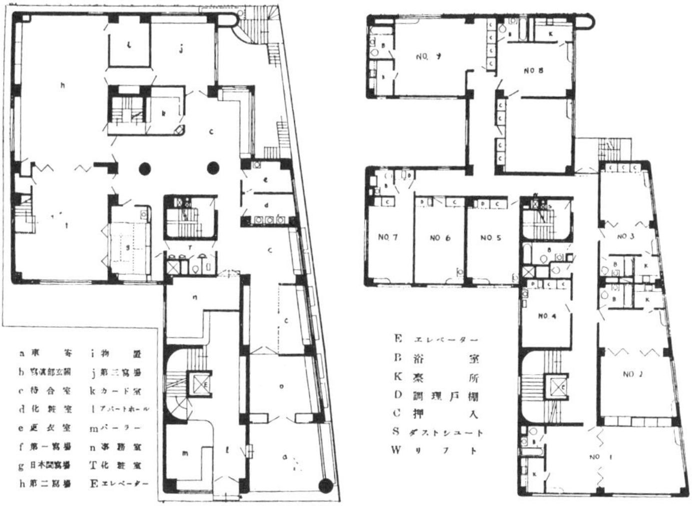

図2・100　野々宮写真館・アパート
東京，1936年，土浦亀城

ニッシュ様式であった。民間によるアパートとしては，昭和一一年（1936）竣工の野々宮写真館アパート（図2・100）がモダンデザインによる建物として知られる。この設計はF.L. ライトのもとに学んだ土浦亀城である。

⑶　企業による社宅

労働者階級のための集合住宅は，炭坑や繊維産業などにおいて多くの戸数が建設された（図2・101）。これらは事業を経営する企業が，その従業員のために住居を建設したためである。企業による社宅の建設は，従業員の福利厚生の一環であると同時に社員管理の一環でもあったことを忘れてはならな

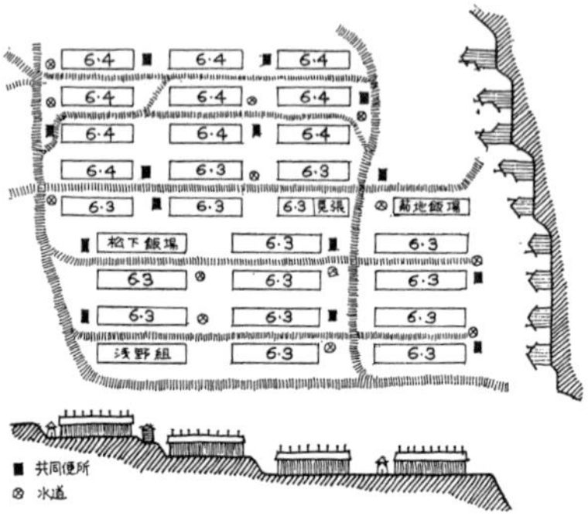

図2・101　炭鉱住宅

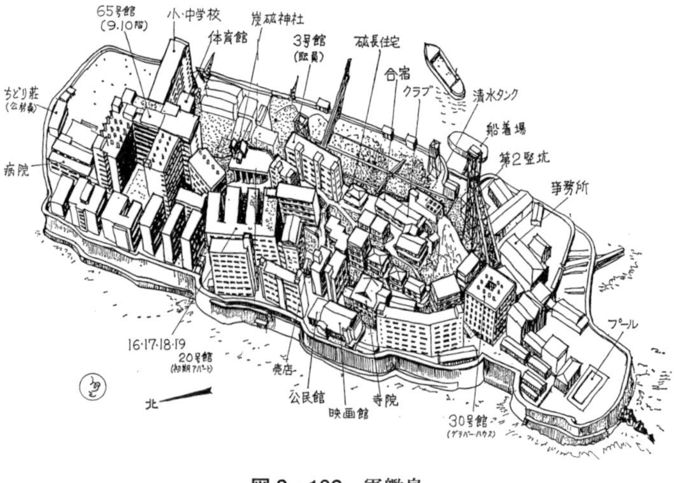

図2・102　軍艦島
長崎

い。それらのなかには海上に鉄筋コンクリートの高層住居を作り上げた，長崎県西彼杵郡高島町端島の三菱経営の炭坑施設，通称「軍艦島」（図２・102）がある。大正五年（1916）竣工の30号棟はわが国初の鉄筋コンクリートによるアパートと考えられる。

第4章　近代都市のなかの建築

4・1　様式手法の成熟

(1)　歴史様式の多様化

欧米の建築様式の移入は開国後，様々な経路をとって行われた。薩摩藩が設けた尚古集成館に残された図面には，蒸気機関の枠組みにゴシック様式を用いたものがある。これらは技術に付随する要素として建築に用いられる歴史様式が導入されている例である。技術体系の一環として建築様式が用いられる例としては，先に述べた琵琶湖疏水の水路閣があげられる。宗教施設もまた，教義と建築様式が一体のものとして建設された。長崎や五島列島の教会建築にはそうした本格的な西欧建築の様式を伝えるものが見られる。教会建築家としては鉄川与助が知られる。東京御茶ノ水のニコライ堂（日本ハリストス正教会教団復活大聖堂，図2・103）はロシア正教の教会としてシチュールホフの原設計，コンドルの実施設計によってギリシア十字形の本格的ビザンチン様式によっている。この建物は関東大震災によって被災し，岡田信一

図2・103　ニコライ堂
東京，1891年，
M.シチュールホフ，J.コンドル

郎によって改修されて現在にいたっている。ビザンチン様式は函館の函館ハリストス復活大聖堂にも見られる。これは河村伊蔵の設計による。

図2・104　聖ヨハネ聖堂
京都（現在は明治村），
1907年，
J.M. ガーディナー

(2)　ゴシック様式の教会

教会建築におけるゴシック様式は様々な作品を生むが，聖公会から派遣されたガーディナーは，立教学校関係の建物を設計し，一階がレンガ造で二階が木造の京都の聖ヨハネ聖堂（明治村移築，図２・104）や，石造の日光真光教会堂などを残している。これらは様式的に破綻のない完成度の高さを見せている。彼には京都の村井吉兵衛別邸（長楽館）などの邸宅建築もある。英語教師として来日したヴォーリズは，キリスト教宣教とともに建築設計を行い，生涯で1000をはるかに越える作品を残した。ロマネスク様式の日本基督教大阪教会，ゴシック様式の明治学院礼拝堂などとともに，チューダー朝様式による京都の旧下村邸（中道軒），スパニッシュ様式の東京，旧朝吹邸などの邸宅建築にも腕を振るった。

(3)　日本人建築家の第二世代

歴史様式の習熟に精力を費やした辰野，片山らの世代に続いて，第二世代

図2・105　山口県庁舎
山口，1916年，武田五一

の日本人建築家たちが現れる。彼らは森山松之助（1869－1949），武田五一（1872－1938），松室重光（1873－1937），大江新太郎（1875－1935），岡田信一郎（1883－1932）らである。台湾で多くの仕事を行った森山は台南州庁，久邇宮邸（聖心女子大，大正一三年：1924），本所公会堂（大正一五年：1926）を設計するとともに，中国の様式によって新宿御苑内に台湾閣を設計した。武田五一は京都高等工芸，さらに京都帝国大学の教授として指導にあたる傍ら，山口県庁舎（大正五年：1916，図２・105）村井吉兵衛邸（現延暦寺方丈）をはじめとする多様な作品を残した。京都府の技師を務めた松室重光は京都武徳殿（明治三二年：1899，図２・106），武田長兵衛邸（昭和七年：1932）などを残している。大江新太郎は明治四〇年（1907）以降日光大修理に携わり，明治神宮宝物殿（大正一〇年：1921，図２・107）などを設計した。岡田信一郎は東京美術学校の教授を務め，同時に伝統的様式による歌舞伎座（大正一三年：1924），古典主義による明治生命館（昭和九年：1934）を残している。彼らは多彩な様式を場合に応じて自由に使い分ける境地に達していた。

図２・106　京都武徳殿
京都，1899年，松室重光

図２・107　明治神宮宝物館
東京，1921年，大江新太郎

4・2　オフィスビル

(1)　鉄骨構造

図2・108　(旧)三井本館
東京，1902年，横河民輔

オフィスビルが成立してゆくのは，二代清水喜助の手になる三井組の建物に見るような，擬洋風建築によってであった。やがて丸の内に一丁ロンドンが形成されて，レンガ造のオフィスビルが本格化する。一方三井組の建てられた場所には，明治三五年（1902）になって，横河民輔の設計による三井本館（図2・108）が建設される。この建物は鉄骨造でエレベーターを備えていた。鉄骨構造はこの建物の経験を踏まえて日本でも普及してゆく。横河は鉄骨を得意として，明治四五年（1912）には6階建ての三井貸事務所を設計する。それまでのオフィスビルは縦割りに区画され，それぞれの区画ごとに入口をもつイギリス式のオフィスであったが，横河の手になるこの三井貸事務所は縦の動線をエレベーターに集約し，各階が水平方向に区画されるアメリカ式のオフィスである。明治四二年（1909）には佐野利器の構造設計によって純鉄骨造によって丸善が建てられている。しかしながらこの建物は関東大震災に被災して取り壊されることになる。鉄骨の耐火被覆が不十分であれば，鉄骨構造は火災に対して弱点をもつのであった。横河事務所は，チーフであった松井貴太郎のデザインによって，もう少し保守的な様式による丸の内の東京銀行集会所（大正五年：1916），日本工業倶楽部（大正九年：1920），交詢社ビル（昭和四年：1929）などを残している。

(2)　一丁ニューヨーク

三井貸事務所とほぼ同じ明治四四年（1911）には，遠藤於菟の設計による三井物産横浜支店が完成している。こちらは鉄筋コンクリート構造であったが。平面計画は縦割り形式を脱するものだった。鉄筋コンクリートと鉄骨を併用したオフィスビルは，丸の内にも建設されてゆく。東京駅から皇居に向かって整備された行幸通りと呼ばれる街路に沿って，大正七年（1918）に東京海上ビル本館，大正一二年（1923）には郵船ビルが建設され，同じ大正一二年に丸ビルが建設される。これはアメリカのフラー社が設計施工したものだった。こうして整備された行幸通りは，アメリカ式のオフィスが並び，一丁ニューヨークと呼ばれるようになった。ここに建つビルは，角地に建てられたものであっても角の部分を強調することなく，四角い箱のようなすがたをしていた。すでに新しいビルが角地に独立して偉容を誇る時代ではなくなったのである，丸ビルが東京駅を前にした角地を占めながらも箱形の意匠をもつことは，都市が洋風のビルが建ち並ぶ成熟期を迎えたことを物語っている。これは妻木頼黄が設計した丸の内に建つ東京商業会議所（明治三二年：1899）や，横浜の横浜正金銀行本店（明治三七年：1904）など，明治期の建物が角地を強調したデザインを示していることと比較してみるとよく解る。

(3)　オフィスビルの意匠

アメリカ式のオフィスが成立する過程で，日本人建築家たちによるオフィスは，それまでの赤レンガ建築を脱した表現を見せてゆく。大正一四年（1925）に竣工した大阪中の島に建つ大阪ビルヂングは，渡辺節の設計によるオフィスビルで，視線が集まる一階部分に豊かな装飾を施した建物である。おなじ中の島に本拠を構える住友の本店（大正一五年：1926）は，住友に属する建築家長谷部鋭吉が設計した作品である。内部には豊かな様式的装飾が施され，外部はわずかに入口部分のみにオーダーが設けられるという，興味深い過渡期の意匠をもつ。

図2・109　(旧)丸ビル
東京，1923年，フラー社

関東大震災によって被災した建物は，丸ビル（図2・109）や日本工業倶楽部会館（図2・110）のように補強して使いつづけられる場合と，三井本館のように建て替えられる場合とがあった。三井本館（図2・111）はアメリカのトローブリッジ・リビングストン事務所によって新たな建物が設計された。彼らはアメリカン・ボザールとよばれる古典主義の様式によってこの建物を設計し，昭和四年（1929）に竣工した。昭和に入ってから，東京の丸

図2・110　日本工業倶楽部
東京，1920年，松井貴太郎

図2・111　三井本館
東京，1929年，トローブリッジ・リビングストン事務所

の内では一丁ロンドンの一角を占めていた三菱二号館が建て替えられ，そこには前述の明治生命館が建設されたのである。ここでもアメリカン・ボザールの古典主義がもちいられている。この建物はかつての三菱二号館のように角の入り口を強調することなく，日比谷通りを正面とするデザインになっている。丸の内の中心は，一丁ロンドンのあった馬場先通りから，日比谷通りや行幸通りに変わりつつあったのである。

4・3　公共建築と商業建築

(1)　国家の意匠

近代国家の証しとして国会開設を約束した明治政府は，明治一九年（1886）に臨時建築局を設け国会議事堂建設の準備を始める。しかしJ・コンドル，ドイツから招聘されたエンデ・ベックマン事務所の案はいずれも実現に至らず，木造の仮議事堂の建設がくり返された。大正八年（1919）に議院建築の設計案が公募され，渡辺福三の案が一等となった。これが手直しされて実施案となり，大蔵省営繕管財局の工務部長矢橋賢吉を筆頭に，大隈喜邦，意匠設計主任吉武東里らによって設計がなされた。中央に階段状ピラミッド型の頂部をもつデザインは，小アジアのハリカルナッソスにあるマウソロス王の墓のモチーフを応用したものであった。国会議事堂（図2・112）は，当時日本一の高さを誇る建築として昭和一一年（1936）に完成する。そしてこれ

図2・112　国会議事堂
東京，1936年，矢橋賢吉，大隈喜邦，吉武東里

が戦前における最大にして最後の公共建築となった。

(2)　首都の商業施設

東京の商都としての顔は日本橋と銀座に代表される。日本橋に三越百貨店（図2・113）が江戸以来の三井呉服店から転じて，大規模な百貨店を建設したのは大正四年（1915）のことであった。設計は駿河町の通りを隔てて建つ旧三井本館とおなじ横河民輔である。

図2・113　三越百貨店
東京，1914年，横河民輔

大きな吹き抜けをもつ内部空間は当時の名所となった。また建物の高さも，後に国会議事堂に抜かれるまでは日本一を誇った。建物は関東大震災による被害からの復旧を経て昭和二年(1927)に再開した。銀座では，昭和七年(1932)に旧服部時計店（図2・114）が竣工する。角地に時計塔を建て，都市の顔を意匠化した作品として親しまれることになる。設計は渡辺仁である。彼は第一生命館では新古典主義的意匠を用いたが，ここではオーソドックスな古典主義立面を採用している。角地に立地して塔を建てるという形式の掉尾を

図2・114　(旧)服部時計店
東京，1932年，渡辺仁

飾る作品である。

(3)　集会施設・講堂，新しい思想の表現

昭和初期には様々な倶楽部建築が建設される。横河工務所の松井貴太郎は丸の内に東京銀行集会所を大正五年（1916）に完成させ，銀座には昭和四年（1929）に交詢社を設計する。これらのビルはいずれも現在は改築されているが，歴史的様式を巧みに応用した意匠を示すものであった。大阪では昭和六年（1931）に渡辺節によって綿業会館が設計されている。陶板を用いた内部構成は，担当者であった村野藤吾の手になるものである。

震災からの復興の過程で東京帝国大学は，本郷のキャンパスを，大講堂を中心とする整然たる配置計画によって完成させてゆく。中心になる安田講堂（図2・115）は寄付者である安田善次郎の名によってこう呼ばれる。設計は内田祥三のもと，岸田日出刀が担当し，大正一四年（1925）に竣工した。キャンパス内の校舎群とおなじゴシック様式を基調としているが，表現主義的な抽象化が図られている。早稲田大学の大隈講堂（図2・116）は佐藤功一によって設計され，昭和二年（1927）に竣工する。中世末期の様式を自由に使いこなした構成をもち，建物の隅の部分に塔を立てる。これは左右対称で中央に塔を立てる安田講堂とは対照的である。

武田五一の手になる仏教系の施設である求道会館（大正四年：1915，図2・117）は，ロマネスク様式の外観のなかに，仏堂を設けたものである。長野

図2・115　安田講堂
東京，1925年，岸田日出刀

図2・116　大隈講堂
東京，1927年，佐藤功一

図2・117　求道会館
東京，1915年，武田五一

宇平治による大倉精神文化研究所（図2・118）は，西洋古典主義建築に通じた長野が，クレタ様式を採用しながら新しい思想研究の拠点を作ろうとした。ともに新しい思想運動にふさわしい表現を求めた建築である。

図2・118　大倉精神文化研究所
横浜，1932年，長野宇平治

4・4　日本的表現と建築

(1)　伝統の表現

岡田信一郎による歌舞伎座（大正一四年：1925，図2・119）は，大正一〇年（1921）にそれまでの歌舞伎座が焼失した後を受けて新しく造られた。以前の建物と同じ伝統的様式によっている。この歌舞伎座は戦災を受けた後，昭和二六年（1931）に吉田五十八によって改修されている。大阪では昭和六年（1931）に市民の寄付によって大阪城天守閣が鉄筋コンクリートによって建設された。大阪城天守は江戸期に再建されたものが幕末の戊辰戦争で失われて以来，石垣を残すのみだった。市民の手による天守閣（図2・120）が再建されて，維新以来軍用地となっていた城内の一部が公園として開放された。鉄筋コンクリート造の天守閣はいまでは歴史的建造物として登録文化財となっている。

図2・119　歌舞伎座
東京，1924年，岡田信一郎

図2・120　大阪城天守閣
大阪，1931年

(2)　帝冠様式

鉄筋コンクリート造の和風建築としては，大正時代に日清生命（大正六年：

図２・121　東京帝室博物館
東京，1937 年，渡辺仁

図２・122　旧軍人会館
東京，1934 年，川元良一

1917）を佐藤功一が作り上げ，大正一〇年（1921）には大江新太郎が明治神宮宝物館を完成させている。昭和初期には神奈川県庁舎（昭和三年：1928），静岡県庁舎（昭和一二年：1937），愛知県庁舎（昭和一三年：1938）といった県庁舎がある。この時期には「日本趣味を基調とする」という条件が付された設計競技がしばしば行われ，渡辺仁の原案による旧東京帝室博物館（現東京国立博物館）本館（昭和一二年：1937，図２・121）や前田健二郎の原案による京都市美術館（昭和八年：1933）などが知られる。後者は昭和天皇の大礼記念として建設されたものであった。また帝国在郷軍人会によって建設された，川元良一設計の旧軍人会館（現九段会館，昭和九年：1934，図２・122）もこのスタイルの代表的建築である。こうした日本趣味を表現する昭和初期の建築を「帝冠様式」と呼ぶことがある。前川国男はこのような様式主義と国粋主義に反対して，東京帝室博物館の設計競技に落選を承知でモダニズムの建築案を提出した。

(3) 国際観光ホテル

国際的なホテルには，明治期から和風建築の表現を意識的に取り入れる例が見られた。箱根の富士屋ホテルや日光の金谷ホテルなどである。その後，昭和初期に国際的に観光客を誘致しようとする試みがあった。政府が低利の融資を行って国際観光ホテルを建設するという事業である。この融資制度によって15の国際観光ホテルが建設されたが，そのなかには日本趣味を基調とするものも多かった。昭和九年(1934)に完成した愛知県の蒲郡ホテル（久野節設計，図2・123）や，同年完成の岡田捷五郎設計の滋賀県に建つ琵琶湖ホテルなどが知られる。国際観光ホテルには洋風の建築も建てられているが，国際性が日本趣味を要請するという動きは，この後もしばしば起きることになる。

図2・123　蒲郡ホテル
蒲郡(愛知)，1934年，
久野節

(4) 宗教建築の表現

仏教寺院を鉄筋コンクリートによって建設する試みは，大正四年（1915）に大谷派本願寺函館別院が建てられることに始まる。九代伊藤平左衛門の設計になるこの建物は，鉄筋コンクリート造であるものの，平面計画は伝統的な本願寺本堂の形式を踏襲している。しかしながら垂木はプレキャスト・コンクリート製，鉄筋は米国トラスコン社製を採用するなど，最新の手法を取り入れていた。関東大震災で多くの犠牲者を出した陸軍の被服廠跡に建てられた旧震災記念堂(現東京都立慰霊堂)は伊東忠太の設計によって実施されたが，キリスト教の教会平面に和風寺院の立面を組み合わせたような構成を示している。

伊東忠太は昭和九年（1934）に完成する築地本願寺（図2・124）では，インド仏教の祠堂であるチャイティアの形式の外観をもつ寺院を設計した。構造は鉄筋コンクリートで内部意匠は和風の仏教寺院のそれである。

図2・124　築地本願寺
東京，1934年，伊東忠太

4・5　都市計画理論と実践

(1)　震災復興計画

大正一二年（1923）9月1日に起きた関東大震災は，東京・横浜を中心とする首都圏に壊滅的な被害をもたらした。東京では下町地区を中心に10,558戸が全半壊し，横浜でも埋立地を中心に20,532戸が全半壊した。これはそれぞれ総戸数の2パーセントと21パーセントに相当する。地震の被害を大きくしたのは，その後を襲った火災だった。東京ではもとの日本橋区が区全体を焼失したのをはじめ，浅草区は98パーセント，本所区は93パーセント，京橋区は88パーセント，深川区は87パーセントと，信じがたいほどの被害を出している。

関東大震災が与えた教訓は，都市的観点からは大きく三項目の課題となって残った。ひとつは建築の耐震化であり，二番目は建築・都市の不燃化，そして三番目は都市計画の整備であった。こうして帝都復興計画（図2・125）が出発する。基本となる法律的根拠は，大正九年（1920）制定の都市計画法と市街地建築物法のふたつの法規だった。都市計画では，東京を貫く東西と南北の大通りを整備することがまず考えられた。その結果生まれた昭和通りと靖国通りによって，一応の都市の骨格となる道路ができた。

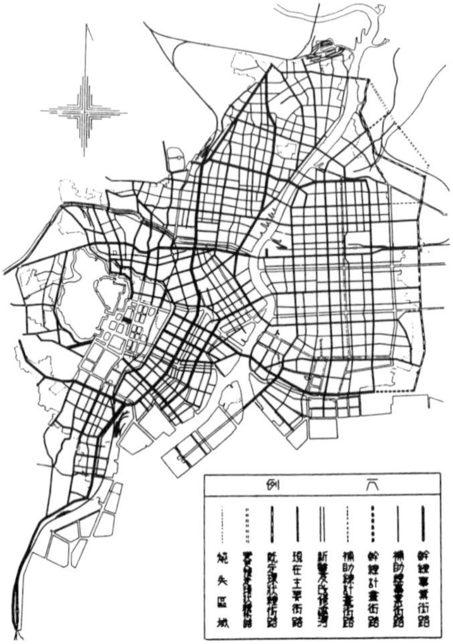

図２・125　震災復興道路計画

⑵　隅田川の橋梁

道路の整備とならんでよく知られているのが，隅田川に架かる橋梁（図２・126）の整備である。震災前の橋の多くは木橋であり，隅田川に架かっていた吾妻橋，厩橋，永代橋などは鉄橋だったが，道路を支える橋面は木造だった。そのために震災後の火災で橋は焼け落ち，多くの人が逃げ場を失って，焼死したり溺死したりした。この悲しい経験から，帝都復興事業では，橋の数を増やし，耐震耐火構造を目指した。たとえば隅田川上流から千住大橋（昭和二年：1927 竣工），白鬚橋（昭和六年：1931 竣工），言問橋（昭和三年：1928 竣工），吾妻橋（昭和六年:1931 竣工），駒形橋（昭和二年:1927 竣工），厩橋（昭和四年：1929 竣工），蔵前橋（昭和二年：1927 竣工），両国橋（昭和七年：1932 竣工），清洲橋（昭和三年：1928 竣工），永代橋（大正一六年：1926 竣工）などである。これらの橋はそれぞれ意匠を凝らし，都市景観に変化を与えるものとなった。

図2・126　隅田川永代橋
東京，1926-年

(3)　区画整理

帝都復興のもうひとつの課題は，区画整理事業だった。震災による焼失区域のほぼ全域に区画整理を行うことが内閣によって認められ，一週間後には東京市が実施する51の施行地区が告知された。これは最終的には50の施行地区となった。しかし，区画整理は土地の目減りを生むし，震災後の地価の暴落も，半年ほどで，もとの地価に戻りつつあったので，地主たちの反発は大きかった。しかしもっとも反対が強かった神田駿河台一帯（第6地区）をまず手始めとすることにし，移転命令が出された。

こうして昭和五年（1930）3月26日，帝都復興完成記念式典が皇居二重橋前で挙行された時までに，予定されていた焼失地域の九割にあたる3,119ヘクタールの土地が区画整理された。これは世界でも例のない大規模な都市再編事業だった。下町の多くの土地がこれによって直交する道路によって仕切られた新しい土地の上に生まれ変わった。

(4)　公園整備

帝都復興事業のなかで生み出されたものに都市公園の整備がある。震災の後に整備されたのは，それまでのような神社仏閣の境内ではなく，都市の防災上の役割も考えた新しい下町の公園だった。隅田公園（図2・127），錦糸公園，浜町公園がこの時の三大公園である。全体では本郷元町公園（図2・128）など55カ所の震災復興公園が整備された。同時に大きな道路の整備に伴って，いくつかの小公園を設ける例もあった。当時「街路公園」とよばれ

図2・127　隅田公園
東京

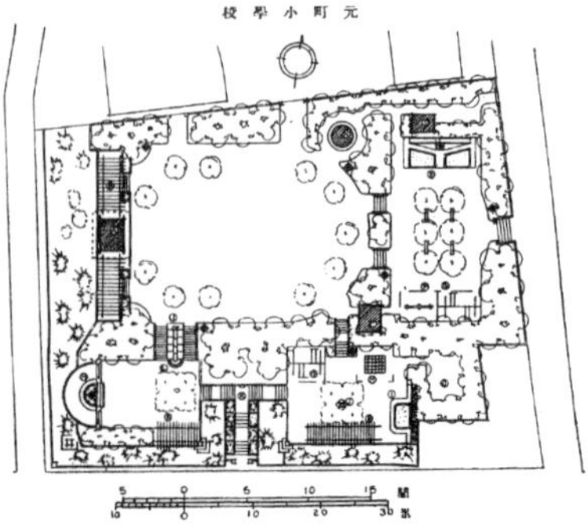

図2・128　本郷元町公園
東京

たこうした小公園のなかには，昭和通りと靖国通り（大正通り）の交差点に設けられた和泉広場，また上野公園への入口部分の小公園化などがある。また，橋梁の整備に伴っては橋の両脇に橋詰めの小公園を設けて町に潤いを与えている。

(5)　耐震・耐火建築

建築構造学者の佐野利器は帝都復興事業を鉄筋コンクリート建築によって推し進めた。鉄筋コンクリートは建物に加わる引っ張りの力は鉄筋で持ちこたえ，圧縮の力はコンクリートで持ちこたえるという，複合的な構造である。けれど，そうした構造はこれまでの煉瓦造の建築に比べて驚くほどに薄い壁と細い柱で建物をつくることができた。しかも鉄骨造のように火に弱くない。新しくつくられる学校，病院，官庁を鉄筋コンクリート化し，民間の建築も同じ構造にしたがった。この頃から，鉄筋コンクリート建築を永久建築と考える意識が一般社会にも拡がる。コンクリート板を組み合わせる塀を万年塀などと呼ぶのもおなじ意識である。因みに彼が震災の年に引っ越していた自邸は，文字通り箱のような形をした鉄筋コンクリートの住宅だった。彼にとって都市と建築の安全こそ，国家社会に関わるもっとも重要視されるべきことであった。

第５章　近代建築の導入

５・１　建築運動の出発

(1)　分離派建築会

大正九年（1920），東京帝国大学建築学科を卒業する16名のうち，石本喜久治，堀口捨己，瀧澤眞弓，矢田茂，森田慶一と，山田守を加えた６名が小さな作品展を行った。やがて彼らの作品と論文，そして宣言が『分離派建築会作品集』として同じ年に岩波書店から出版される。これが，わが国における自覚的な建築運動の嚆矢とされる分離派の出発であった。この年，日本に西欧の建築を教授しに来日し，その建築家としての生涯のすべてを日本に捧げた英国人ジョサイア・コンドルが東京に没していた。彼らは日本の西欧風建築の父の死と入れ替わるように，卒業したのである。

この後，大正一二年（1923）に創宇社，大正一四年（1925）にマヴォ，メテオールという団体が，昭和二年（1927）には日本インターナショナル建築会が，昭和五年（1930）には新興建築家聯盟と，DEZAMという京大のグループが，昭和七年（1932）には日本青年建築家聯盟と建築科学研究会が，昭和八年（1933）には青年建築家クラブが，次々と生まれる。このうちのある団体は一年もたたずに消滅するが，大正中期から昭和初期にかけてのこの時期，多くの建築運動が興された。

(2)　聖橋の造形

内務省復興局橋梁課にいた山田守が設計を行った東京御茶ノ水の聖橋（昭和二年：1927，図２・129）は，鉄筋コンクリート造の道路橋である。伝統的なアーチ型の橋のように見えるが，この橋は放物線のカーブを描いた橋脚によって支えられている。聖橋に見られる放物線を取り入れた意匠は，分離派の建築家たちが好んで用いた形態なのだった。大学を出て数年しか経っていない若い建築家によって，首都の代表的な道路橋が設計されるということ

図2・129　聖橋
東京，1927年，山田守

のなかに，この時代の若々しさが感じられる。帝都復興事業は大正から昭和初期の,束の間の明るさを感じさせてくれる事業だったといえよう。それは,多くの若い専門技術者たちが,都市計画や橋梁設計に取り組んだ時代だった。だが，聖橋の設計者山田守は，戦後の晩年になってから，京都駅前に京都タワーを設計し，東京には武道館を設計して大きな議論を巻き起こす。かつての前衛建築家が，伝統の都市京都に巨大なローソクのような京都タワーをつくり，皇居の近くにこれまた巨大な夢殿のような武道館を設計する論理を人々は見出し難かった。

(3)　分離派建築会からの変貌

山田守は，逓信省に入省して東京中央電信局（大正一四年：1925，図2・130)においては,放物線を多用した造形を実現した。こうした造形の傾向は,逓信省の先輩であった岩元禄による京都の西陣電話局分局（大正一一年：1922)などに見られる自由な造形の伝統に支えられたものと思われる。また,石本喜久治は東京朝日新聞（大正一四年：1925，図2・131）によって表現主義的な建築を試みている。しかしながら分離派建築界の中心人物であった堀口捨己は，オランダ建築を紹介し，紫烟荘（昭和元年:1926)，小出邸（大正一三年：1924，図2・132）などの住宅を設計したが，後に千利休をはじめとする茶室建築の歴史的研究を行い，伝統的建築への造詣を深めた。同時に一連の明治大学校舎などでは鉄筋コンクリート構造を用い続けた。ここにもまた，わが国の前衛建築運動を担った建築家が抱いた造型・様式理念の複雑さが見られる。一方，森田慶一は京都大学に勤めて京大学友会館（大正

図２・130　東京中央電信局
東京，1925 年，山田守

図２・131　東京朝日新聞
東京，1925 年，石本喜久治

一四年：1925）などで表現主義的な建築を設計したが，やがて古代ローマの建築家ウィトルウィウスの『建築書』の日本語訳に取り組み，西洋古典主義建築研究者となった。ここにも分離派建築会から大きな転換をなしてゆく建築家のすがたが見出される。分離派という日本の建築における前衛の抱えていた問題は，十分に解釈され尽してはいない。

図2・132　小出邸
東京，1924年，堀口捨己

図2・133　黒部川第二発電所
富山，1936年，山口文象

(4)　バウハウスの影響ほか

ドイツのモダニズム運動の中心であったバウハウスに留学した建築家には，東京美術学校で教鞭をとった水谷武彦や山脇巖がいる。山脇は妻の道子とともにバウハウスの造形理論を日本に紹介しつづけた。また，オーストリアのヨーゼフ・ホフマンに師事した上野伊三郎はインターナショナル建築会を結成し,後にドイツからブルーノ・タウトを受け入れる中心的存在となる。創宇社を設立した山口文象はグロピウスのもとに学び，日本歯科医学専門学校付属病院（昭和九年:1934），黒部川第二発電所（昭和一一年:1936，図2・133）などによってドイツ的モダニズムの造型を実現した。

5・2　日本の合理主義建築

(1)　逓信省建築の伝統

明治政府が設けた逓信省は，郵便事業のみならず電信，電話を含む通信事業を所管した。明治一九年（1886）には省内に建築部門が設けられ，工部大学校第一回卒業生である佐立七次郎がレンガ造の名古屋，横浜，大阪の郵便電信局を設計するなどして，新時代の建築を導入した。しかしながら濃尾地震で名古屋，関東大震災で東京，横浜の施設が損壊し，レンガ造建築は鉄筋コンクリート造に置き換えられてゆく。岩本禄，山田守らによる表現主義的な建築が試みられたことは先に触れたが，さらに合理主義的な建築を目指す動きがここから生まれてくる。その中心にいたのが吉田鉄郎であった。

図２・134　東京中央郵便局
東京，1931 年，吉田鉄郎

(2)　東京中央郵便局

鉄道の発達とともに，郵便事業も鉄道駅の近くに局舎を配置する時代になる。東京駅前にも木造２階建ての東京中央郵便局が作られたが関東大震災以前に火災で焼失していた。震災復興の一環として，新しい局舎建設が計画され，昭和六年（1931）に新しい東京中央郵便局が竣工した（図２・134）。設計は吉田鉄郎である。それまでの様式主義的デザインを脱し，材料・機能・日本的表現を一体化した建築として高く評価された。窓を大きくとって採光を考え，駅前広場に面する壁面を抽象的でありながら，小区画の対称性の組合わせとして，緻密にまとめ上げている。裏側の発着部（郵便物の発送などの車両の出入りする部分）には大きな庇を出した。この庇の表現は，後に山田守が東京逓信病院の正面大庇に応用する。

(3)　鉄筋コンクリート構造

耐火性能に優れた構造として鉄筋コンクリート構造は注目され，まず床スラブに用いられた。コンクリートの配筋方法として導入された代表的手法はフランスのエヌビック式とアメリカのカーン式であった。フランス人エヌビックの特許に基づく前者は，梁下端の配筋を折り曲げる（ベントアップ）ことや鎧筋（よろいきん）（スタラップ）を特徴とした，カーン式は米国人Ｊ・カーンの特許にもとづくもので，カーン・バーという特殊な鉄筋を用いる手法であった。しかしカーン式は鉄筋の定着の悪さが指摘され，関東大震災で多くの被害を受けたため，その後はまったく用いられなくなった。

横浜銀行集会所（明治三八年：1905）によってアール・ヌーヴォーの傾向を試みていた建築家遠藤於菟は，明治四四年（1911）に三井物産横浜支店（図

２・135）の建物において鉄筋コンクリート造のオフィスビルを試みている。これは日本における本格的鉄筋コンクリート建築の嚆矢となった。この後も遠藤は鉄筋コンクリート構造を試み続け，その可能性を東京高等商業学校専門部（大正五年：1916）などの学校建築にも拡げた。こうした構造は関東大震災によって，レンガ造建築には耐震性に問題があり，木造建築や鉄骨構造は火災に対して脆弱であることが知られるようになって，一般的構造として普及することになる。

図2・135　三井物産横浜支店
横浜，1911年，遠藤於菟

(4)　鉄骨構造

はじめて鉄骨構造を本格的に採用した建築は，海軍造船技師出身の若山鉉吉の設計による秀英社印刷工場（明治二八年：1895）であった。横河民輔は鉄骨構造に着目し，旧三井本館（明治三五年：1902）に用いたが，それは鉄骨構造とレンガ造の併用という性格をもっていた。それ以後も鉄骨はレンガ造建築の補強として用いられる場合が多かった。工場などに用いられる完全な鉄骨構造は機械技師，造船技師などの手になるものが多かった。鉄骨構造による大架構としては田村鎮，内田祥三の設計した所沢飛行船格納庫（明治四五年:1912,図２･136）が知られる。

図2・136　所沢飛行船格納庫
所沢，1912年，内田祥三

(5)　構造とデザイン

新しい構造は建築のデザインに変化を及ぼすが，それは自動的に生ずるものではない。ドイツが第一次世界大戦後，鉄材の不足から開発したトロッケンモンタージュバウと呼ばれる乾式木造工法は，ドイツに学んだ建築家たちによって導入された。シュトゥットガルト工科大学に学んだ久米権九郎は三井家大磯別邸城山荘（昭和一二年：1937）において，二つ割り材による組立柱の構成からなる構造を採用している。これは「久米式の木造耐震家屋」と呼ばれていたが，内部には薬師寺や東大寺その他の古社寺の部材が組み込まれて，古材集成の博物館のような観を呈していた。

(6)　歴史様式からの脱却

鉄筋コンクリート構造による建築の意匠を決定するのは，その構造形式ではなかった。建築家たちがそこにどのような構成を与えるかにかかっていたのである。歴史様式による建築構成を脱してゆく動きは，村野藤吾による森五商店（昭和六年：1931，図２・137）や安井武雄による大阪ガスビル（昭和八年：1933，図２・138）などによって切り開かれていった。村野藤吾は関西の様式建築の名手，渡辺節の事務所で長らく働いた後，抽象的プロポーションによる建築表現を実現した。彼の作品はやがて宇部市の渡辺翁記念館（昭和一二年:1937）にいたる。ここでも抽象性が建築の表現のかなめとなっている。

図２・137　森五商店
東京，1931 年，
村野藤吾

図２・138　大阪ガスビル
大阪，1933 年，安井武雄

5・3　ライトとタウト

(1)　ライトと帝国ホテル

東京に帝国ホテルを建設する計画は欧化政策の一環として生まれ，明治二三年（1890）に渡邊譲の設計によって完成した。この建物はドイツ風の急傾斜の屋根をもつルネサンス様式のホテルであった。しかしこのホテルは，地震や火災によって被害を受け不振に陥る。新しいホテル建設のために呼ばれたのがアメリカの建築家フランク・ロイド・ライトであった。ライトは明治二六年（1893）のシカゴ博覧会に建設された日本政府のパビリオン「鳳凰殿」を見て日本建築に惹かれたといわれ，明治三八年（1905）には浮世絵収集のために初来日して，日光などを訪れていた。ライトは帝国ホテル支配人林愛作の求めに応じて設計を行い，ホテル（図2・139）は大正一二年（1923）に完成した。完成直後に起きた関東大震災にも，建物は大破することなく使用できた。低層で水平に展開する平面計画，栃木産の大谷石の外装，表面を櫛で引っ掻いたスクラッチタイルの使用など，この作品はライトのなかでも代表作となった。

(2)　ライトの影響

帝国ホテル設計以外に，ライトは福原有信邸（大正一〇頃：1921），自由学園明日館（大正一一年：1922，図2・140），山邑邸（大正一三年：1924，

図2・139　帝国ホテル
東京，1923年，F. L. ライト

図2·141）などの作品を日本に残した。また，ライトのもとで働いた建築家たちはライト式と呼ばれる作品を生み出した。遠藤新の甲子園ホテル（昭和五年：1930，図2・142）はその代表である。土浦亀城，田上義也らもライトのもとで働いた。菅原栄蔵設計の日本麦酒のライオンビアホールもライトの影響を色濃く示すものである。さらに広い影響として，スクラッチタイルを外装に用いる手法が挙げられる。これは昭和初期のわが国の建築に広く応用されていった。下元連による首相官邸（昭和三年：1928，図2・143）をはじめ，多くの公共建築に見ることができる。ライトの作風は個性的であったが，そうした具体的モチーフの面での影響を越えた広がりを残したところに，彼の衝撃の大きさがあった。

図2・140　自由学園明日館
東京，1922年，F. L. ライト

図2・141　山邑邸
芦屋（兵庫），1924年，F. L. ライト

図2・142　甲子園ホテル
西宮（兵庫），1930年，遠藤新

図2・143　首相官邸
東京，1928年

図2・144　日向別邸 熱海
1934，B. タウト

(3)　タウトの来日

昭和八年（1933）5月，ドイツの表現主義建築家ブルーノ・タウトが敦賀港に来日した。彼の来日は，実質的にはドイツからの亡命であった。来日翌日には桂離宮を見学し，それを彼は絶賛した。続いて大阪，神戸，東京，日光，箱根，伊勢など各地を訪れ，11月からは仙台の商工省工芸指導所に嘱託員として勤務し，工芸デザイン改善のための研究・指導を行った。昭和九年（1934）8月からは群馬県高崎市郊外の少林山達磨寺の洗心亭に滞在し，日本の伝統的な素材と技法を活かした工芸品の設計や製作指導にあたった。昭和一一年（1936），トルコのケマル・アタチュルクからの招聘に応じて日本を離れたが，同地で客死した。彼は桂離宮や伊勢神宮，飛騨白川や秋田で目にした民家などを評価し，日光などの装飾性の強い建築を否定する論を展開した『日本美の再発見』などの著書によって，わが国の美意識に多大な影響を与えた。日本で実現した建築作品は，熱海に建設された日向別邸（図2・144）のみであるが，彼が残した影響力は大きかった。彼は吉田鉄郎の東京中央郵便局，村野藤吾の森五商店などの同時代の建築も評価している。大学在学中であった詩人・建築家である立原道造は，タウトの講演を聞いて自らレイアウトした「タウトノート」を残している。

5・4　レーモンドと近代建築の影響

(1)　レーモンドの来日

F・L・ライトの事務所員として，帝国ホテルの仕事で大正八年（1919）に来日したチェコ出身の建築家アントニン・レーモンドは，帝国ホテル竣工の翌年（大正一三年：1924）東京に自邸をつくる。これはコンクリートをそのまま仕上げに用いた住宅で，様式的な細部はいささかもない。その源泉には1922年にコンクリート打ち放しの仕上げで作られたオーギュスト・ペレのル・ランシーの教会がある。レーモンドの自邸（図2・145）を雑誌で見た吉村順三はその所在を探し当て，彼のもとに入所する。レーモンドがペレの影響を示した作品には，東京女子大学（大正一四－昭和六年：1925－31，図2・146），東京築地の聖路加国際病院（昭和四年：1929），横浜のライジングサン石油（昭和四年：1929）などがある。彼はフランスのル・コルビュジエの影響も受け，東京ゴルフ倶楽部（昭和五年:1930）などを生み出した。また，彼の軽井沢の夏の家（昭和八年：1933，図2・147）は，直接的にル・コルビュジエの作品に言及する作品ではないかとの議論も生んだ。ル・コルビュジエのもとに学んで帰国した前川国男も，独立までの5年間レーモンドの事務所に務め，ここにわが国における近代建築の大きな影響源が生まれた。

図2・145　レーモンド自邸
東京，1923年，
A. レーモンド

図2・146　東京女子大学チャペル
東京，1938年，A. レーモンド

⑵　近代建築の波及

1920年代になると，わが国にも欧米の様々な建築の流れがもたらされるようになる。ウィリアム・メリル・ヴォーリズが大阪御堂筋に設計した大丸心斎橋店（昭和六年：1931，増築・昭和八年：1933）は，外観はゴシック風であるが内部にはアールデコ様式が感じられる。こうした西欧建築の波及は

図2・147　夏の家
軽井沢，1933年，A. レーモンド

図2・148　土浦亀城自邸
東京，1935年，土浦亀城

多くの面で見られるものであり，土浦亀城の自邸（昭和一〇年:1935，図2・148），そして彼が設計した東京銀座の徳田ビル（昭和七年：1932，図2・149）には，バウハウスの美意識に連なる建築構成が見出される。バウハウスに学んだ山脇巖夫妻が帰国したとき，妻の道子の父親は徳田ビルを彼らの新居に用意したのであった。ここには江戸以来の商人であった道子の父親のもつ，深い教養が窺われる。山脇巖夫妻は，昭和五年（1930）にバウハウスに入学したものの，在学中にバウハウスはナチスドイツによって閉鎖される。山脇がその衝撃を造型化したポスター「バウハウスへの打撃」(図2・150)は，モンタージュの手法による印象的な作品である。ドイツ留学の後に帰国して，京都高等工芸学校で後進の指導に当たった本野精吾が大正一三年（1924）に京都に建てた自邸（図2・151）もまた，即物主義的（ザッハリッヒカイト）建築構成を示すものであった。

図2・149　徳田ビル
東京，1932年，土浦亀城

図2・150　「バウハウスへの打撃」
1932年，山脇巖

図2・151　本野精吾自邸
京都，1924年，本野精吾

第６章　日本から世界へ

６・１　戦前の計画から戦災復興計画まで

(1) 戦前における設計競技

図２・152　ウクライナ劇場設計競技案
1931年，川喜多煉七郎

大正一五年（1926），ジュネーヴに建設予定の国際連盟会館の国際競技設計が行われ，日本から長野宇平治，中村順平，下田菊太郎らが応募した。これには実施案はなしという結果が告知され，ル・コルビュジエが反論するという結果をもたらした。その後，昭和

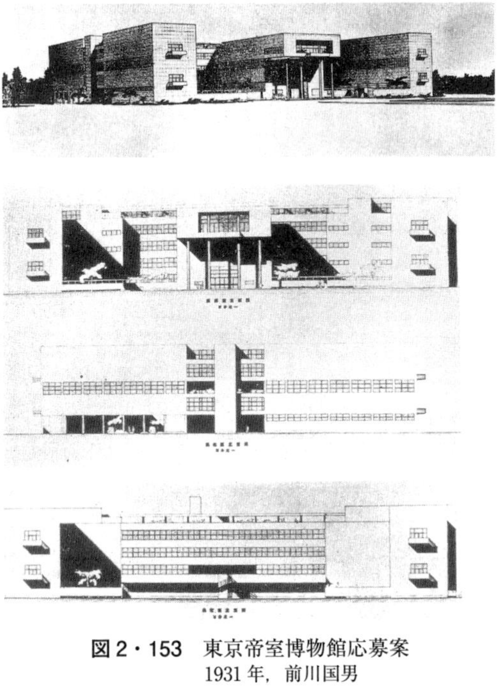

図２・153　東京帝室博物館応募案
1931年，前川国男

五年（1930）に開催されたソビエト・ウクライナのハリコフ劇場設計案（図２・152）を募る国際コンペが開催され，川喜多煉七郎，土橋長俊，加藤秋と野呂英夫の合作，山口文象と創宇社らが応募した。そこで４位入賞を果たした川喜田煉七郎は，日本人による国際的な建築活動の道を開いたパイオニアであった。彼はバウハウスに学んだ水谷武彦とともに昭和七年（1932）に新建築工芸学院を開き，桑沢デザインスクールを興す桑沢洋子，グラフィック・デザイナーの原弘，亀倉雄策，華道家の勅使河原蒼風を育てた。しかしながら昭和初年における設計競技は，神奈川県庁舎（昭和元年：1926），名古屋市庁舎（昭和五年：1930），軍人会館（昭和六年：1931），東京帝室博物館（昭和六年：1931，図２・121）などで，いずれも前述した「帝冠様式」と呼ばれる意匠が入選していた。最後に挙げた東京帝室博物館の設計には，前川国男が落選を承知でモダニズムによる意匠をもって応募（図２・153）し，落選の弁を「負ければ賊軍」という文章によって公表した。この応募要項に「日本趣味を基調とする東洋式」という規定があることに対しては，日本インターナショナル建築会が「声明書」を出して，ボイコットを決めていた。

⑵　大東亜記念造営計画と在盤谷日本文化会館設計競技

すでに太平洋戦争が始まっていた昭和 17 年に行われた日本建築学会主催の「大東亜記念造営計画」（図２・154）の設計競技は，富士山麓に忠霊を祀る施設を計画するものであった。これに一等入賞したのは丹下健三であった。彼は翌年行われたタイのバンコックに建設予定の「在盤谷日本文化会館」（図２・155）にも一等を獲得した。これらによって丹下は一躍その名を知られ

図２・154　大東亜記念造営計画
1942 年，丹下健三

るにいたった。ふたつの建築は性格を異にするものであるにもかかわらず，丹下の計画案はいずれも切妻の大屋根をもつ寝殿造りを祖型とするもので，広く日本精神の表現という当時の傾向に連なるものである。その性格は近代建築のデザインというよりは，超越的な精神を造型化するものであった。しかしながら明快な軸線を構成原理としている点も注目される。こうした性格はその後の丹下を貫く特徴として生き残るからである。

図２・155　在盤谷日本文化会館
1943年，丹下健三

(3)　侵略と戦災と復興計画

日本が海外に植民地政策を進めるとともに，日本の建設活動も海外に拡張していった。台湾，朝鮮半島，中国東北部などに建設された多くの建築は，現在では旧朝鮮総督府のように取り壊されたものもあるが，その幾棟かがそれぞれの国や地域の建築遺産として活用されている。森山松之助による旧台南市庁舎は，歴史的建築として保存再生が計られている例のひとつである。

日本は昭和一六年（1936）に太平洋戦争に突入して以来，昭和二〇年（1945）に敗戦を迎えるまでの間，主要都市のほとんどを戦災によって焼失した。広

図２・156　東京戦災復興地区計画の例

島・長崎に原子爆弾が投下されて，都市とそこに住む人々が壊滅する体験をし，焼夷弾によって木造都市が焼尽するさまを目の当りにした日本は，敗戦直後から新しい歩みを始める。課題は不燃化であった。全国で115都市が「戦災都市」に指定され，戦災復興計画（図2・156）が立てられた。また昭和二二年（1947）度から鉄筋コンクリート造集合住宅の試作が開始され，戦後の都市不燃化への努力が始まるのである。

6・2　公共住宅の展開

(1)　同潤会

大正一二年（1923）の関東大震災直後に，震災復興の住宅政策の一環として翌年5月，「財団法人同潤会」が設立された。その目的として鉄筋コンクリート造アパートと木造住宅の建設が掲げられた。木造住宅は東京では赤羽，十条，西荻窪，荏原，大井，砂町，松江，尾久に建設され，横浜では新山下町，瀧頭，大岡，井土ケ谷に建設された。その構造はバルーン・フレーム構造を加味したものであった。鉄筋コンクリート造集合住宅は，代官山，中之郷，江戸川など14カ所に建設された。また猿江裏町など，不良住宅改良事業としての住宅建設，分譲住宅事業も行われた。このような事業を行った同潤会は，昭和一五年（1940）に住宅営団にその設立趣旨を引き継ぐかたちで解散し，そのわずか18年の歴史を閉じた。しかしながらこの間に建設された住宅は，わが国に新しい公共住宅像をもたらした。

(2)　大塚女子アパートメントと江戸川アパートメント

図2・157　大塚女子アパートメント
東京，1930年，同潤会

同潤会が建設した集合住宅は，様々な共同施設を含む特徴あるものがあったが，大塚女子アパートメント（図2・157）は職業婦人のための専用アパートだった。男性は一階ホールまでしか入ることが許されなかったこの集合住宅には，共有施設として食堂，浴室，

図2・158　江戸川アパートメント
東京，1934年，同潤会

日光室，音楽室，応接室が備えられていた。江戸川アパートメント（図2・158）の場合も多くの共同施設を備えた，当時「東洋一」と呼ばれたアパートであった。そこにはスチールサッシやスチールドア，エレベーター，全館暖房などが採用されていた。しかしながらこうしたアパートのほとんどすべては1980年代以降，再開発の波に飲み込まれてその姿を消していった。都心の便利な場所に建てられていたという立地のよさが，逆に再開発を招いたのであった。

(3)　住宅営団

同潤会を引き継ぐかたちで成立した住宅営団は，戦時体制に入った日本が直面していた住宅不足を解決するという使命を帯びていた。戦時体制とともに工業人口が都市に集中しはじめていたからである。住宅営団はそれまで以上の非営利性を目指して，5ヵ年間に30万戸の住宅供給を掲げた。この計画目標は資材供給が伴わないために縮小されていったが，パネル式組立構造の大量生産方式を試みたり，平面計画の合理化による狭小住宅の実現などが試みられたりした。こうした開発は敗戦後より深刻となった住宅不足に対しても，継続的に適用された。住宅営団が建設したのは主として木造小住宅であったが，大量に建設される住宅群を全体としてひとつの団地としてとらえる計画手法もここに生まれた。

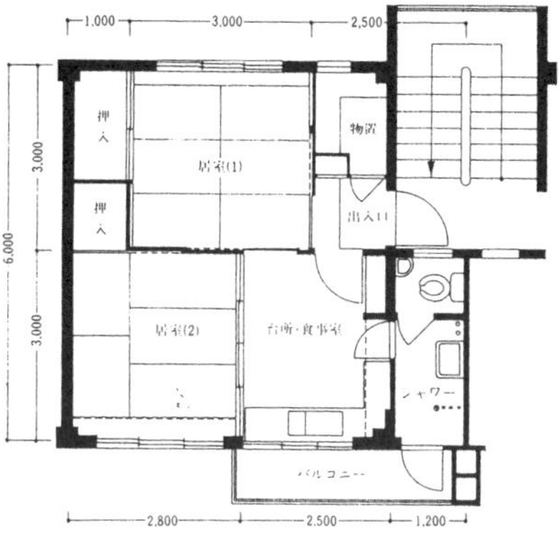

図2・159　51C型
1951年，日本住宅公団

(4)　日本住宅公団

図2・160　東久留米公団団地
東京，1964年，日本住宅公団

敗戦後の復興を実現するための一翼を担う組織として昭和三〇年(1955)に日本住宅公団が設立された。公団は大量の共同住宅を建設供給した。それはふたつの特徴をもつものであった。そのひとつは，狭小な住宅のなかで食事と睡眠の場を別に用意する「食寝分離」の平面計画の確立であった。昭和二六年(1951)に開発された51C（図2・159）と呼ばれるタイプの住戸は2DKとして知られた。DKとはダイニングキッチンの略号で，台所と食事スペースを結びつけた部屋であった。それ以外の部屋数を数字で表すことによって2DK，3DKなどの住戸が生まれ，これは住宅の規模を表す言葉として定着していった。

ふたつ目の特徴は，集合住宅が中層住宅の集合する団地という新しい都市空間を生み出したことである。バスと水洗便所を備えた住戸が積層する団地空間（図2・160）は新しい都市の風景となって広がっていった。

6・3　ル・コルビュジエの弟子たち

(1)　前川国男

昭和三年（1928），東京帝国大学工学部建築学科を卒業した夜，シベリア鉄道経由でパリへ渡り，ル・コルビュジエのもとに赴いた前川国男は，2年間彼のアトリエで学んだ後に帰国し，A・レーモンドの事務所に入る。昭和七年（1932）に処女作木村産業研究所（図2・161）を弘前に建て，ル・コルビュジエの影響の強い作品を実現する。昭和一〇年（1935）に自分の事務所を設立してからも，日本の近代建築確立のために多くの仕事を行った。昭和六年（1931）に行われた東京帝室博物館の設計競技における彼の態度についてはすでに見たが，彼の事務所には丹下健三も入所するなど，多くの建築家が彼のもとから輩出した。昭和一七年（1942）に建てた自邸（図2・162）は，木造切り妻の建築で，日本の建築に新しい木造を盛り込もうとした作品である。昭和一五年（1940）の岸記念体育館，そして戦後の東京新宿の木造による紀伊国屋書店（昭和二二年：1947）も，木造による近代建築表現の路線上の作品である。第二次世界大戦後には，木造量産型住宅である「プレモス」を開発した。その名称はプレファブの「プレ」に，前川のM，構造の担当者小野薫のO，そして製作会社の山陰工業のSを組み合わせてできた。昭和二〇年（1945）に設計が始まり，翌年にはその第一棟が完成，1,000棟近くも建設された。昭和二六年（1951）にはCIAMの第8回大会に丹下健

図2・161　木村産業研究所
弘前，1932年，前川国男

三らを引き連れて日本代表として出席し，ル･コルビュジエに再会している。昭和二九年（1954）に地方自治体による初めての音楽専用ホールである神奈川県立音楽堂を，隣接する図書館とともに設計した。この時期彼は日本相互銀行本店（昭和二七年：1952）をはじめとする諸作品によって，「テクニカル・アプローチ」と称する技術開発指向の設計手法を目指し，日本における近代建築の技術的諸課題の解決にも寄与した。

図2・162　前川自邸
東京，1942年，前川国男

⑵　坂倉準三

パリでル・コルビュジエに師事した建築家として，前川に続いたのが坂倉準三であった。昭和二年（1927）東京帝国大学文学部美術史学科を卒業し，昭和四年（1929）渡仏して1931年からル・コルビュジエに師事した。昭和一一年（1936）帰国するがパリ博日本館（図２・163）の設計監理のため再度渡仏した。彼はこの作品で万博最高大賞を受賞する。昭和一五年（1940）

図2・163　パリ博日本館
パリ，1937年，坂倉準三

に独立し前川国男とともに日本を代表する近代建築家の軌跡を描いた。昭和一六年（1941）に完成した飯箸邸（今泉篤男邸，図２・164）は，前川自邸と比較しうる木造による近代住宅である。戦後の昭和二六年（1951）には，鎌倉の鶴岡八幡境内に神奈川県立近代美術館（図２・165）を，東京には東京日仏学院を設計した。その後も前川と並ぶ近代建築家としての業績を残している。昭和三〇年（1955）には前川国男，吉村順三と共同で東京・鳥居坂に国際文化会館を設計した。

図２・164　飯箸邸
東京，1941年，坂倉準三

⑶　吉阪隆正

戦後ル・コルビュジエのもとに赴いた建築家には吉阪隆正がいる。彼は昭和一六年（1941）早稲田大学理工学部建築学科を卒業し，昭和二五年（1950）に戦後第１回のフランス政府給付留学生として渡仏，昭和二七年（1952）までル・コルビュジエのアトリエに勤務した。帰国後，早稲田大学教授となり，教育と設計活動の両面で影響を残した。作品には昭和三〇年（1955）の自邸，昭和三一年（1956）の浦邸（図２・166），ヴェネツィア・ビエンナーレ日本館，昭和三七年（1962）のアテネフランセ，昭和四〇年（1965）の東京八王

図２・165　神奈川県立近代美術館
鎌倉，1951年，坂倉準三

図2・166　浦邸
西宮（兵庫），1956年，吉阪隆正

子に建つ大学セミナー・ハウスなどがある。コルビュジエ後期の荒々しいコンクリート打ち放しの表現に近い作風を示したものが多い。彼は昭和四〇年(1965)の伊豆大島大火のあと，大島計画を立てるなど，都市計画にも意欲を持っていた。また，登山家としても知られる。

このように，ル・コルビュジエのもとに学んだ建築家たちが，わが国の戦後の近代建築に対して果たした貢献と，その影響力は見過ごすことができない。

6・4　新興数寄屋と新しい和風表現

(1)　堀口捨己と茶室研究

分離派のメンバーであった堀口捨己は，卒業後大学院に進み，平和記念東京博のパビリオンの設計を行うなど，表現主義的な作品を残したが，大正一二年（1923）から翌年にかけてヨーロッパを旅行してバウハウスやオランダのアムステルダム派の建築に大きな刺激を受けた。帰国後，小出邸（大正一三年：1924），紫烟荘（昭和元年：1926，図2・167）など，和洋折衷と思える作品を作った。また，昭和八年（1933）に竣工した岡田邸（図2・168）では，住宅の左右を和風と洋風とに分け，それを即物的につなぐという意表をついた構成を見せている。

昭和七年（1932）刊行の『建築様式論叢』に収められた「茶室の思想的背景と其構成」という論文では，茶室を建築家の視点から見つめ直す視点が提示されており，この視点から彼は茶室研究を続ける。これは戦前から戦後にかけて「君台観左右帳記の建築的研究　室町時代の書院及茶室考」(1942年)，『草庭』(1948年),『利休の茶室』(1949年),『庭と空間構成の伝統』(1965年)

図2・167　紫烟荘
蕨（埼玉），1926年，堀口捨己

などとして結実する。名古屋市に戦後昭和二五年（1950）竣工した八勝館御幸の間は，和風建築に新しい近代性を込めた建築と評価された。その軌跡は，日本における近代建築の表現を，伝統の意味を問いながら模索するものであった。彼は歌人としても知られていた。

図2・168　岡田邸和洋の接合部
東京，1933年，堀口捨己

(2)　村野藤吾

戦前から戦後へ連続した軌跡を描いた建築家のひとりに村野藤吾がいる。早稲田大学理工学部電気工学科から建築学科へ転学科して27歳で卒業した彼は，大正七年（1918），関西の様式建築の名手といわれた渡辺節の事務所に入所し，様式建築の設計を身に付けた。昭和四年（1929）に独立して昭和六年（1931）に森五商店東京支店（図2・

図2・169　宇部市民館
宇部，1937年，村野藤吾

137）を設計して，様式装飾を用いないプロポーションの美しさを表現の根幹とする建築を実現した。昭和九年(1934)に芦屋に建てた中山邸ではアール・デコ風インテリアを試みている。昭和一二年（1937）の宇部市民館（宇部市渡辺翁記念会館，図２・169）はタイル張りの外観と色彩を用いた内部とが独自の世界を構成している。この建物は戦後広島に作られた世界平和記念聖堂（昭和二八年：1953，図２・170）とともに国の重要文化財に指定されている。昭和三四年（1959）の京都都ホテル和風別館である佳水園は，近代和風建築の可能性を示した。彼の作品は西欧近代建築の直写ではない表現を求め続けたものであり，和風建築にもその個性を示した。

図２・170 世界平和記念聖堂
広島，1953年，村野藤吾

⑶ 吉田五十八

新興数寄屋と呼ばれる新しい和風住宅を開拓したのが吉田五十八であった。彼は岡田信一郎に師事して大正一二年(1923)東京美術学校を卒業する。ただちに建築事務所を開設し，大正一四年（1925）から翌年にかけて兄の援助で欧米を視察している。東京美術学校講師から東京芸術大学教授という経

図２・171 杵屋別邸
熱海，1936年，吉田五十八

図2・172　新喜楽
東京，1940年，吉田五十八

図2・173　日本芸術院会館
東京，1958年，吉田五十八

歴をたどった彼は，多くの芸術家たちの自宅やアトリエを手掛けた。昭和一一年（1936）に熱海に建てた杵屋別邸（図2・171），昭和一二年（1937）の小林古径画室などがそれであり，こうした活動は戦後も続く。そこでは大壁による表現，洋家具と調和する和風室内意匠が実現されている。また，築地の料亭新喜楽（昭和一五年：1940，以後度々改修，図2・172）をはじめとする料亭にも多くの作品を残した。戦後は，戦災を受けた師岡田信一郎の作品である歌舞伎座を昭和二五年（1950）に改修し，日本芸術院会館（昭和三三年：1958，図2・173），五島美術館（昭和三五年：1960），大和文華館（昭和三五年：1960）など，鉄筋コンクリート造の和風表現を多く生み出した。彼は長唄の名手とも謳われた。

図2・174　軽井沢の山荘
軽井沢，1962年，吉村順三

(4)　吉村順三

吉田五十八の後輩として昭和六年（1931）に東京美術学校を卒業した吉村順三は，先にも述べたようにアントニン・レーモンドに師事してモダニズム建築を体得するとともに，伝統的木造建築にも深い造詣をもっていた。学生時代に京都・奈良を訪ねて，古建築・茶室などを実測したという彼は，昭和三七年（1962）の軽井沢の山荘（吉村山荘，図2・174）において木造小住宅の味わい深い作品を残し，また，吉田と並んで東京芸術大学の教授として，後進の教育にも当たり，後には皇居新宮殿の基本設計にも携わった。

6・5　戦後建築と丹下健三

(1)　占領下の建築

昭和二七年（1952），サンフランシスコ平和条約が発効して日本は第二次世界大戦の講和を確立し，独立を回復した。しかしそれまでの間にも，注目すべき建築が生み出されていた。連合軍総司令部（GHQ）の許可条項のもとで活動するリーダーズ・ダイジェスト東京支社（図2・175）が，昭和二四年（1949）に皇居脇の竹橋に社屋を完成させた。これは戦後ふたたび日

図2・175　リーダーズ・ダイジェスト東京支社
東京，1949年，A. レーモンド

本で活動を再開したA・レーモンドの設計によるものである。レーモンドは昭和二五年（1950），東京・麻布に木造の自邸兼事務所を完成させる。翌年，群馬県高崎の井上房一郎がレーモンド自邸の写しというべき邸宅(図2・176）を建てる。井上はB・タウトを援助するなど，文化活動に意識の高い実業家である。

図2・176　井上房一郎邸
高崎，1951年，井上房一郎

日本経済の立ち直りとともに大型ビルが次々と着工されるようになり，東京日比谷には日活国際会館（昭和二六年：1951，図2・177）が建設された。外國人の来日観光を促進するという目的をもって，ホテル，事務所の整備が進められた過程で生まれた，ホテルを含む複合建築である。この建物は地下部分の鉄骨を地上で組んで沈ませる潜函工法を採用したことで注目された。

図2・177　日活国際会館
東京，1952年，竹中工務店

(2)　戦後建築の出発

昭和二九年（1954）に作られた神戸のアメリカ総領事館（図2・178）は，富山県出身の移民の子としてシアトルに生まれた日系アメリカ人ミノル・ヤマサキによって設計された。極めて薄い床スラブと日除けとなる外皮の構成が印象的な作品である。彼は1972年に爆破解体され，モダニズム建築の終焉を象徴すると評されたシアトルのプルーイット・アイゴー団地（1951）の設計者として，また2001年9月11日に航空機の突入によって破壊されたニューヨークの世界貿易センタービル（1976）の設計者としても記憶されている。

図2・178　神戸アメリカ総領事館
神戸，1954年，ミノル・ヤマサキ

図２・179　法政大学 55 年館
東京，1955 年，
大江宏

図２・180　スカイハウス
東京，1958 年，菊竹清訓

明治神宮宝物館（大正一〇年：1921）などで知られる建築家大江新太郎の子である大江宏は，昭和二七年から三三年（1952－58）にかけて，東京市ケ谷の法政大学の一連の校舎（大学院，55 年館，図２・179，58 年館）によって，ガラスのカーテンウォールによる軽快な近代建築表現を実現した。

住宅建築では，斉藤助教授の家（昭和二七年：1952），自邸（昭和二九年：1954）などによって新しい核家族の住宅像を提示した清家清が注目され，菊竹清訓は自邸スカイハウス（昭和三三年：1958，図２・180）によって，一辺約 10 メートルの正方形の空間が４本の板状の支柱によって空中に持ち上げられる斬新な住まいを提示した。特異な作風を展開した建築家白井晟一は，昭和三〇年（1955）に原爆堂計画を発表している。これは池のなかから，シリンダーに支えられた原爆の図の展示空間が浮かぶというものであった。

(3)　丹下健三の戦後の出発

戦前すでに設計競技において注目を浴びていた丹下健三は，昭和二四年（1949）に行われた広島市平和記念公園（図２・181）および記念館の設計競技に一等入選し，原爆で被災し「原爆ドーム」となった広島県産業奨励館を焦点に据えた計画案を実現していった。ピロティをもつ中央の資料館，HP シェルの形態を持つ中空の慰霊碑など，近代建築の形態言語が組み合わされた計画案であるが，ここには彼が若い頃暮して知悉していた広島の厳島神社の，社殿と聖地が軸線で結ばれるという関係も再解釈され，応用されている。

図2・181　広島平和記念公園
広島，1955年，丹下健三

これは計画の段階で1951年のCIAM大会で公表され，日本の建築が世界の建築界に知られる端緒となった。昭和三二年（1957）の東京都庁舎など，丹下は戦後の日本建築界をリードし続けるが，東京計画1960（図2・182）では，昭和43年（1964）の東京オリンピック，国立屋内総合競技場（図2・183）は，時代の象徴となった。皇居を包摂する帯状の軸線が東京湾に延びてゆく都市イメージを提示した。丹下の特質は近代建築のなかに一種の聖性あるいは超越性を表現し得たところにある。

(4)　ル・コルビュジエの国立西洋美術館

松方幸次郎によって収集され，第二次世界大戦中フランスに留められていた西洋絵画群「松方コレクション」が返還されることにともなって東京上野に建設された国立西洋美術館（図2・184）は，フランス人によって設計されることが要請された。設計者として来日したル・コルビュジエは，ピロティ，渦巻き状に展開する展示空間，上下階を斜路で結ぶ構成などを用いた建物を提示した。実施設計は前川国男，坂倉準三，吉阪隆正という，かつての弟子

図2・182　東京計画1960
1960年，丹下健三

図2・183　東京オリンピック国立屋内総合競技場
1964年，丹下健三

たちによってなされ，昭和三四年（1959）に竣工した。これは日本におけるル・コルビュジエの唯一の作品として，多くの建築家たちに影響を与えた。こうして日本の建築は世界の建築の動きの一翼を担う存在となってゆくのである。

図2・184　国立西洋美術館
東京，1959年，ル・コルビュジエ

第3編

現代建築

第１章　1960年代：
世界と日本の共振 ……204
第２章　1970年代：
モダニズムの反省 ……228
第３章　1980年代：
ポストモダンの開化……252
第４章　1990年代以降の
グローバル化 …………274

第1章　1960年代：世界と日本の共振

1・1　CIAMの崩壊から世界デザイン会議へ

(1)　モダニズムの批判

20世紀の前半は，モダニズムが成立した時代である。しかし，第二次世界大戦は，建築の活動を停滞させた。そして20世紀の後半は，モダニズムがさらに普及するとともに，その変容も起こり，ついには批判的な動向もあらわれた。とくに1960年代後半は，近代をのりこえていく大きな転換期となる。アメリカとソ連が宇宙開発のテクノロジーを推進する一方，ベトナム戦争や既存の体制に異義申し立てを行う学生運動が世界各地で盛りあがり，文化の領域でも価値観が変化した。例えば，美術では大衆的な表現をとりこむポップアート，音楽では激しいリズムで若者を揺さぶるロック，そして思想では西洋近代を相対化する構造主義が登場する。建築に関しては，世界と日本の動向が同時代的に共振するようになった。近代を疑うまなざしが一斉に開花したのである。したがって，本書では1960年代の後半以降を現代と位置づけ，世界と日本の建築を平行しながら記述していく。

(2)　チームXの登場

まず，そうした流れの前触れとして，世界の近代建築家の集まる場だったCIAM（近代建築国際会議）が機能不全に陥った。1951年，第8回の会議では，日本から丹下健三が参加しているが，このときアテネ憲章が批判されている。1953年の第9回会議でも，矛盾は解決されなかった。若手の建築家が公然とモダニズムの機能主義的な都市計画を批判するようになったのである。そして1956年，第10回会議において，新世代と旧世代が完全に対立し，CIAMそのものが解体した。ここに至り，1928年に創設してから，およそ30年にわたって，モダニズムの運動をリードした組織が消滅する。

CIAMを解体に追い込んだ当時30代の建築家たちは，チームX（テン）

というグループを結成し，独自に会議を開催するようになった。そのメンバーは，イギリスのアリソン・アンド・ピーター・スミッソン，ジョルジュ・キャンディリス，ラルフ・アースキン，イタリアのジャンカルロ・デ・カルロ，オランダのアルド・ファン・アイクやヤコブ・バケマらである。彼らはCIAMの会議において，「モビリティ（移動性）」や「成長と変化」などを主題に掲げたように，全体を固定的に計画するモダニズムに対し，社会の変化に対応する建築をめざした。チームXとしての活動は，1960年代の中頃まで続く。

スミッソン夫妻の首都ベルリン計画コンペ案（1958，図３・１）は，自動車が通る既存市街地の格子状の道路の上に，歩行者のためのペデストリアン・デッキ（空中歩廊）の自由なネットワークをかぶせるものである。これは開放系のパターンとされ，増殖の可能性を受け入れるシステムだった。彼らの

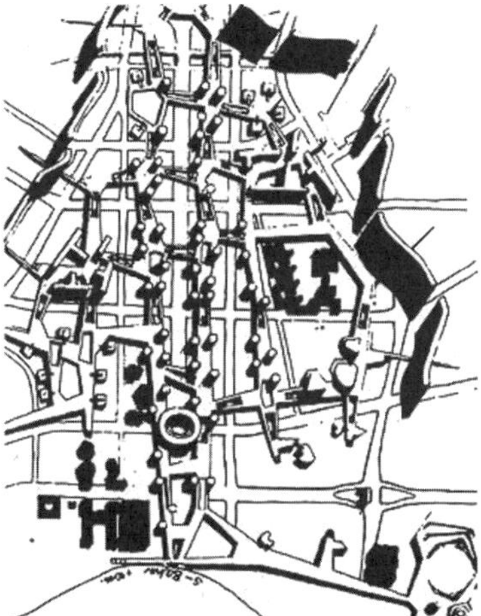

図3・1　首都ベルリン計画
ベルリン，1958年，アリソン&ピーター・スミッソン

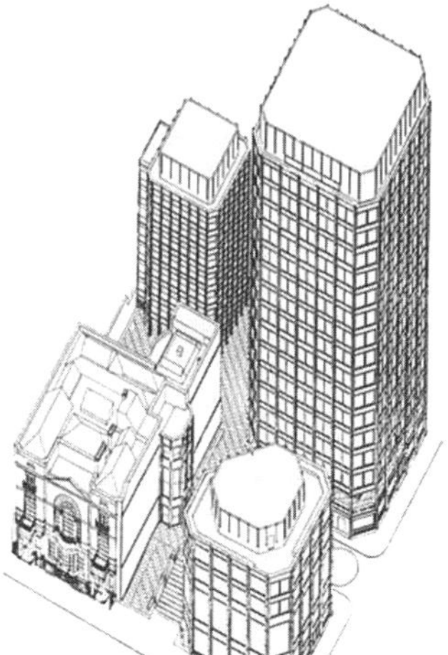

図3・2　エコノミストビル
ロンドン，1964年，アリソン&ピーター・スミッソン

エコノミスト・ビル（1964，図３・２）は，単体の建築ではなく，銀行，オフィス，住宅，広場を含む３棟から構成される複合施設であり，ロンドンの街並みを意識しながらヴォリュームや外壁を決定した。キャンディリスらによるトゥールーズ・ル・ミレイユ計画（1961，図３・３）も，連続する緑地

帯やＹ字型の道路を組み合わせた重層的なシステムを提案している。

(3)　メタボリズムの結成

敗戦後の日本は焼跡から出発したが，朝鮮戦争を契機とした特需による急成長が続き，モダニズムに追いつくとともに，反CIAM的な動向にも合流していく。1960年5月，東京に26カ国からデザイナーが集まり，世界デザイン会議が開催された。これにあわせて，来るべき社会のデザインを提唱する，メタボリズムというグループが結成される。メンバーは，編集者の川添登を中心に，建築家の菊竹清訓，槇文彦，黒川紀章，大高正人，工業デザインの栄久庵憲司，グラフィックの粟津潔である。メタボリズムという名称は，新陳代謝を意味する生物学の用語からとられたように，部分の交換可能なデザインを提唱し，世界の建築にも影響を与えた。1960年，槇はチームＸの会議に参加している。なかでも菊竹は，すでにメタボリズムの思想を表現するような自邸のスカイハウス（1958，図2・180）を手がけていた。これは４本の壁柱でワンルームを持ち上げ，そこから子供室を吊り下げたり，変化する要素として設備の装置を付加している。また黒川の中銀カプセルタワー（1972，図3・4）は，コアのまわりに直方体の居住ユニットを集積させた。

図3・3　トゥールーズ・ル・ミレイユ計画
トゥルーズ，1961年，
G.キャンディリス

図3・4　中銀カプセルタワー
東京，1972年，黒川紀章

1・2 メガストラクチャーと未来的な都市計画

(1) 変化を導入した都市計画

1960年代は，世界各地の建築家がメガストラクチャー（巨大建造物）のプロジェクトを構想した。都市を荒廃させた戦争が終わり，新しい技術にもとづく明るい未来的なイメージがいっせいに開花したのである。東京では，1964年のオリンピック開催にあわせて，実際の都市改造が進み，首都高速が登場した。もちろん，18世紀にも巨大な建築が夢想されたが，崇高性を喚起するモニュメント的なものであり，都市的なものではない。また20世紀前半には，ル・コルビュジエらが近代の都市計画を提案していたが，機能主義によって固定した都市像を想定していた。一方，1960年代のそれはダイナミックな変化の要素を導入したことが特徴として挙げられる。メタボリズムのグループは，成長する生物の身体になぞらえて都市のあり方を考えた。ほかにもモダニズムの建築家が過去と断絶するようなユートピア（理想郷）として，まったく新しい都市像を提示したのに対し，1960年代は既存の都市構造を受け入れたうえで，どのような開発を継ぎ木するかを提案する傾向が認められる。

(2) 世界各地のプロジェクト

ブダペスト出身のヨナ・フリードマンは1958年に可動建築研究会(GEAM)

図3・5 空中都市
1958年，Y. フリードマン

を設立し，空中都市（図３・５）を提案した。これはパリの上空に，スペースフレームの立体構造によるもうひとつの都市をつくる計画である。オランダのコンスタント・ニーウウェンハイスによるニュー・バビロン（1960，図３・６）は，やはり空中にもちあげられた巨大建築だった。いずれも機能主義的に計画を決定するのではなく，歩行者に地上を解放しつつ，居住者が空間の形成に参加できるシステムを重視している。磯崎新による一連の空中都市のプロジェクト（1960－62）も，既存の日本都市の上で，相互に連結するメガストラクチャーだった。当時の建築家は，建築の拡張として新しい都市のイメージに着手していたのである。またアメリカのバックミンスター・フラーは，マンハッタンをおおう巨大なドーム（1961，図3・7）を提案した。

メタボリズムのメンバーは，早い時期から都市的なプロジェクトを手がけていた。1958年に菊竹清訓は，各部分のとり外しができる塔状都市や，人工的な大地を求めた海上都市（図３・８）を発表している。黒川紀章は，DNAの二重螺旋構造に触発されて，ヘリックス・シティ（1961，図３・９）を提案している。水平でもなく，垂直でもない第三の概念として注目した螺旋の構造に従い，人工大地を積みかさねるものである。60年代の中頃，フランスのポール・ヴィリリオとクロード・パランによるアルシテクチュール・プランシプも，水平と垂直から逃れる「斜めの機能」（図3・10）を提唱し，斜めの方向に展開する巨大建築を構想していた。したがって，日本の作品は，海外の動向とほとんど時差がなくなっており，同時代的な現象としてみなすことができる。

図3・6　ニュー・バビロン
1960年，C.ニーウウェンハイス

図3・7　マンハッタン・ドーム
ニューヨーク，1961年，B.フラー

図3・8　海上都市
東京，1958年，菊竹清訓

イギリスの建築家集団アーキグラムは，1961年に同名の雑誌を創刊し，斬新なドローイングによって，一躍世界に知られることになった。代表作のウォーキング・シティ（1964，図3・11），すなわち「歩く都市」は，巨大建造物が8本の脚をもち，移動できる。彼らのデザインに技術的な裏づけはなかったが，米ソの宇宙開発，あるいはSF的な漫画に影響を受けており，当時のポップ・カルチャーの雰囲気もよくあらわしていた。

(3)　東京の未来像

入念な調査を踏まえた，もっとも密度の高いプロジェクトは，丹下健三研究室の「東京計画1960」(1961，図2・182）だった。これは爆発的に増える人口や交通に対応すべく，成長に限界のある旧来の求心型のプランを否定し，東京湾に向かって人工地盤がのびていく柔軟な都市構造を提案している。

図3・9　ヘリックス・シティ
東京，1961年，黒川紀章

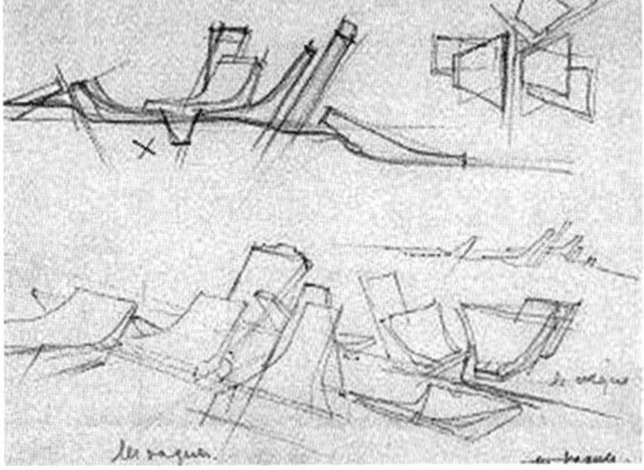

図3・10　斜めの機能
1966年，P.ヴィリリオ
+ C.パラン

図3・11　ウォーキング・シティ
1964年，アーキグラム

線状のシステムには，背骨に沿った血管や神経系統のイメージが重ね合わせられていた。当時の丹下は，20年後に海上の住宅地に500万人が住むことを予言した。こうした日本の建築家のヴィジョンは，直接的には実現しなかったが，後の博覧会や海外の計画において実験的に試みられる。

1・3　モダニズムの伝播と変容

(1)　巨匠の死

1960年代の後半，近代建築の巨匠ル・コルビュジエ（'65年没），グロピウス，ミース（ともに'69年没）が亡くなった。一方で，それは世界各地にモダニズムが変容しつつ伝播する時代でもあった。すでにル・コルビュジエ自身も，機械のイメージとはほど遠い，なまめかしい生き物を思わせるロンシャンの礼拝堂（1955）を発表し，その変化が大きな波紋を呼んだ。彼に学んだ吉阪隆正の大学セミナー・ハウス（1965）は，起伏にとんだ地形からはえるような建築の集合体であり，モダニズムの枠組を超えて，グローバルな感覚とリージョナルな感覚を融合している。今井兼次の日本二十六聖人殉教記念館（1962）は，細かい装飾をちりばめ，ガウディやシュタイナーに傾倒した表現主義的なデザインを実現した。ハンス・シャロウンのベルリン・フィルハーモニー・ホール（1963，図3・12）も，ヴォリュームを分節しつつ曲

図3・12　ベルリンフィルハーモニー
ベルリン，1963年，H.シャロウン

線を使う，有機的な造形となっている。

(2)　構造とシンボルの表現

構造に注目すると，形態の合理性を追求するだけではなく，シンボルを表現する傾向があらわれた。エーロ・サーリネンのケネディ空港TWAターミナル（1962，図1・133）は，コンクリートのシェル構造を生かして，鳥が羽ばたく姿を連想させる。海に面したヨーン・ウッツォンによるシドニーのオペラハウス（1973，図3･13）は，コンペ応募時から輪郭線の変更があったものの，船の帆をイメージさせる印象的な円弧をもつ。日本では，丹下健三の東京カテドラル聖マリア大聖堂（1964）が，8枚のHPシェルを組み合わせた壁と十字形の平面をもつ，垂直性の強いシンボリックな宗教空間をつ

図3・13　シドニーオペラハウス
シドニー，1973年，Y.ウッツォン

くりだした。また彼が東京オリンピックのために設計した国立屋内総合競技場本館（1964，図2・183）は，二本のメインケーブルと外周のアーチを吊り材で結び，なめらかな屋根面を形成している。ゆるやかな棟の曲線は，現代的な技術を駆使しながらも，日本の古建築を連想させた。これらは坪井善勝が構造設計を担当している。シェルや吊り構造は，直線の幾何学を主体としたモダニズムから離れて，新しい自由な表現を可能にするものとして導入された。その後も，サンティアゴ・カラトラヴァが土木的なスケールの交通施設において構造表現主義の傾向を踏襲している（図3・14）。

図3・14　リヨン・サトラス駅
リヨン，1994年，S.カラトラヴァ

(3)　ルイス・カーンの幾何学

かつて近代建築が崩そうとしたモニュメンタルなデザインも復活した。フィリップ・ジョンソンのイスラエルのレホボトの原子炉（1961）は，エネルギーの施設でありながら，神殿のような造形になっている。とくにルイス・カーンは，円や正方形など，厳格な幾何学を用いながら，積極的にモニュメンタリティを表現した。ペンシルバニア大学リチャーズ医学研究所（1962，図3・15）では，サービスする空間とサービスされる空間の違いを明快なデザインによって区別したが，前者を入れる垂直のチューブは，そうした機能の表現を超えて，重厚な印象を与える。ソーク生物学研究所（1965）における左右対称の構成，キンベル美術館（1972）におけるヴォールト屋根の反復も，宗教的な建築を連想させる。また彼のアジアにおける作品，バングラデシュのダッカ国会議場（1963）やインドのアーメダバードの経営大学（1963）でも，記念碑的な性格が強い幾何学的な構成を展開した。

(4)　ニュー・ブルータリズム

一方，抽象的な白いモダニズムから脱却した晩年のル・コルビュジエの影響から，素材のもつ性質をそのままむきだしにした荒々しい建築が登場する。こうしたデザインは，野蛮な表現という意味から，ニュー・ブルータリズムと呼ばれた。スミッソン夫妻のハンスタントンの中学校（1954）は，ミースを規範としつつも，煉瓦を用いたり，素材の違いによって構造や設備を表現した。イギリスのジェームズ・スターリングも，細いコンクリートの柱に支えられたタワー状のレスター大学工学部棟（1963，図3・16）において，土着的な煉瓦と近代的なガラスを使う。アメリカのポール・ルドルフは，イェール大学建築学部（1963，図3・17）において，モダニズムを継承しながら，凹凸の激しい，めりはりを効かせたデザインを展開した。ダイナミックな空間構成を表現する彼の断面パースも印象的である。やはりルドルフの手がけたニューヘブンの駐車場は，単調になりがちな施設の性格にもかかわらず，彫刻的というべき力強いコンクリートの建築だった。

図3・15　リチャーズ医学研究所
フィラデルフィア，1962年，
L.I. カーン

図3・16　レスター大学工学部棟
レスター，1963年，
J.スターリング

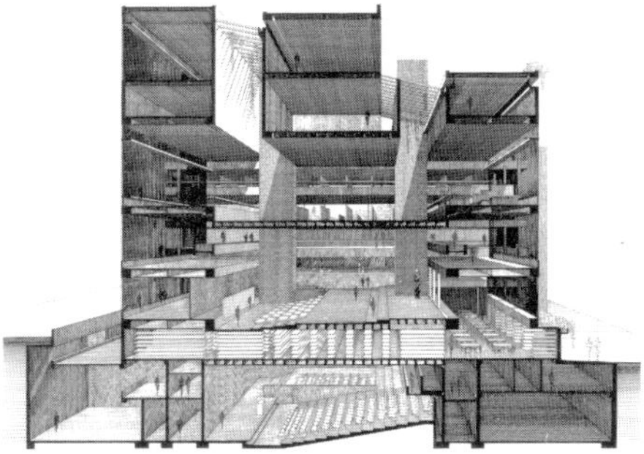

図3・17　イェール大学建築学部
ニューヘイブン，1963年，
P.ルドルフ

1・4　住宅の大量供給

(1)　量産化への道程

第二次世界大戦後，都市復興とともに，帰還兵が新しい家庭をもち，急速に人口が増えた。アメリカでは，低価格の住宅を実現し，1947年からレヴィットタウン（図3・18）という新しい住宅地が登場する。グロピウスやジャン・プルーヴェのようなモダニズムの建築家も住宅の量産化をめざしていたが，レヴィットタウンの建設では自動車工場のような合理的な作業工程を導入した。ハワードの田園都市を嚆矢とするニュータウンの計画は，モダニズムの課題として継承され，イギリスのハーロウ・ニュータウンやフィンランドのタピオラ田園都市など，大戦後に本格的な計画都市が建設される。また軍需が望めなくなった後，産業界では鉄やプラスチックの新しい市場を開拓する分野として住宅の建設が注目された。一方，社会的にも住宅は不足しており，大量の住宅を供給する方法が模索される。

⑵　団地とニュータウン

1955年に日本住宅公団が設立し，戦後の深刻な住宅難を解決すべく，膨大な数の団地を建設し，ニュータウンを各地に造成した。1960年代には，民間のマンション建設も盛んになる。公団は郊外の中層団地を開発したが，都心の高層住宅として，前川国男による晴海高層住宅（1958，図3・19）も手がけた。これは建物の構造と住戸を分離したスケルトン・インフィルのシステムになっている。大高正人による広島市営の基町団地（1973，図3・20）は，不良住宅地を再開発しつつ，高密度の高層住宅を実現した。一方，水戸六番池団地（1976）は，敷地になじんだ低層の集合住宅のあり方を提示した。

図3・18　レヴィットタウン
ニューヨーク他，1947年，
レヴィット・アンド・サンズ社

個性的な建築家による豊かな空間をもつ集合住宅も模索された。槇文彦による代官山の集合住宅は，1969年以降，長い年月をかけて道路沿いに展開し，商業施設やギャラリーを交えながら，良好な住環境を形成した（図3・23）。内井昭蔵の桜台コートビレッジ（1970）は，斜面を背景に，中央に庭を入れたＬ字の住宅を反復しながら，外観に凹凸をつけて表情を豊かにしている。

日本でも，ヨーロッパの事例に刺激されて，1960年代から大都市の郊外にニュータウンが出現した。例えば，千里，高蔵寺，泉北，港北，多摩，筑波では，学校，公園，商業施設，集会所を含めた総合的な計画を試みている。1960年代に建設された千里ニュータウンは，1160haの敷地に15万人の計

図3・19　晴海高層住宅
東京，1958年，前川国男

画人口を想定し，近代の都市計画の手法を導入しながら，学区を一単位とする近隣住区理論，クルドサック（袋小路），囲み型の住棟の配置などを実施した。高山英華研究室による2万戸の高蔵寺ニュータウン計画は，1962年から着手し，里山を残しつつ丘陵地を生かした開発を試み，ペデストリアン・デッキを効果的に配した。これらは量を計画によってコントロールする，都市計画の実験場にもなった。

図3・20　基町団地／長寿園
広島，1973年，大高正人

(3)　工業化住宅の試み

1959年，大和ハウス工業が3坪の軽量鉄骨によるミゼットハウス(図3・21）を販売したものが，日本における最初の商品化されたプレファブ住宅だった。1960年代にはミサワホームやセキスイハウスなど各社が参入し，外観や間取りを多様化させる。当初，池辺陽や広瀬鎌二などの建築家もプレファブや寸法体系の開発にとりくんでいた。剣持昤は，規格構成材を用いた住宅を提唱し，その開発に携わり，自邸（1971）を設計している。しかし，住宅産業は違う方向性に進み，各社のプレファブを並べる住宅展示場が登場する。箱型の家そのものを運ぶというシステムも実現された。大野勝彦が開発したセキスイハイム M1（1971，図3・22）は，トラックが直方体のユニットを運び，クレーンで積むだけで完成する画期的な住宅だった。新日本製鉄・竹中工務店ほかの ASTM 企業連合による芦屋浜シーサイドタウン高層住宅（1979，図3・24）は，工場生産のユニットによる大規模な開発を実現した。

図3・21　ミゼットハウス
東京他，1959 年，大和ハウス

図3・22　セキスイハイム M1
東京他，1971 年，大野勝彦

図3・23　ヒルサイド・テラス模型
東京，1969年-，槇文彦

図3・24　芦屋浜シーサイドタウン
兵庫，1979年，ASTM企業連合
(新日本製鉄・竹中工務店ほか)

1・5　近代批判の理論

(1)　計画者から受容者へ

1960年代には，モダニズムを批判する論客たちが登場した。ヨーロッパでは，近代建築運動を自ら推進したジークフリート・ギーディオンから，スミッソン夫妻やアーキグラムを擁護したイギリスのレイナー・バンハムへの世代交代が起きている。そして注目すべきは，アメリカから新しい建築・都市論が唱えられるようになったことである。また，いかに計画するかという方法論よりも，むしろ空間を受容する使用者の視点を組み込んだ理論が組み立てられた。

(2)　都市論の展開

アメリカの研究者ケヴィン・リンチは『都市のイメージ』（1960，図3・25）において，住民がどのように都市を認識しているかを調査し，イメージのしやすい空間を高く評価した。専門家が鳥瞰的に都市を見るのではなく，一般人の意識をイメージ･マップにまとめている。その際，移動路（パス），境界（エッジ），結節点（ノード），目標（ランドマーク）という5つの要素を抽出し，都市を分析している。これは幾何学的なデザインや経済の効率性から都市をつくるだけではなく，環境のイメージを重視しながらアーバン・デザインを考える道を開いた。ジャーナリストのジェーン・ジェコブスは，『アメリカ大都市の死と生』（1961）において，細かい街の観察から近代の機能主義的なゾーニングの手法を批判し，複数の用途が出会う混成系の都市空間をつくるべきだと主張した。彼女も統計的なデータよりも，等身大で都市の出来事を物語ることから出発している。

当時はユートピア的な都市計画が提案される一方，こうした現実の空間を認識するための理論が模索された。アメリカの建築家，クリストファー・アレグザンダーは，「都市はツリーではない」（1965，図3・26）という論文を発表した。これは近代の人工的な都市計画が単純なツリー（樹状）構造であることを指摘し，複雑で多様なセミ・ラティス構造をもつ自然発生的な都市とは違うことを批判している。1968年，彼は，パターン・ランゲージという環境要素の類型をあらかじめ用意することによって，一般人も設計に参加

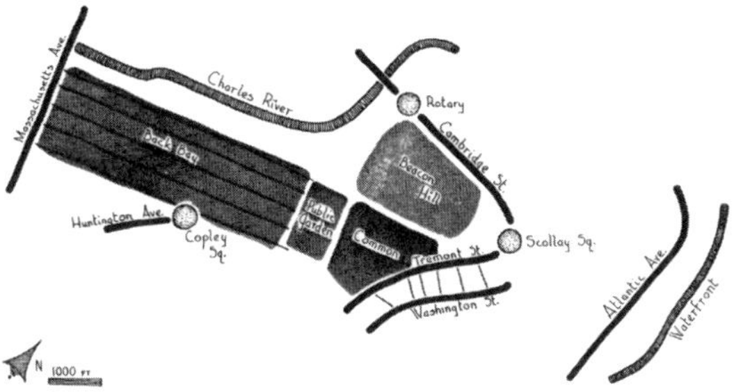

図３・25　ボストンのイメージ・マップ
1960 年，K. リンチ

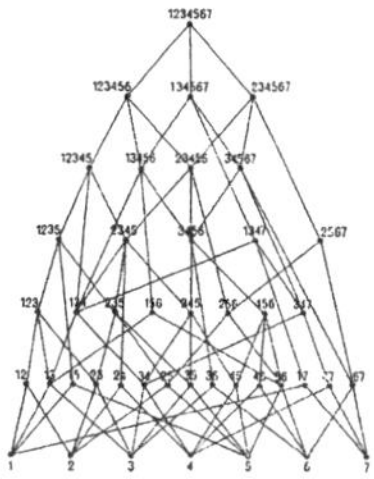

図３・26　都市はツリーではない
1965 年, C. アレグザンダー

図３・27　盈進学園東野高校
埼玉，1985 年，
C. アレグザンダー

するデザイン手法を開発した。日本でも，このシステムを用いて盈進学園東野高校（1985，図３・27）が実現している。

(3)　新しい建築論

建築家の理論は，創作の現場に応用された。アメリカのロバート・ヴェンチューリは，ローマに留学したときの古典主義研究の成果をもとに，『建築の多様性と対立性』（1966）を刊行した。これは純粋なものよりも混合したものを好むといった主張を掲げ，一義的に形態を決定する近代の機能主義とは異なる方法論を展開した。矛盾や複雑さを抱えた技巧的なデザインは，母の家（1963，図３・28）において試みられている。またヴェンチューリは，デニス・スコット・ブラウンらとの共著『ラスベガス』（1973）において，道路沿いのカジノやホテルを調査し，形態よりもサインがもつ情報伝達の重要性を論じた。ゆえに，彼は派手な造形によって建物の機能を歪めるのではなく，シンボルとなる適切な装飾をもつありふれた形態であることを推奨した（図3・29）。ヴェンチューリのギルド・ハウス（1965）は，古典主義風のアーチや金色のアンテナによってアクセントを与えている。

日本では，建築評論家の長谷川尭が登場し，近代建築の批判を展開した。とくに主著の『神殿か獄舎か』（1972）では，合理主義のデザインや国家を担うモニュメンタルな建築のあり方を「神殿」とみなし，丹下健三や前川国男を攻撃する。一方，彼が賞賛した「獄舎」タイプの建築家とは，自己の内面を掘り下げ，身体に密着するような空間をつくりだす，村野藤吾や分離派だった。すなわち，彼は，白黒をはっきりさせる明快な二分法によって，モダニズムの文脈からは位置づけにくいデザインをすくいあげる視点を与えた。例えば，なまめかしい壁をもち，アコヤ貝やモザイクタイルの室内装飾をまとう村野の日本生命日比谷ビルの劇場（1963，図3・30）である。

図3・28　母の家
アメリカ，1963年，
R. ヴェンチューリ

図3・29　あひると装飾された小屋
1965年，R. ヴェンチューリ＆
D. スコットブラウン

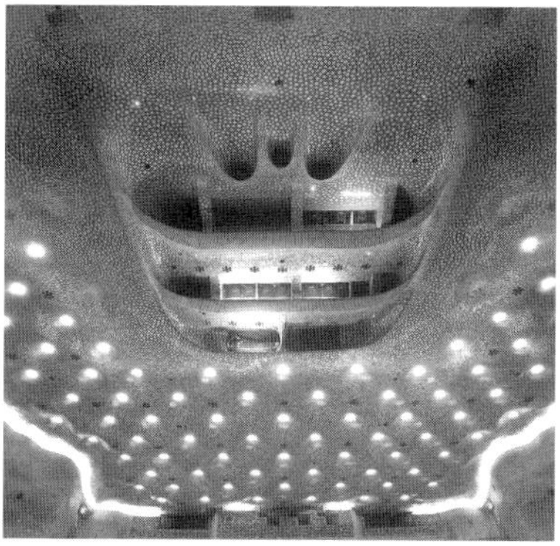

図3・30　日本生命日比谷ビル
東京，1963年，村野藤吾

1・6　1968年の革命と万博

(1)　空間形成への参加

1967年のモントリオール万博は，モシェ・サフディによるプレキャスト・コンクリートのユニットを積むハビタ'67のように，革新的な工業化住宅や，フラーのジオデシック・ドーム構造による球状のアメリカ館を提示するなど，未来的なイメージにあふれていた。

1968年5月，パリでは学生と労働者が立ち上がり，路上にバリケードが構築された。体制に対する異義申し立てを行う大規模な運動は，建築教育の権威であるエコール・デ・ボザールにも飛び火する。その結果，社会の現状をかえりみない古い教育が批判され，学校のシステムが再編された。こうした時代の雰囲気を受けて，すべてを決定する建築家の職能そのものが疑われ，使用者と関わりながら，空間をつくる方法も模索される。ベルギーのルシアン・クロールによるルーヴァン・カトリック大学の学生寮（1972，図3・31）では，基本的な骨格を用意した後，居住者がそれぞれの部屋の内装や仕上げを自由に行う。これは一人の建築家だけでは到達できない多様なデザインを実現し，地域の風景に根付いた建築の集合体が生まれた。ジョン・ハブラーケンの著作『サポート』(1962) は，構造など耐久性の高い共有部分の「サポート」と，取り替え可能な「インフィル」を分けることで，開かれた建設

図3・31　ルーヴァン・カトリック大学の学生寮
ブリュッセル，1972年，L.クロール

システムを提案している。

スウェーデンのラルフ・アースキンによるバイカー・ウォールの集合住宅（1974）やジャン・カルロ・デ・カルロのマテオッティ・ヴィレッジの集合住宅（1977）も，居住者との討議を通じて，設計を試みている。また1970年代には，私設の学校を求める男女が，共同生活を営みながら，三宅島に生闘学舎（1980，図3・32）をセルフビルドで建設した。これは高須賀晋の設計をもとに，古い枕木を再利用してつくられたものである。

図3・32　生闘学舎
東京，1980年，高須賀晋（＋有志によるセルフビルド）

(2)　未来都市としての大阪万博

一方，大学紛争の後，1970年の大阪万博（図3・33）は，日本の経済成長を印象づける巨大な国家的イベントとなり，会期中に6000万人が訪れ，空前の成功を収めた。これは1960年代の未来志向を総決算する機会にもなっている。丹下健三は，未来都市のひながたとして，樹木状のシステムをもつ会場計画のほか，スペース・フレームの大屋根があるお祭り広場をデザインしている。万博は，建築の実験場と化し，いずれもカプセルをとりつけた菊竹清訓のエクスポタワーや黒川紀章のタカラ・ビューティリオンのように，未来の居住空間を予言するメタボリズムのパヴィリオンが出現した。新しい技術としては，月の石を展示したアメリカ合衆国館や，エア・チューブを束ねた村田豊の富士通グループ・パヴィリオン（図３・34）をはじめとする，空気膜構造がとくに注目される。しかし，圧倒的な入場者数によって会場が混乱したことや，パヴィリオンの無秩序とも言える百花繚乱のデザインは批判された。

図３・33　大阪万博会場
大阪，1970，
丹下健三（マスタープラン）

図３・34　富士通グループ・パヴィリオン
大阪，1970年，村田豊

図３・35　12の理想都市
1971年，スーパースタジオ

図３・36　レッティ蝋燭店
ウィーン，1965年，
H.ホライン

(3)　テクノロジーへの批判

万博では明るい未来のイメージが強調されたが，逆に当時からテクノロジーに対する皮肉めいた態度も表明されている。イタリアの建築家集団スーパースタジオは，「12の理想都市」(1971，図３・35）というプロジェクトにおいて，種の保存のために人間の生産と廃棄を繰り返すリング状の宇宙船など，反ユートピア的な世界を構想した。「連続するモニュメント」(1969)では，基本的なインフラを備えた均質なグリッドの巨大構築物が世界を侵食している。同じイタリアのアーキズームの「ノー・ストップ・シティ」(1972)は，スーパーマーケットのある人工的な環境が無限に続く空間を提示した。1968年，ウィーンのハンス・ホラインは，「誰もが建築家である。すべてが建築である」と宣言し，建築の概念を徹底的に拡張した。彼の「航空母艦都市」(1964）は，コラージュによって，航空母艦を陸の上の風景写真に埋め込む。これも軍事技術の礼讃ではなく，都市の巨大な墓碑のように見える。実作のレッティ蝋燭店（1965，図３・36）は，アルミニウムにおおわれたシンボリックなデザインの小さな店舗だが，歴史的な街並みに挿入されていることで異彩を放つ。

磯崎新は，万博において建築的なスケールの大型ロボット，デメとデクの設計を担当したが，その一方で単純な未来志向を批判するプロジェクトも発表している。「孵化過程」(1962，図３・37）のドローイングでは，未来都市

図3・37　孵化過程
1962年，磯崎新

と古代の神殿の廃墟をコラージュした。またミラノ・トリエンナーレのためのエレクトリック・ラビリンス（1968）のインスタレーションでは，近代化のイメージからもれ落ちる貧困や飢餓，あるいは地獄絵のパネルを用い，お化け屋敷のような迷宮の空間を制作している。ここでも，焦土と化した広島の風景に廃墟となった未来的な構築物のイメージを合成していた。1970年代を迎えると，急速な近代化の矛盾を大きな問題として考えるようになり，反省的な意識が芽生えたのである。

2章　1970年代：モダニズムの反省

2・1　オフィスビルの冒険

(1)　超高層ビルの登場

近代以前は宗教施設がシンボル性を表現すべく最も高い建築だったが，20世紀を迎えると，経済効率を追求して，床を積層させたオフィスが世界一高い建築になった。

オフィスビルの発達はアメリカが牽引し，1950年代のニューヨークでは，SOMのレヴァー・ハウス（1952）やミース・ファン・デル・ローエのシー

図3・38　シアーズ・タワー
シカゴ，1974年，SOM

グラム・ビル（1958）によって，カーテンウォールを備え，均質空間を反復した鉄とガラスによる箱型のプロトタイプが提示された。前者では，高層棟と低層棟を組み合わせながら，広場としてのピロティも都市に開放している。ミノル・ヤマサキによる世界貿易センタービル（1976）は，ツインタワーの超高層ビルとして登場した。これは中央のコアと外周の構造体によって柱のないオフィス空間をつくり，最大限の床面積を確保している。SOMによるシカゴのシアーズ・タワー（1974，図3・38）は，高さの異なる9つのタワーを束ねることで全体を構成し，高さ443mという世界一の記録は20世紀末まで破られることがなかった。

戦後の日本では，ビルの需要は増えたが，31mの高さ制限が規定されていたことにより，丸の内のオフィス街に統一されたスカイラインをつくるとともに，巨大化に歯止めをかけていた。しかし，1960年代になると，構造の理論が発展し，耐震性のある高層ビルが検討される。また高さの制限を撤廃する代わりに容積率の概念を導入した。1968年に完成した霞ヶ関ビルは，高さ147mの日本初の超高層となる。山下寿郎の設計により，軽量のアルミ・カーテンウォールを使う。構造設計は武藤清が担当し，柔構造の理論を採用した。

図3・39　セントラル・ベヒーア保険会社
アペルドールン，1972年，
H.ヘルツベルハー

(2) 形態とシステム

ヨーロッパでは，歴史的な都市におけるビルのデザインをめぐって慎重な態度をとり，超高層があまり増えなかった。ジオ・ポンティによるミラノのピレッリ・ビル（1956）は，両端に鋭角的なコアをもうけ，スリムな印象を与えている。一方，パリのモンパルナス・タワー（1973）は，その威圧感から景観論争が発生した。またヘルマン・ヘルツベルハーのセントラル・ベヒーア保険会社（1972，図3・39）は，大きな均質空間をとるのではなく，小さな正方形の空間単位の集積としてオフィスを構成している。

アメリカでは，高層ビルと都市の関係が模索された。SOMによるジョン・ハンコック・センター（1970）は，ブレースのある外周が細くなる垂直のチューブの構造とし，シカゴのユニークなランドマークとなっている。I.M.ペイによるボストンのジョンハンコック・タワー（1973）は，ミラーガラスの外観によって歴史的な街区における存在感を消しながら，斜めの配置によって広場も生みだす。またヒュー・スタビンズのシティコープ・センター（1978）は，足元の四隅のヴォリュームをかきとり，ニューヨークに広場を提供した。

コアの配置は，オフィスの重要な要素である。日建設計のパレスサイドビル（1966，図3・40）は，シリンダー型の大きなコアを両端に置く。ケヴィ

図3・40　パレスサイドビル
東京，1966年，日建設計（チーフ：林昌二）

ン・ローチのナイツ・オブ・コロンバス本社（1969）は，四隅の円筒のコアがモニュメンタルな外観を生む。丹下健三の山梨文化会館（1966）は，円筒のコアが林立し，それらを連結する水平のフロアによって，ダイナミックなシステムを立体的に表現する。前川国男の東京海上ビル（1974，図３・41）は，二つの矩形の平面が重なる部分にコアを設けた。

図３・41　東京海上ビル
東京，1974 年，前川国男

(3)　アトリウムの導入

高層ビルは巨大なスケールと均質な表情が批判され，様々なデザインの工夫を試みた。ポストモダンの時代には，装飾を積極的に活用している。また新しい空間として人工的な環境を都市に提供した。ケヴィン・ローチのフォード財団（1968，図３・42）は，植物のある大きなガラス空間のアトリウムに対し，オフィス部分がＬ字に囲む。これは環境がコントロールされた広場である。こうしたアトリウムはホテル

図３・42　フォード財団（ビル）
マンハッタン，1968 年，
K. ローチ＆ J. ディンケルー

にも導入され，ジョン・ポートマンのサンフランシスコのハイアット・リージェンシー・ホテル（1974）が壮大な吹抜けの内部空間を抱える。

ヘルムート・ヤーンのイリノイ州センタービル（1985，図3・43）は，17層に及ぶ円形の吹抜けが屋内化された広場をつくりだす。またシーザー・ペリのワールド・フィナンシャル・センター（1988）は，高層棟の間にガラスのヴォールト天井をもつ低層のアトリウムを置く。日本でも，日建設計の新宿NSビル（1982）が天井の高い巨大な規模のアトリウムをもうけた。

図3・43　イリノイ州センタービル
シカゴ，1985年，H.ヤーン

2・2　フォルマリズムの系譜

(1)　合理主義

1960年代のラディカルなデザインに対して，1970年代には形態に強い秩序を与えようとする建築があらわれた。とくに1973年に開催されたミラノ・トリエンナーレの「合理主義建築」展は，そうした傾向を紹介している。これに参加したイタリアのアルド・ロッシは，都市における建築形態のタイポロジーに依拠し，過去の記憶を呼びさますデザインを展開した。ガララテーゼの集合住宅（図3・44）では，反復する白い壁柱がキリコの絵画のような超現実的世界を想起させる。またモデナ墓地のための計画（1971）では，18

図3・44　ガララテーゼの集合住宅
ミラノ，1973年，A.ロッシ

世紀のブレーらの影響を受けて，円錐や立方などの純粋形態によって構成された。ルクセンブルグ出身のレオン・クリエとロブ・クリエ，ドイツのマティアス・ウンガース，ヨーゼフ・パウル・クライフスも，都市構造や古典主義を背景としつつ，厳格な幾何学を使う。例えば，レオン・クリエのロイヤル・ミント・スクエア集合住宅計画（1974，図3・45）は，既存の街区を保存しつつ，その対角線に沿って構築物を挿入し，二つの三角形の中庭をつくりだす。

フランスのクリスチャン・ド・ポルザンパルクは，オート・フォルム街(1977)

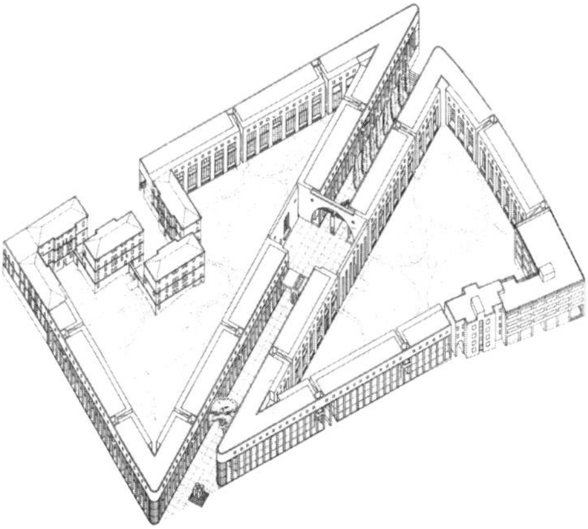

図3・45　ロイヤル・ミント・スクエア集合住宅計画
イギリス，1974年，L.クリエ

図3・46　フランクフルト工芸美術館
フランクフルト，1985年，
R.マイヤー

において，まわりとの連続性を意識しながら，複合的なヴォリュームによる集合住宅を設計した。1970年代の磯崎新も，抽象的な幾何学をデザインの拠り所とし，立方体のフレームの反復による群馬県立近代美術館（1974）を発表した。

(2)　ホワイト派

1972年,白い表紙の建築作品集『ファイヴ・アーキテクツ』が刊行された。これはニューヨークを拠点に活動するピーター・アイゼンマン，マイケル・グレイヴス，チャールズ・グワスミィ，ジョン・ヘイダック，リチャード・マイヤーの五人を紹介したものである。彼らに共通する傾向は，外的な条件とデザインを切り離し，壁や柱を白く塗ることにより，素材の物質感を喪失させ，純粋なモダニズムの形態言語の記号的操作を行うことだった。それゆえ，ニューヨーク・ファイブ，あるいはホワイト派と呼ばれた。建築批評家のコーリン・ロウは，形態分析の理論によって，こうしたフォルマリズム的なアプローチを支持していた。

ピーター・アイゼンマンは，言語学の議論を参照しながら，形態の統辞法を追求する。住宅第一号（1968）は，柱や梁に構造的な役割を与えず，抽象的な空間を形成し，住宅第六号は，機能を失った，昇ることのできない階段をもつ。マイケル・グレイヴスのハンセルマン邸（1967，図3・47）は，横長の窓など，ル・コルビュジエに由来する要素の技巧的なコラージュを散り

図3・47　ハンセルマン邸
フォートウェイン，1967年，
M.グレイヴス

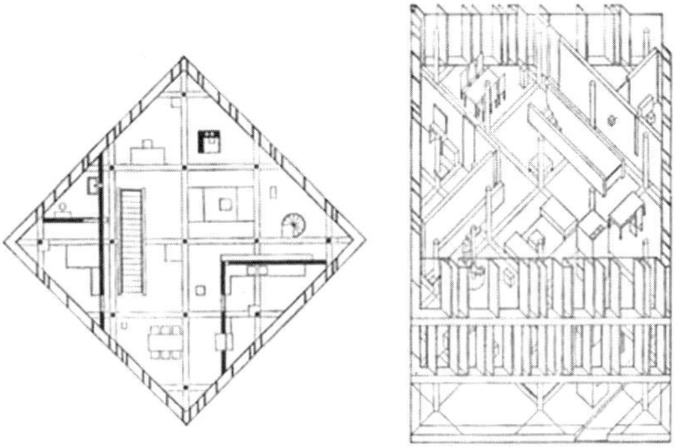

図3・48　ダイアモンド・ハウス
1967年，J.ヘイダック

ばめた。チャールズ・グワスミィの自邸とスタジオ（1965）は，ル・コルビュジエのモデュロールを応用した。リチャード・マイヤーのダグラス邸（1973）は，初期のル・コルビュジエのヴォキャブラリーを踏襲しつつ，その手法を多様に展開した。ジョン・ヘイダックは，形態のための形態というべき作品を発表し，ダイアモンド・ハウス（1967，図3・48）は，正方形の回転による幾何学的な関係性を主題としている。同じくホワイト派として括られていたが，それぞれの建築家は異なる指向性をもち，後に別の道を歩むことになった。アイゼンマンはさらに形態操作を複雑化し，マイヤーは同じスタイルを洗練させ，ヘイダックは詩的な空間に傾倒し，グレイヴスの作風は具象的なポストモダンに変化する。

なお，フランスでは，ボザールの改革に関わったアンリ・シリアニが中心となって，ネオ・コルビュジエ的なデザインを推進し，ミッシェル・カガン，ジャック・リポーらの門下生に受け継がれた。

(3) グレイ派

ヨーロッパゆずりの知的なモダニズムにこだわるホワイト派に対して，ロバート・スターンやチャールズ・ムーアらは，アメリカの伝統的な住宅の様式，シングル・スタイルを作品にとりこみ，グレイ派，あるいはフィラデルフィア派と呼ばれた(図3・49)。ヴェンチューリもアメリカのヴァナキュラー建築を参照していたが，建築史家のヴィンセント・スカリーは，こうした態度を支持した。ムーアのシーランチのコンドミニアム（1965, 図3・50）は，実用的な木造小屋に依拠しつつ，海沿いの風景になじませながら，同じ勾配の屋根をもつ立方体の集積によって構成されている。一方，インテリアでは，大胆なグラフィック・デザインを導入し，外観の印象と大きく異なる。自邸のリノベーション（1966）でも，3つのチューブ状の空間を挿入しつつ，だまし絵のようなグラフィックを展開し，外部と内部の断絶が顕著である。ホワイト派とグレイ派の対立軸は，1970年代の建築ジャーナリズムによって注目されたが，大学のアカデズムから生まれ，過去の対象を引用しながら再構成する手法は共通しており，いずれも近代以降の方向性を探る試みだった。

図3・49 レウェリンパークの住宅
ニュージャージー，1981年，R.スターン

図3・50 シーランチのコンドミニアム
シーランチ，1965年，C.ムーア

2・3　建築の保存

(1)　ユネスコとDOCOMOMO

20世紀は建設と破壊を未曾有の速度で押し進めた時代だったが，一方で過去の歴史的な建造物や街並みの保存にも着手するようになった。とくにユネスコは国際的な文化保存を推進した。1931年に採択したアテネ憲章では，保存と修復によって，人類共有の財産として古い記念建造物を守るという基本原理が示された。そして1964年のヴェネツィア憲章は，アテネ憲章を批判的に継承し，オリジナルの部分を尊重しつつ，推定的な復元や様式の統一を目的化しない方針をうたう。例えば，大戦の爆撃で破壊されたサン・ローのノートルダム教会の復元できない部分を現代建築で補うといった措置がとられた。1965年，記念物遺跡国際会議（イコモス）が発足する。1970年，アスワンハイダムの建設により，水没の危機にあったアブ・シンベル神殿の移築のプロジェクト（図3・51）は，ユネスコの主導により各国が協力して実現した。1972年，ユネスコでは世界遺産条約が採択される。

ヨーロッパの各国でも都市と建築を関連づける保存の考え方が発展した。イタリアでは，1959年からサヴェリオ・ムラトーリらによって，建築類型学（ティポロジア）が提唱される。これは都市組織における建築の構成原理を探求し，保存再生に活用された。またフランスの文化大臣アンドレ・マル

図3・51　アブ・シンベル神殿の移築のプロジェクト
アスワン，1970年

ローは，1962年にマルロー法と呼ばれる都市再開発事業の法律を成立させている。街区に注目し，単体ではなく，群としての歴史的な環境の保存を考慮したものだ。その適用事例としては，パリのマレ地区などが知られている。

近代以前の建築だけではない。1988年には，モダニズムの記録と保存にとりくむ国際的な学術組織，DOCOMOMO（ドコモモ）がオランダで始まる。反モダニズムとしての保存運動が，ついにモダニズムも対象とするようになった。日本支部は，神奈川県立近代美術館（1951）などを選定して，2000年に同組織のメンバーとして承認された。

(2)　日本の建築保存

日本でも，1897年に古社寺保存法が成立するなど，近代以降，古建築に対する文化財保存の考え方は定着した。そして1960年代になると，高度経済成長の繁栄のネガとして，街並みや近代建築の保存が問題となる。当時，帝国ホテルや原爆ドーム（図３・52）の保存運動が活発化した。帝国ホテルは中央玄関部分だけが再現されたが，その受け入れ先である明治村は，1965年にオープンしている。谷口吉郎の尽力により，京都の聖ヨハネ聖堂や三重県庁舎などの近代建築を移築復元する屋外博物館が登場した。

図３・52　保存された原爆ドーム
広島，1915年，J.レッツェル

図３・53　京都タワー
京都，1962年，山田守

1960年代には，多くの大学が民家や集落の実測調査を行い，図面化するデザイン・サーヴェイが行われた。1966年には，鎌倉や京都など，歴史的な風土を守る古都保存法が成立した。西山卯三研究室の京都計画（1964）は，景観と文化財を保護する地域と，開発する地域を明快に分けている。ま

図３・54　中京郵便局
京都,1902 年 /1978 年改修，逓信省（オリジナル）

図３・55　倉敷アイビースクエア
岡山，1889 年 /1973 年改修，浦辺鎮太郎（オリジナル）

た景観問題としては，山田守の京都タワー（図３・53）が，その環境にふさわしいかをめぐって議論が起きた。

1970 年代以降は，調査と制度の整備が進むととに，様々な建築保存の試みが行われた。日本建築学会から全国調査をまとめた『日本近代建築総覧』（1974）が刊行された。1975 年に集落や街並みを対象とした伝統的建造物群保存地区制度が誕生した。1996 年には，文化財保護法の指定制度を補うものとして，登録文化財制度も導入される。実際の保存例としては，ファサードだけを残した京都の中京郵便局庁舎（1902/1978，図３・54）や，紡績工場の細部をちりばめながらホテルに再生した浦辺鎮太郎の倉敷のアイビースクエア（1974，図３・55）など，多様な手法が展開した。

(3)　第三の道としてのリノベーション

凍結保存でもなく，新築でもなく，両者を媒介するリノベーションは，ヨーロッパにおいて先行し，多くの創造的な建築を生みだした。モダニズムの時代にも，ヨージェ・プレチニックのプラハ城の改修（1924－31）は，独自性の強いデザインを随所に混入している。カルロ・スカルパのカステル・ヴェッキオ美術館（1964，図３・57）は，改修を通じて建築の断片を再構成し，印象的な場面が展開する，展示と建築が一体化した濃密な空間を実現した。50 年代から 70 年代にかけて進められたジャンカルロ・デ・カルロのウルビノ大学のプロジェクトも，歴史的な建築や地形をとりこみながら，復元，リノベーション，新築などの手法を織り交ぜて，過去と現代をつなげる複合的な空間をもたらした。ロンドンでは，発電所を現代美術館に再生したテートモダンがつくられている。

アメリカでも，興味深い保存再生のとりくみが行われた。ロマルド・ジョゴラ＋アーマン・ミッチェルのフィラデルフィアのペン相互生命保険会社（1975）では，エジプト・リバイバルの建築の壁面を残しながら，ガラス張りの高層ビルのファサードに組み込む。こうした手法は，様式建築の記憶を継承する高層ビルの開発においてよく使われるようになった。ロバート・ヴェンチューリのフランクリン・コート（1976）は，モノとしての復元を行わず，鉄のフレームによって住宅の輪郭のみをイメージとして復元する。ボストンのファニュエル・ホール（図３・57）・マーケットプレイス（1978）は，市場を商業空間として再生させ，活気のあるウォーターフロントの開発を成功させた。

図３・56　カステル・ヴェッキオ美術館
ヴェローナ，1964年，
C. スカルパ（改修）

図３・57　ファニュエル・ホール
ボストン，1740年／1992年修復，
J. スマイバート（オリジナル）

2・4　地域の表現

(1)　地域固有のデザイン

モダニズムが広く伝播し，世界各地に同じような建築がつくられる一方，それぞれの地域における固有のデザインも追求されるようになった。メキシコのファン・オゴルマンは，ル・コルビュジエの影響を受けた建築家として出発したが，後に大学都市の中央図書館（1952－3，図3・58）では，民族主義的な題材をとりこんだ装飾的な巨大壁画を正面に掲げている。またBBPRらによるミラノのトッレ・ヴェラスカ（1958，図1・145）は，歴史的な形態との類似性を生かし，どこにでもあるビルとは違う表現をめざした。すなわち，上層の住宅部分がふくらむように，高層建築のシルエットをつくり，中世都市の庁舎の塔を思わせる。

日本では，1950年代に伝統論争が起きている。丹下健三の香川県庁舎（1958）は，木割を意識した梁のデザインなどにより，モダニズムと日本的なものの融合をめざした。これに対して白井晟一は，伊勢や桂などのすっきりした弥生的なものではなく，力強い造形の縄文的なものという概念を提示し，もうひとつの伝統の系譜を掘り起こしている。同時代のほかの試みとしては，ナマコ壁のモチーフを採用した吉田五十八の大和文華館（1960）などが挙げられる。

図3・58　大学都市の中央図書館
メキシコシティ，1953年，
J.オゴルマン

(2)　欧米とは異なる価値観の探求

1964年，バーナード・ルドフスキーの企画により，ニューヨーク近代美術館で開催された「建築家なしの建築」展は，世界の集落など，土着的な建築の事例を数多く紹介し，大きな反響を呼んだ。いわゆる建築家の設計によらない，風土に根ざしたデザインが注目されたのである。原広司は，研究室をひきいて世界の集落調査を行い，その成果を自らの設計手法にもとりこんだ。エジプトのハッサン・ファトヒーは，ニューグルナのプロジェクト（1947－1970，図3・59）において，鉄やコンクリートなどの近代的な素材を不適当と考え，泥煉瓦による伝統的な構法を住民に教育し，学校やモスクなどの建設を指導した。

図3・59　ニューグルナのプロジェクト
ニューグルナ，1947-1970年，
H.ファトヒー

1973年のオイル・ショック以降，原油の価格が高騰した中東では建設ブームが起き，近代化はイスラムのアイデンティティの探求をうながした。その結果，1977年にアガ・カーン文化財団はイスラム世界の建築を対象としたアガ・カーン建築賞を設立する。変わりつつある現代社会において，すぐれた建築や保存・再生計画など，イスラムのアイデンティティを豊かにするプロジェクトを3年ごとに審査する制度である。受賞作は，エジプト，トルコ，インドネシア，マレーシア，パキスタンなど，イスラム圏を中心とし，欧米の建築とは異なる価値観を示しているが，非イスラム圏でもジャン・ヌーヴェルのアラブ世界研究所が選ばれた。

(3)　批判的地域主義

地域主義のうねりは，画一化したモダニズムへの批判として定着していく。イムレ・マコヴェッツは，フォルコシュレイトの霊安室（1977）など，ハンガリーの木造建築を継承したデザインを展開した。アジアの各国でも，インドのバルクリシューナ・ドーシやチャールズ・コレアなど，モダニズムの洗礼を受けながらも，地域的な表現を特徴とする建築家が活躍する。吉阪隆正の薫陶を受けた象設計集団による今帰仁村中央公民館（1975）や名護市庁舎（1981，図3・60）は，気候に配慮した環境のデザインを行い，沖縄の風土性を装飾的な要素に反映させた。

図3・60　名護市庁舎
沖縄，1981年，象設計集団

建築史家のケネス・フランプトンは，批判的地域主義の概念を掲げている。彼は，安易な記号的表現や抑圧に向かう回顧的な表現を批判しつつ，地域性と普遍性の両方をとりこんだデザインを推奨した。例えば，ヨーン・ウッツォンのバウスベアの教会（1976，図3・61）は，箱を積み上げたようなプレハブの近代的な外観とは対照的に，内部ではコンクリート・シェルによる東洋的なうねる天井をもつ。また視覚偏重ではない，五感全体を覚醒させる空間も批判的地域主義の特徴としている。そうした事例として，アアルトのセイナツァロの村役場（1952）のほか，固有の場所性をつくるマリオ・ボッタのリヴァ・サンヴィターレの住宅（1973，図3・62）や意図的に遺跡とグリッドをずらすラファエル・モネオの国立古代ローマ博物館（図3・63），あるいはモダニズムを基調としつつも，独自の色彩や触覚的な感覚をもつルイス・バラガンやアルヴァロ・シザの作品（図3・64）などが挙げられる。

図3・61　バウスベアの教会
コペンハーゲン，1976年，
J.ウッツォン

図3・62　リヴァ・サンヴィターレの住宅
リヴァ・サンヴィターレ，
1973年，M.ボッタ

図3・63　国立古代ローマ博物館
メリダ，1986年，R.モネオ

図3・64　ポルト大学建築学部
ポルト，1986－93年，
A.シザ

2・5　日本の都市住宅

(1)　都市と闘う住宅

戦後の日本では，建築家が決して規模の大きくない住宅を手がける土壌を生みだした。良質な賃貸の集合住宅をストックするよりも，中産階級が小さくても家を所有する持ち家政策が推進されたことも，その一因である。1968年に創刊された雑誌『都市住宅』は，新しい世代の建築家の活動を積極的に支持した。そうした実践の仕事に多く関わることで，設計の技を磨き，やがて大きな公共施設を担当する建築家も育つことになった。

1950年代は，計画学的にプランの効率性を工夫し，最小限住宅の追求が行われた。しかし，東孝光の自邸である塔の家（1967，図3・65）は，わずか約20m^{2}という三角形の敷地ながら，6層にわたってワンルームを積みかさねた住宅である。これは間取りの余地さえない極限のコンクリートの塔によって，郊外ではなく，あえて都心に住む方法を提示した。

また1962年に篠原一男は，住宅は芸術であると宣言した。彼は，白の家（図3・66），篠さんの家，未完の家などの作品によって，幾何学的な造形による象徴性を追求した空間を生みだした。もはや合理性の器としての住宅ではない。彼の影響を受けた伊東豊雄の中野本町の家（1976）は，U字型のコンクリートのチューブである。外部に対しては閉じながら，内部は白い壁が連続する流動的な空間をもつ。

図3・65　塔の家
東京，1967年，
東孝光

安藤忠雄の住吉の長屋（1976，図3・67）は，木造の長屋の真中にコンクリートの住宅を挿入したものである。正面のファサードに窓はなく，玄関以外は大きな壁しかない。細長いプランを三等分し，中庭にブリッジをかける。外界との接触を拒絶しつつ，親密な内部空間をもつ，都市と闘う住宅である。伊東と同じく，都市住宅において私的な世界の豊かさが志向された。

図3・66　白の家
東京，1966年，
篠原一男

(2)　形態のマニエリスム

1970年代，磯崎新が公共施設においてマニエリスム，すなわち技巧的な傾向の強いフォルマリスムを展開した頃，住宅においても同様に密度の高いデザインが試みられた。原広司の自邸（1974）は，強いシンメトリーを基軸とした住宅であり，その内部に小宇宙を埋め込むことを意識している。長谷川逸子と坂本一成は，伊東のように，やはり篠原スクールというべき，家型の屋根をもつ住宅において形態操作の可能性を追求した。

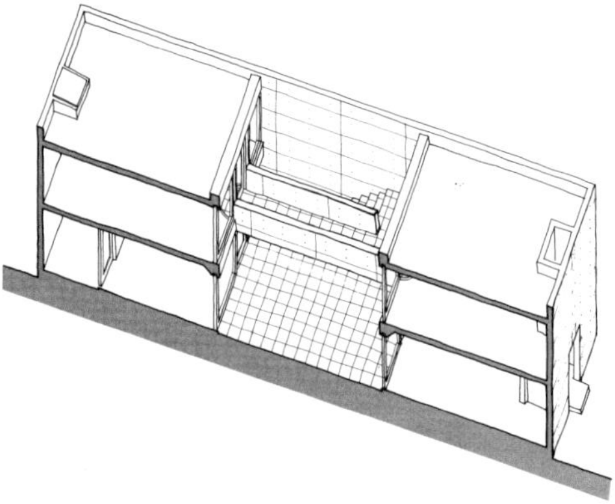

図3・67　住吉の長屋
大阪，1976年，安藤忠雄

相田武文は，サイコロや積み木をモチーフとしつつ，ゲーム的な形態のルールによって住宅を構成している。彼は，東孝光，宮脇檀，鈴木洵，竹山実らと1970年にARCHITEXTというグループを結成し，それぞれに機能主義とは異なる住宅の姿を模索した。渡辺豊和の吉岡邸（1・1/2）は，正方形の平面にドームがのったヴォリュームの横に，それを半分に切断した単位を連結している。

毛綱毅曠の反住器（1972，図3・68）は，三つの立方体を入れ子状に構成した住宅である。観念的な形態とマニエリスム的な建築の操作によって海外にも大きな衝撃を与えた。石山修武の幻庵（1975，図3・69）は，土木工事に使うコルゲート・シートを建材に転用し，住宅の既成概念を打ち破ったセカンドハウスである。同じ素材による川合健二の自邸（1957，図３・70）から着想を得ながらも，徹底的な合理性を重視した川合とは違い，石山は，工業素材による現代の数寄屋のような装飾的かつ濃密な空間を実現した。

(3)　野武士の世代

槇文彦は，学園闘争を経て，1970年代に登場した建築家を，主のない「平和な時代の野武士達」と呼んで総括した。これは国家や地方自治体の建築をつくるわけでもなく，西洋の文化に詳しい施主に仕えるわけでもない，住宅の仕事を中心とした新しい時代の建築家像を指している。彼は，そこにモダニズムに比べて，部分と全体の関係性が弱くなったフォルマリズムを読みとりながら，周囲との関係性に欠ける自閉的な傾向も指摘した。

もとの文章において槇が論じたのは，早川邦彦，土岐新，相田武文，長谷川逸子，富永譲，石井和紘らの作品だが，伊東，安藤，毛綱にも触れている。いずれも1940年代前半の生まれであり，三本の根付丸太を挿入した塚田邸（1980）によって，強烈な個性をもった住宅を発表した六角鬼丈も野武士の世代に含まれる。彼らは，1980年代に日本のポストモダンのシーンをリードし，後に仕事の規模が大きくなり，公共性の問題にも直面した。

図３・68　反住器
北海道，1972年，
毛綱毅曠

図３・69　幻庵
愛知，1975年，
石山修武

図３・70　川合健二の自邸
愛知，1957年，川合健二

2・6 ハイテクの展開

(1) ハイテクの登場

1971年，パリ中心部の再開発計画の一環として，ポンピドー・センター（図3・71）のコンペが行われ，当時，無名だった外国人のチームが設計者に選ばれた。イタリア人のレンゾ・ピアノとイギリス人のリチャード・ロジャースである。1977年に完成した複合型の文化施設は，エスカレータの入った透明なチューブを前面に置き，むき出しにした配管をカラフルに塗り，建設現場の足場のようなフレームが全体を囲う。各フロアは，構造や設備を外部にまわすことで，内部に無柱の大空間をつくり，フレキシブルな展示室を実現した。当初は工場のような外観をもつ過激なデザインゆえに，古都にふさわしいかどうかも議論されている。もっとも，地上6階，地下2階にまとめたコンパクトな施設は，前面に大きな広場を提供した。

こうした建設のシステムや骨組みを露出したデザインは，ハイテクと呼ばれている。大胆な造形の構造表現主義よりもさらに積極的に，通常はファサードの背後に隠れている内部の仕組みを可視化したものだ。その結果，建築が機械のように見える。もともとモダニズムは機能主義という観点から機械をデザインのモデルとしていたが，ハイテクでは直接的に機械のような外観の表現をめざした。ハイテクの源泉としては，コンペの審査員をつとめたジャ

図3・71 ポンピドー・センター
パリ，1977年，R.ピアノ&
R.ロジャース

ン・プルーヴェのほか，バックミンスター・フラーやアーキグラムらも挙げることができるだろう。また豊かな内部空間を確保するために，構造的な要素を外部に配することから，ゴシック建築との類似性も指摘されている。

(2) 新しいオフィスビル

1980年代には，特筆すべきハイテクのビルが出現した。

かつて1960年代にロジャースとチーム4を結成していたノーマン・フォスターは，密度の高いデザインによって香港上海銀行（1986，図3・72）を実現した。ファサードには，太いブレースがハンガーのように並び，室内を数フロアごとに吊り下げる構造であることを明示する。東京のセンチュリー・タワー（1991）も，フォスターの作品だが，同じ構造のシステムをもつ。また香港上海銀行では，中央に大きなアトリウムを抱え，そこに光を導くために，角度を変えられる反射板を設置した。つまり，カーテンウォールとコアという従来の構成ではなく，外部に骨組みを顕在化させ，内部に大きな吹抜けをもつオフィスビルである。

ロジャースによるロイズ・オブ・ロンドン（1986，図3・73）も，アトリウムを中心として設備を外側に配置した。鮮やかな原色が目立つポンピドーに比べ，メタリックなシルバーの外観は街並みとの調和も意識している。1980年代，彼は工場や配送センターなどで，屋根の上で吊り構造を表現しつつ，無柱の大空間を手がけている。ロジャースのデザインは，新宿の林原第五ビル（1993）など，色彩を効果的に使い，装飾的な傾向をもつ。

図3・72　香港上海銀行
上海，1986年，
N. フォスター

ハイテクの設備に対するデザインの考えは，ルイス・カーンの提唱したサービスする空間とサービスされる空間にも類似している。ピアノによるメニル・コレクション美術館（1986）の断面構成にも，カーンのキンベル美術館（1972年，図3・74）

の採光システムの影響がうかがえる。実際，ピアノはカーンの事務所に勤務していた。メニル・コレクション美術館では，リーフと呼ぶ翼のような部材を天井に並べることで，自然光を反射・拡散しつつとり入れる。

(3)　環境との調和

高度なテクノロジーのイメージを与えることから，ハイテクの建築は空港でよく用いられた。1990年代以降，ロンドン，香港，大阪の関西国際空港など，世界各地でハイテクのデザインの空港が登場した。イギリスでは，フォスターやロジャース以外にも，ニコラス・グリムショウのウォータールー鉄道駅国際ターミナル（1993，図3・75）やマイケル・ホプキンズのブラッケン・ハウス（図3・76）など，ハイテクが顕著だが，1980年代にはチャールズ皇太子がロンドンの街並みに似合わないデザインとして批判している。

図3・73　ロイズ・オブ・ロンドン
ロンドン，1986年，
R.ロジャース

だが，フォスターは，機械のような表現を抑え，古典主義の建築とガラスの現代建築の巧みな組み合わせも展開した。ローマ時代の神殿と向きあう

図3・74　キンベル美術館
ダラス，1972年，
L.カーン

図3・75　ウォータールー鉄道駅国際ターミナル
ロンドン，1993年，N.グリムショウ

ニームのカレ・ダール（1993），ベルリンの国家議事堂にガラスのドームをのせたライヒスターク（1999，図3・77），そして大英博物館に挿入されたグレート・コート（2000）である。フォスターは，フランクフルトのコメルツ銀行本社(1997)やロンドン市庁舎(2002)などで，太陽光の入り方や風の流れによって造形を決定し，エコロジーを意識したデザインも探求した。またロジャースは，『都市，この小さな惑星の』などの著作によって，環境配慮型の都市計画としてコンパクト・シティを提唱する。

図3・76　ブラッケン・ハウス
ロンドン，M.ホプキンズ

ハイテクは，地域性やアイデンティティの表現にも寄与している。ジャン・ヌーヴェルのアラブ世界研究所（1987，図3・78）は，レンズの絞りのように，光を調整する幾何学的なパターンの窓を反復するファサードをもち，現代的なイスラム建築の表現としても評価された。ピアノのチバウ文化センター（1998）も，丸みを帯びた有機的なファサードによって，ニューカレドニアのジャングルになじむ風景を形成している。

図3・77　ライヒスターク
ベルリン，1999年，
N.フォスター

図3・78　アラブ世界研究所
パリ，1987年，J.ヌーヴェル

第3章　1980年代：ポストモダンの開花

3・1　ポストモダンという現象

(1)　記号としての建築

20世紀前半のモダニズムが過去の歴史を否定して，全世界に建築の共通原理を普及させる運動だったのに対し，ポストモダンは再び歴史性や場所性を導入して，多様な建築文化をつくる試みだった。もっとも，ポストモダンという言葉を世に知らしめたのは，批評家チャールズ・ジェンクスの著作『ポスト・モダニズムの建築言語』(1977，図3・79)である。彼は機能主義によって正当化された近代建築が，使用者を考慮しない，専門家のための一義的なデザインだったことを批判し，多義的な意味を生む手法を推奨した。そして建築を言語になぞらえ，大衆を意識しながら，視覚的記号としてデザインを操作する方向性を掲げたのである。

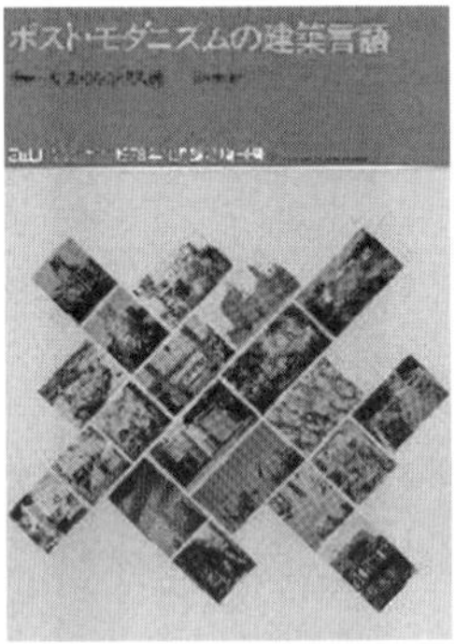

図3・79　ポスト・モダニズムの建築言語 1977年，C.ジェンクス

同書の最後では，刊行時に計画中だったフィリップ・ジョンソンのAT＆T本社ビル（1984，図3・80）を紹介していた。箱形のビルではなく，裂け目のあるペディメントなど過去の意匠を頂部や足元にとり込んだものである。彼のPPGプレイス（1984）も，ゴシック風の造形になっていた。もともとインターナショナル・スタイルを仕かけた立役者がポストモダンに転向したことの意味は大きい。マイケル・グレイヴスも，ネオ・コルビュジエ的な手法から脱却し，ポートランドビル（1982，図3・81）では，色彩豊かなグラフィックとして処理された古典主義を大胆に用いて，賛否両論を呼んだ。

図3・80　AT&T本社ビル
マンハッタン，1984年，
P.ジョンソン

図3・81　ポートランドビル
ポートランド，1982年，
M.グレイヴス

(2)　アメリカとディズニーランド

ポストモダンにおける記号的なデザインは，引用の手法を展開した。括弧に入れて，別の文章を挿入するように，引用とは，既存のものをひっぱってくる行為である。現代美術の場合，アンディ・ウォーホールがマリリン・モンローの肖像を複製して，シルクスクリーンでポップ・アートを制作した。音楽であれば，サンプリングと呼ばれる手法で，他の音楽の引用を行う。建築でも，こうしたデザインが試みられたのである。グレイヴスのほか，まずアメリカから代表的な作品が登場した。チャールズ・ムーアのイタリア広場(1979)は，ニューオーリンズのイタリア系住民のための空間だったことから，古典主義やイタリアの地図をデザインに引用している。

先駆的な事例としては，ディズニーランド（1955）も挙げられる。テーマパークとは世界の縮図であり，それを表現するために名所の建築様式を寄せ集めるからだ。例えば，1960年代に登場したイッツ・ア・スモール・ワールドのファサードは，エッフェル塔，ビッグベン，ギリシアの神殿，ピサの斜塔，タージマハル，東洋のパゴダなど，有名な建築が書き割りのように並ぶ。これは東京ディズニーランドを含む各地でつくられたが，わかりやすい

図3・82　東京ディズニーランドのイッツ・ア・スモール・ワールド
千葉，1983年

図3・83　つくばセンタービル
茨城，1983年，磯崎新

ようにそれぞれの建築の特徴を誇張し，形態を簡略化させていることで，建築を記号のような存在に変えている（図3・82）。

ヨーロッパにも，ポストモダンの波は押し寄せている。第一回ヴェネツィア・ビエンナーレ国際建築展（1980）は，パオロ・ポルトゲージがディレクターをつとめ，テーマは，「過去の現前」だった。そして80年代には，古典主義を全面的に採用したリカルド・ボフィルのアブラクサスの集合住宅(1983)や，シンケルの建築の平面を参照したジェームズ・スターリングのシュトゥットガルト美術館（1984）など，過去の建築を引用する作品が目立つようになった。

(3)　日本における権威の解体

日本では，磯崎新のつくばセンタービル（1983，図3・83）が，引用の集積のような建築として注目を集めた。ルドゥーの鋸状柱，ローマのカンピドリオ広場，交差ヴォールト風のフレーム，パラディオ風の窓，ギリシア神話の一場面，マリリン・モンローのボディラインの曲線など，彼好みの様々な要素を用いている。なお，同じ1983年には，東京ディズニーランドも開園した。ただし，こうした手法は，昔からなかったわけではない。ルネサンスの時代は，古代ローマの建築を引用している。しかし，これが古代への憧れや

図3・84　同世代の橋
神奈川，1985年，
石井和紘

図3・85　M2
東京，1991年，
隈研吾

デザインの正統化の意味をもっていたのに対し，ポストモダンでは，むしろ権威を解体するために，個人の恣意性にまかせて，雑多な分野から引用を行う。

もっとも過激に引用の手法を展開した日本の建築家は，石井和紘と隈研吾である。石井は，京都の三十三間堂や北京の天壇など，古今東西の様々な建築を引用したが，とくに同世代の橋(1986，図3・84)は，過去の建築ではなく，石山や毛綱など，仲間の作品をコラージュした。また隈研吾のM2(1991，図3・85）は，古典主義とロシア構成主義を脈絡なく併用している。中央に高くそびえる肥大化したイオニア式のオーダーは，柱の形態をもつが，何も支えることがない。内部はエレベーターのホールの吹き抜けである。つまり，かたちと内容を一致させる機能主義とは，まったく異なる思想が認められる。

3・2　プログラム論

(1)　形態と機能の断絶

産業革命がもたらした近代社会においては，宗教施設や宮殿ではなく，住宅，あるいは学校，図書館，美術館などの公共施設が建築家のとりくむべき問題となった。そして建築計画は，各施設の効率的な空間のつくり方を研究する学問として登場した。モダニズムにおける「形態は機能に従う」というルイス・サリヴァンの言葉も，こうした最適解が方程式のように導きだされるという考え方にもとづく。しかし，20世紀後半になると，近代批判を行うなかで，複雑な形態の操作を行うエリート的な形式論や，コミュニケーションを重視する大衆的な意味論などが登場したが，社会性を再び建築に導入し，形態と機能の関係を再考する議論も生まれた。用途に関する問題は，プログラム論と呼ばれる。

ベルナール・チュミは，パリの五月革命が起きた1968年に，カルチェ・ラタンの街路がバリケード化した事件や，現場の材料を拝借してゲリラ建築がつくられたことに衝撃を受け，空間の利用法に注目した。モノの機能は固定されていない。計画者によって一方的に与えられるのではなく，使用者によって新しい機能は発見される。ゆえに，彼は現代都市において形態と機能が断絶していると宣言した。そして機能主義にもとづかないディスプログラミングのデザインを提唱する。例えば，教会をボーリング場に転用するなど，意図されない用途に施設を変えてしまうこと。あるいは，プラネタリウムとジェットコースターの融合など，相いれない機能を合成すること。実際，彼はフランス国立図書館のコンペ案において，図書室の上にランニング場をのせるという意義をついた提案を試みている。

(2)　ラ・ヴィレット公園をめぐって

1984年，パリのラ・ヴィレット公園（図3・86）のコンペにおいて，チュミは一等に選ばれた。フォリーと呼ばれる赤いパヴィリオンは，用途とは関係なく，ロシア構成主義を参照した形態のバリエーションになっている。また全体の計画も，複数のプログラムのシステムを重ね合わせる手法を採用した。用途別に区画を分けるモダニズムのゾーニングとは異なる考え方である。

同じコンペにおけるオランダのレム・コールハースのコンペ落選案も，異なるプログラムを帯状に並べて配置するシステムを提案した。その結果，相互に関係ない機能が隣り合わせになる，偶発的な空間を生みだしている。

コールハースは設計事務所OMAを率いながら，挑発的な理論家として活躍した。主著の『錯乱のニューヨーク』（1978，図3・87）では，資本主義が高密度の都市を育成し，アールデコの時代にすでに反モダニズム的な摩天楼が登場したことを指摘する。そして高層ビルの内部に，オフィス，居住施設，飲食店，アスレチック・クラブなど，異なるプログラムが同居することを重視した。つまり，純粋なオフィスビルではなく，垂直方向に様々な機能が積み重ねられ，ひとつの建物に複数のビルディングタイプが混在する。彼は，実作においても，展示場，3つの会議場，ホールをひとつのヴォリュームに合成したリールのコングレスポ（1994）を手がけた。

1982年，ロンドンのAAスクールで彼に影響を受けたイラク出身の女性建築家ザハ・ハディドは，香港のザ・ピークのコンペ（図3・88）に勝利したが，山頂から大きく張りだした激しい造形だけではなく，プログラムの構成においても実験的な提案を行った。各層は異なるプログラムを配しながら，互いにそれらが交錯する。下層をアパート，上層をペントハウスとし，あいだにプール，スナック，図書室を含むクラブのプラットホームが浮かび，それらを様々なスロープがつなぐ。

図3・86　ラ・ヴィレット公園の模型
パリ，1984年，B.チュミ他

(3) 住宅と家族の形式

1990年代に入り，日本でも，プログラムの問題が本格的に議論されるようになった。しかし，特徴的なのは，山本理顕の作品が契機となり，戦後の家族像の解体とともに，住宅の新しい形式が注目されたことである。彼の岡山の住宅（1992）は，個室を外部空間に対し，むきだしに配置することで，〈社会―家族―個人〉という通常の接続を転倒させ，〈社会―個人―家族〉という新しい関係性を提示した。また熊本県営保田窪第一団地（1991，図3・89）では，この考え方を拡大し，各住戸を経由しないと中央の広場に入ることができない構成にすることで，〈社会―共有空間―家族〉ではなく，〈社会―家族―共有空間〉という形式を実現した。

こうした問題提起は，社会学者との議論を誘発したほかに，nLDKという住宅の表記形式に対する批判を促し，その原型となった公団の標準設計51C型，すなわち食寝分離やダイニング・キッチンをとり入れた2DKの家族像も注目されるようになった。もっとも，山本以前にも家族の新しい形式をとりあげた作品は存在する。黒沢隆の個室群住居（1968）は，機能単位の部屋を否定し，完結した個室群としての住宅を提案した。黒川紀章の「カプセル宣言」（1969）は，夫婦・親子という家族単位から個人単位の空間が連結す

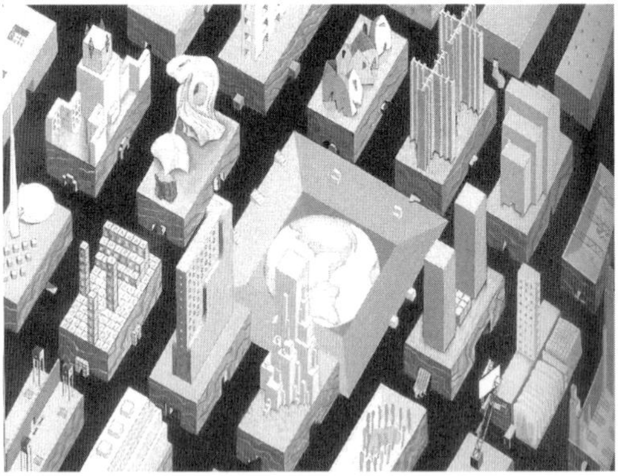

図3・87　「錯乱のニューヨーク」の挿絵
1978年，M.ヴリーゼンドープ

図3・88　ザ・ピーク・プロジェクト
香港，1982年，
Z.ハディド

るカプセル建築の時代を予言している。また伊東豊雄の東京遊牧少女の包（1985）は，わずかな装置さえ個室に備えておけば，独身女性が都市に浮遊するかのように生活できるヴィジョンをあらわした。

これらは形態と機能の断絶ではなく，むしろ両者の一致を前提にしたうえで，新しい社会の現実に対応した建築を模索している。チュミやコールハースの思想をより直接的に受け入れたのは，アトリエ・ワンらによる奇妙な複合施設のフィールドワーク，メイド・イン・トーキョー（1996-，図3・90）や，ペットアーキテクチャーのリサーチ・プロジェクトなど，1960年代以降の生まれの建築家だった。

3・3　都市再生プロジェクト

(1)　建築展の舞台としての都市

実際の建築群を展示して，新しい居住の方向性を示す近代のプロジェトとしては，シュトゥットガルトのヴァイセンホーフ・ジードルング（1927）や

図3・89　熊本県営保田窪第一団地
熊本，1991年，山本理顕

図3・90『メイド・イン・トーキョー』において発見された新宿の「パチンコ・カテドラル」
三つの別々の建物だが，あわせるとパリのノートル・ダム寺院風になっている。

図3・91　ベルリン国際建築展
ベルリン，1987年，A.ロッシ

ベルリンのインターバウ（1957）などが催された。これらの試みが過去の都市や周囲の環境と切り離されていたのに対し，1980年代には，歴史の連続性を意識した都市再生のプロジェクトが登場している。

1987年，ベルリン国際建築展（IBA，図3・91）が開催された。ヨーゼフ・パウル・クライフスらが推進し，O.M.ウンガース，ロブ・クリエ，スタンリー・タイガーマン，磯崎新など数多くの著名建築家が参加したものである。「住む場所のためのインナーシティ」をテーマに掲げ，当時，東西ベルリンを分断していた壁沿いのエリアに幾つもの集合住宅が建設された。かつてCIAMのめざした真新しい近代都市とは違い，歴史的な都市の構成を踏まえながら，多様なデザインを展開し，職住接近や住民の要求にも対応させたものである。それぞれに建築家の個性を発揮しつつ，矩形の街区を囲い，中庭を公園とするブロック型の集合住宅や，ヴィラ型の集合住宅など，都市建築のタイポロジーに従って建設された。IBAでは，新築だけではなく，保存部門も含んでおり，例えば，クロイツベルク地区では既存の建物の改修や用途変更を試みている。

(2)　パリのグラン・プロジェ

1989年の革命200周年を記念すべく，ミッテラン大統領は国家的なプロジェクトとしてパリにおいてグラン・プロジェを推進した。その結果，I.M.ペイによるガラスのピラミッドを中庭に挿入したルーヴル美術館（図3・90），長く放置されていた鉄道駅（1900）を改造したガエ・アウレンティによるオルセー美術館，カルロス・オットによる新オペラ座，ボルジャ・ユイドブロとポール・シュトフによるセーヌ川に大きく張りだす新大蔵省，家畜市場跡のラ・ヴィレット公園などが誕生した。グラン・プロジェは，コンペによる国外の建築家の選定，デザインの是非をめぐる論争などで注目を集め，新しい観光名所にもなっている。また新築だけではなく，既存の構造体をリノベーションしたプロジェクトを含むことも興味深い。

またパリ北西の郊外に新都心の業務地区として，ラ・デファンスが整備されていたが，1989年にヨハン・オット・スプレッケルセンによる新凱旋門のグラン・アルシュ（図3・93）が登場した。一辺105mの立方体の内部をくり抜いた巨大なゲートになっており，ルーヴルや凱旋門から続く都市の軸線を受けとめることで，過去と未来をつなぐデザインを提示している。EC統合を目前にして，パリではモニュメント的な都市空間を再編成した。

図3・92　ルーヴル美術館のピラミッド
パリ，1989年，I.M.ペイ

図3・93　グラン・アルシュ
パリ，1989年，
J.O.スプレッケルセン＆
P.アンドリュー

他にも1980年代では，ロンドンのコヴェント・ガーデンやドックランド，ニューヨークのバッテリー・パーク・シティやワールド・ファイナンシャル・センターなどの再開発が行われた。オランダのグロニンヘンでも，ジョルジ・グラッシの市立図書館，コープ・ヒンメルブラウの市立美術館を建設したほか，ディコンストラクティヴィズムの建築家によるフォリー群を実現した展覧会を開催した。都市が実験的な建築のショーケースになったのである。

(3)　九州の建築博覧会

熊本では，ベルリンのIBAに触発され，細川護熙知事が，1988年にくまもとアートポリスを開始した。磯崎新が初代コミッショナーとなり，県内の公共事業に新しい世代の建築家が積極的に登用された。これは連続した街並みを形成するわけではないが，ツボを刺激するように，点のネットワークを広域にはりめぐらすプロジェクトである。

くまもとアートポリスでは，篠原一男の熊本北警察署（1990），葉祥栄の三角港フェリーターミナル（1990，図3・94），妹島和世の再春館製薬女子寮（1991），トム・ヘネガンらの熊本県草地畜産研究所（1992）など，次々に話題作が竣工し，建築博覧会というべき景観を生みだした。坂本一成，長谷川逸子，松永安光らによる託麻団地（1994）では，中央をプロムナードが貫き，それぞれの住棟を混在させている。熊本型の手法としては，クリエイティブTOWN岡山や白石メディアポリスが続いた。

福岡シーサイドももち住宅環境展では，アジア太平洋博（1989）の一部として集合住宅，店舗，銀行を含む街区が建設された。宮脇檀らが全体計画を担当し，出江寛，タイガーマンらが参加している。独立住宅の街区では，形態や材料のデザイン・コードが決められた。同年，横浜でも，大高正人が会場計画をつとめた地方博にあわせて，みなとみらい21の都市づくりのための環境整備を進めている。

図3・94　熊本県三角港フェリーターミナル
1990年，葉祥栄

磯崎新がプロデューサーをつとめた福岡のネクサスワールド（1991）は，国内外の建築家6人を招聘し，民間の集合住宅による街並みの創出をめざした。クリスチャン・ド・ポルザンパルク，石山修武，スティーヴン・ホール，マーク・マック，レム・コールハース，ヨーロッパの形式を持ち込んだオスカー・トゥスケ（図3・95）が，多様な住まい方を提供している。同プロジェクトでは，公開空地を設けて広い街路をつくることや，壁面とスカイラインによる統一感を意識し，建築家が互いに調整しながら，各棟がデザインされた。

図3・95　ネクサスワールド，オスカー・トゥスケ棟
福岡，日本，1991年，磯崎新（コーディネーター）

3・4　ディコンストラクティヴィズム

(1)　MoMAの展覧会

1988年，ニューヨーク近代美術館（MoMA）において「ディコンストラクティヴィズム・アーキテクチャー」展が開催された。これまでの建築が安定した調和のある形態をめざしたのに対し，80年代に顕著になった激しく歪んだデザインの新しい潮流に焦点をあてたものである。フィリップ・ジョンソンの仕かけによって，フランク・ゲーリー，ダニエル・リベスキンド，レム・コールハース，ピーター・アイゼンマン，ザハ・ハディド，コープ・ヒンメルブラウ，ベルナール・チュミら，7人の建築家のプロジェクトが紹介された。

「ディコンストラクティヴィズム（脱構築主義）」という言葉は，形式化の徹底による自己解体の思想，すなわち解読をつきつめることで意味をずらしながら，哲学を転倒させるフランスの哲学者ジャック・デリダの脱構築の理論から採用されている。実際，アイゼンマンやチュミは，こうした現代思想を好んで参照し，建築論に発展させた。また同展の企画に関わったマーク・ウィグリーは，やはり傾いた斜めの造形を展開したロシア構成主義の隔世遺伝として解釈している。ハディドも，20世紀初頭のシュプレマティストからの影響を隠さない。いずれにしろ，モダニズムが美しく調和したユートピアを求め，機械を建築のモデルとみなしたのに対し，ディコンストラクティヴィズムは環境や都市問題など，世紀末を控え，混乱した世界観を反映した造形としても考えられる。

(2)　フランク・ゲーリーの過激な造形

この展覧会以降，ディコンストラクティヴィズムという呼び方は定着したが，必ずしも統一的な建築運動ではなく，異なる系譜が混ざっている。フォルマリズムを追求したホワイト派のアイゼンマン，イギリスのAAスクールの流れを汲んで，プログラムの問題から過激な形態を生成させる，チュミ，コールハース，ハディド，そして現代美術に影響を受けたゲーリー，コープ・ヒンメルブラウ，リベスキンド。また展覧会には直接参加していないが，同展のカタログでは，幾何学的な形態操作を行う藤井博巳も紹介された。

アメリカのゲーリーは，金網など安価な工業素材を効果的に用いる建築家として，1970年代に登場した。代表作の自邸（図3・96）は，波型亜鉛鉄板，金網，合板などによって，ねじれたバリケードを築くように，古い家屋を包み込む増改築である。1980年代には，ロヨラ大学法学部のキャンパスなど，

図3・96　ゲーリー自邸
サンタモニカ，
F.O. ゲーリー

図3・97　ヴィトラ消防署
ヴァルム・アム・ライン，
1993年，Z. ハディド

様々なオブジェ的造形を敷地にばらまくようなデザインを行う。彼はしばしば魚のモチーフを直接的に建築に導入するが，そうしたユーモラスなデザインはディコンストラクティヴィズムや歴史主義的なポストモダンと一線を画している。そして90年代以降は，ヴィトラ･デザイン･ミュージアム（1989）を皮切りに，ばらばらの各要素を融合し，大きく連続的にうねるひとつの不整形なオブジェを指向した。

⑶　各国における展開

コープ・ヒンメルブラウは，シュルレアリスムの自動筆記のごとく，目を閉じてスケッチを描くなど，偶然性や無意識をとりこんだデザインを行う。ルーフトップ・リモデリング（1989，図3・98）は，ウィーンの伝統的な街区の屋上にメカニックな虫型の機械を連想させる施設を増築したものである。同じウィーンでは，ギュンター･ドメニクも，ステンレスのカーテンウォールが押しつぶされたような中央銀行（1979，図3・99）など，歪んだ造形を試みていた。

アメリカでは，ほかにも壁が崩れ落ちたファサードをもつサイトのベスト社ショールーム（1978）や，破裂した高架道路のようなアシンプトートのスティール・クラウド(1988)など，不安定なデザインが登場している。またメ

図3・98　ルーフトップ・リモデリング
ウィーン，1989年，
C.ヒンメルブラウ

図3・99　中央銀行
ウィーン，1979年，
G.ドメニク

図3・100　フェデレーション・スクエア
メルボルン，2001年，
Labアーキテクチャー・スタジオ

ルボルンでは，デントン・コーカー・マーシャルのエキビジョン・センター（1996）や，リベスキンドの強い影響を受けたフェデレーション・スクエア（2001，図3・100）など，ディコンストラクティヴィズム的な造形が一過性の流行では終わらず，定着している。

当初，ディコンストラクティヴィズムの理論は，難解過ぎて広く受け入れられることはなかった。また過激な形態ゆえに，寡作になると思われていたが，ゲーリー，ハディド，リベスキンド，コールハース，コープ・ヒンメルブラウらは，作風を変えながら，21世紀には各地で大型のプロジェクトを抱え，世界的に活躍するようになった。

3・5　バブル経済と外国人建築家

(1)　バブル経済が加速させたポストモダン

1980年代の後半，日本では過剰な投機によって株や土地の資産価値が高騰し，好景気を迎えた。その結果，都市部やリゾートの開発が促進され，地上げが横行し，建築もそうした波に飲み込まれた。バブル経済は1990年代の初頭まで続いたが，これはポストモダン建築が一気に花開いた時代でもある。

大きな傾向としては，それまでの内向的な建築から，外部に開き，都市と関与するデザインに移行した。伊東豊雄は作風を変え，軽やかなヴォールト屋根を架けた自邸，シルバーハット（1984）を手がけた。早川邦彦のアトリウム（1985）は，パステル調のカラフルな演劇的空間の中庭を共有する集合住宅である。高崎正治の結晶のいろ（1987）は，巨大な白い卵のようなヴォリュームをもつ彫刻的な建築だった。しかし，わずか二年で解体され，東京のバブル経済がもたらす風景の変化の速度を象徴する結果となった。

経済の活性化に刺激され，個性的な商業施設も多く登場した。高松伸は，メタリックな装飾をもつ店舗を手がけ，とくに行灯のように光る四本の塔をもつキリンプラザ大阪（1987, 図３・101）は繁華街のランドマークとなった。北川原温のRISE（1986）は，布をたらしたような皮膜のデザインを内外に与え，渋谷の街を彩る華かな建築として登場した。槇文彦のスパイラル（1985）は，都市の文脈を読み取りながら，複雑なファサードを構成している。一方，そうした文脈がない臨海部に出現した原広司のヤマトインターナショナル（1987，図３・102）は，多様な要素を反復したり，重ね合わせることで，複雑な様相のデザインを獲得した。

当時の公共施設に目を転じても，野武士の世代の建築家が個性を競いあい，装飾性や物語性を投入した重要な作品を生みだした。石山修武の伊豆の長八美術館（1984），毛綱毅曠の釧路市湿原展望資料館（1984），木島安史の球泉

図３・101　キリンプラザ大阪
大阪，1987年，高松伸

図３・102　ヤマトインターナショナル
大阪，1987年，原広司

図３・103　湘南台文化センター
神奈川，1989年，長谷川逸子

洞森林館（1984），長谷川逸子がコンペで勝ちとった藤沢市湘南台文化センター（1989，図３･103），そして六角鬼丈の東京武道館（1990）などである。

⑵　外国人建築家の到来

バブル経済の余波は，海外の建築家やデザイナーを積極的に起用する気運をもたらした。その結果，アメリカ，イギリス，フランス，イタリア，オーストリア，ハンガリーなど，各国の建築家が日本でプロジェクトを手がける。明治時代はお雇い外国人を招いたり，本国から一時避難するようにライトやタウトが滞在したこともあったが，万博のパヴィリオンや大使館などの仕事

図３・104　布谷ビル
東京，1992年，
P.アイゼンマン
＋北山孝二郎

図３・105　アサヒビール・スーパードライホール
東京，1989年，P.スタルク
＋野沢誠

を除けば，外国人建築家の仕事は決して多くなかった。しかし，このときは民間が主導して，マリオ・ボッタやリチャード・ロジャースなど，世界的に有名なポストモダンの建築家が次々と来日したのである。

ピーター・アイゼンマンは，全体が傾き，断層によってあちこちでズレが生じる布谷ビル（1992，図3・104）を，アルド・ロッシは福岡に古典主義を抽象化したホテル・イル・パラッツオ（1990）を設計した。寡作の建築家だったが，日本において自由にできる仕事のチャンスを得たのである。こうしたプロジェクトでは，場所性を意識するよりも，建築家の個性を最大限に発揮した。デザイナーのフリップ･スタルクは,炎をモチーフとしたオブジェをのせたスーパードライホール（1989，図3・105）を手がけた。スケッチがそのまま巨大化したような，およそ建築らしくないデザインも実現したのである。そして1996年，ラファエル・ヴィニオリは，最大の代表作である東京国際フォーラムを異国において完成させた。

(3)　ポストモダンの普及

丹下健三の東京都庁舎（1991，図3・106）は，万博後にしばらく海外の仕事に重心を置いていたモダニズムの巨匠が国内の大事業に返り咲くプロジェクトになった。これは集積回路をイメージした装飾やゴシックの大聖堂を思わせるシルエットをもち，彼がポストモダンのデザインに移行したことを示した。

一方で，ポストモダンの弊害も起きた。建築史の中川理が批判した公共施設の「ディズニーランダゼイション」である。かぐや姫のかたちをした電話ボックス，カッパの交番，土偶の駅舎など，地域の伝説や名物に依拠し，直接的かつ具象的なデザインが行われた。建築家によるモダニズムが機能不全となり，公共施設が市民に親しまれるために，ディズニーランド的な手法を採用したのだが，そのデザインは安易なものが多

図3・106　東京都庁舎
東京，1991年，丹下健三

い。

バブル経済に浮かれた時代と重なりながらも，内藤廣の海の博物館（1992）は，じっくりと時間をかけて設計された。大胆な構造と繊細な装飾が共存して，地に根づいた密度の高いデザインになっている。

3・6　社会主義国と1989年

(1)　ソ連と中国

ソ連では，1930年代以降，社会主義リアリズムと呼ばれる古典主義にもとづくデザインが採用され，モニュメンタルな都市景観を形成した。資本主義国が経済原理にゆだねて，モダニズムの高層ビルと商業空間を拡張させたのとは対照的である。とくに1950年代の初頭には，アメリカと対抗すべく，レネ・ルドルフのモスクワ大学（1952，図1・139）など，スターリン・デコと称された7つの高層建築群がモスクワに出現している。また社会主義国の技術協力の結果，ヴィクトル・アンドレーエフの設計により，星のある尖塔を中央にもつ類似したデザインの展覧館が北京や上海につくられた。こうした尖塔形式は，ワルシャワの芸術文化宮殿やウランバートルの外務省などにも認められる。フルシチョフの時代には，コンクリート・パネルによる合理的なプレハブの集合住宅が量産された。

1980年代の後半，国内で力を発揮できないソ連の建築家は，精密かつ幻想的なドローイングを描くデザインによって，数々のアイデア・コンペをにぎわせ，「ペーパーアーキテクチャー」（図3・107）と呼ばれた。

またモスクワでは救世主キリスト大聖堂（図3・108）が，1931年にソビエトパレスの建設のために，ダイナマイトで爆破されていたが，ソ連崩壊後に再建された。

毛沢東が指導した中国では，新しい政治体制を象徴する天安門広場を整備し，新国家成立の10周年を記念して，1959年に10の巨大建築を北京に完成させた。天安門広場に面した人民大会堂や中国歴史革命博物館などである。国家的なプロジェクトとして建設事業が進められたのである。文化革命の期間は，歴史的建造物が危機に瀕した。その後，1977年には北京市建築設計研

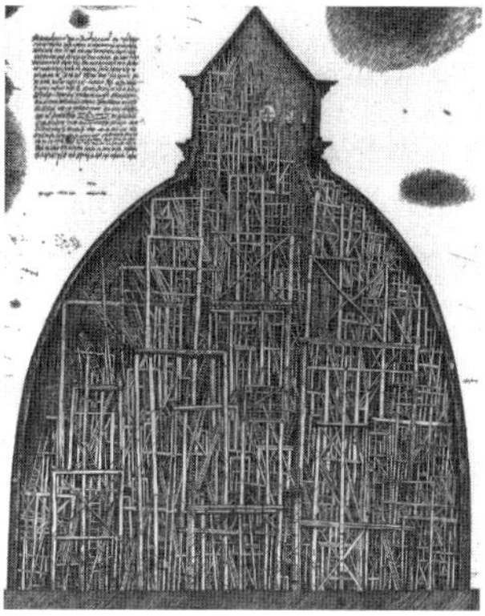

図3・107　ペーパー・アーキテクチャーの一例「ドーム」

図3・108　救世主キリスト大聖堂
モスクワ，2000年

究院による毛主席記念堂が竣工し，紫禁城から天安門広場に続く軸線を受け止めることで，政治的な都市空間を生みだした。しかし，1989年にこの一帯は民主化を求めるデモ隊と軍が衝突する天安門事件の舞台になる。そして1990年代以降，中国は経済成長を受けて，ポストモダンのスタイルのビルが次々と建てられることになった。

(2)　平壌の都市改造

北朝鮮も中国と同様，当初はソ連の影響を受けて，古典主義の建築がつくられた。しかし，1960年代からは，平壌大劇場や玉流館など，瓦屋根をのせた伝統的な様式を模索する。1980年代は，平壌の都市改造が行われた。例えば，金日成の70歳の誕生日を記念して，大同江と金日成広場（図3・

図3・109　金日成広場
平壌，1954

図３・110　人民宮殿
ブカレスト，A. ペテレスク

109）を挟んで対峙する主体思想塔と人民大学習堂のほか，凱旋門が誕生している。これらのコンペでは，主体思想にもとづき「建築芸術論」(1991) も執筆している金正日が自ら優秀案を選ぶ。つまり，権力者の直接的な意志によって，整然とした公の都市空間がつくられている。また1988年のソウル・オリンピックに対抗して，北朝鮮は1989年に青年学生祭典を開始し，各種の運動施設が並ぶ通りが整備されている。そして韓国の高層ビルをしのぐ300mのピラミッド型の柳京ホテルが計画された。

(3)　政治と建築

ルーマニアでは，ニコラエ・チャウセスク大統領の肝いりで人民宮殿（図３・110）の建設が行われた。1980年にアンカ・ペテレスクが設計者に選ば

図３・111　ベルリンの壁
ベルリン

れたものの，当初の近代的なデザインの変更を迫られ，巨大な古典主義の風貌をもつことになる。だが，国民が貧困にあえぐなか，贅沢を尽くした宮殿の建設はチャウセスクへの憎しみをあおり，1989年12月，ルーマニア革命で失脚し，処刑された。

1961年以降の東西を分断していたベルリンの壁（図3・111）は1989年にとり壊された。その後，老朽化などを理由として，旧東ドイツ時代の建築がとり壊されている。もっとも，旧体制のシンボルだったベルリンの共和国宮殿は，解体されるにあたり，市民や建築家を巻き込んで，様々な議論が起き，社会主義時代の記憶を残すべきという意見も提出された。

第4章　1990年代以降のグローバル化

4・1　ミニマリズムへの回帰

(1)　透明なミニマリズム

ポストモダンの建築は，1960年代に始まり，80年代に世界的な潮流になり，日本では，バブル経済の時期と重なった。ポストモダンからの転回点としては，無名のドミニク・ペローが勝利した1989年のパリ国立図書館（図3・110）のコンペが挙げられる。これは建築の姿をほとんど基壇の下に隠し，四本のガラスの塔のみが目立つ。彼は，表現の要素を減らすミニマリズムのアートからも強い影響を受けていた。パリ国立図書館は，モダニズムに回帰したかのような装飾を排除した透明なガラスのモニュメントである。

1995年，ニューヨーク近代美術館（MoMA）では，キュレータのテレンス・ライリーにより「ライト・コンストラクション」展が開催された。彼は「透明性」の概念に注目し，過激な形態や装飾から撤退する建築の動向を提示し，槇文彦，伊東豊雄，妹島和世らも紹介されている。

図3・112　パリ国立図書館
パリ，1994年，D.ペロー

(2)　日本の軽やかな建築

日本でも，伊東豊雄とその門下生を軸として，軽い建築の潮流が顕著となった。彼の八代市博物館（1991）は，建築のヴォリュームを丘に埋めるとともに，軽やかな屋根を用いている。そして，せんだいメディアテーク（2000，図3・113）では，シンプルな箱型をおおうガラスの透明性，うねるチューブ，薄いスラブによって，情報化時代の新しい公共空間を追求した。山本理顕は，公立はこだて未来大学（2000）など，デザインだけではなく，建設や社会のシステムとしての透明性にもこだわる。

ポストモダン建築がモダニズムの単純性を批判し，あからさまな複雑性をめざしたのに対し，90年代以降は，単純でありながら，複雑かつ多様なデザインを試みている。伊東事務所出身の妹島と西澤立衛によるSANAAは，ガラスの空間に回帰しつつ，透明性の操作にこだわり，微妙な調整や幾何学的なパターンによって，視覚的な効果を追求した。またSANAAは，図式的なダイアグラムによって，建築の形式を大胆に刷新した。マルチメディア工房（1996）では，ランドスケープと一体化させ，エントランスを兼ねる屋上を提示する。金沢21世紀美術館（2004，図3・114）は，大きな円のプランに複数のエントランスを設けることで，空間の表や裏が発生することを避

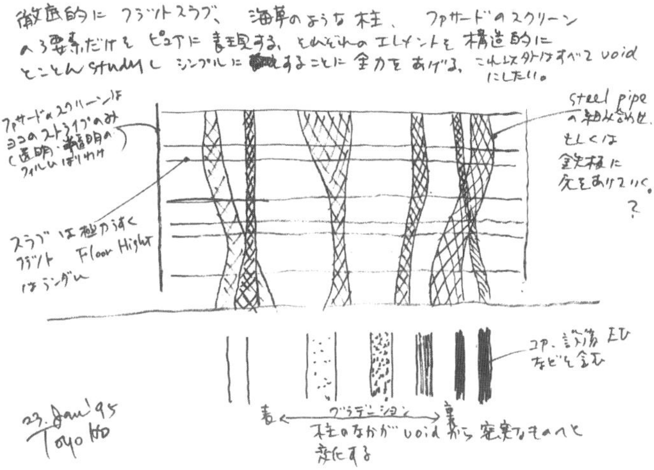

図3・113　せんだいメディアテーク初期スケッチ
伊東豊雄

図３・114　金沢 21 世紀美術館の平面図
石川，2004 年，SANAA

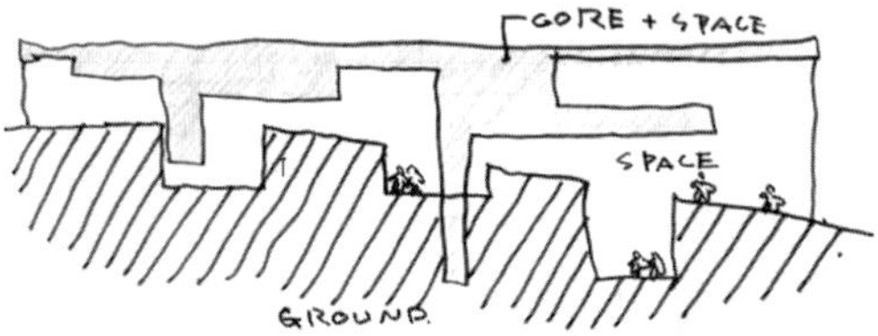

図３・115　青森県立美術館のドローイング
青木淳

けた。そして順路に従って，細長い展示室が続くのではなく，細切れになった直方体の展示室，正方形の中庭，大きな通路が，等価に混在するプランをもつ。

青木淳は，知的なデザインを展開した。ルイ・ヴィトン名古屋（1999）では，インテリアをいじれないことを逆手にとって，特殊な視覚効果を生むオプアート的な表現を導入し，ガラス面と壁にプリントされた二重の市松模様のパターンが干渉作用をおこすファサードを提案している。これはファッション・ブランドが独立路面店に建築家を積極的に起用する重要な契機となった。青森県立美術館（2006，図３・115）は，三内丸山遺跡が近接することに着想を得て，地面を掘り込み，タタキの展示室をつくり，その上部に凸凹の構造体をかぶせた。すなわち，土の展示室と白いヴォリュームのあいだに複雑な空間が発生する。

(3)　オランダとスイスの新しい風

オランダは1980年代後半の奇跡的な経済復興を成し遂げ，1990年代は，OMAから独立したコールハースの子供たちの世代が，建設ブームにのって活躍を始めた。

設計集団MVRDVは，コンピュータを用いた形態の操作により，与条件を満たしつつ，思いもよらぬデザインを導く。外観を整えるよりも，データやプログラムをそのまま形態化するからだ。アムステルダム郊外の高齢者用の集合住宅（1997，図3・116）では，法規制のために，計画された100戸のうち87戸しか収容できないことを直接的にヴォリュームに変換し，残り13戸を壁面から大きく張りだす。MVRDVのハノーバー万博のオランダ館（2000）は，木や花畑など，8種類の異なるランドスケープの世界を積層させた建築である。オランダの場合，ウエスト8やUNスタジオなど，高密度にプログラムを詰め込むデザインや人工的なランドスケープの傾向が認められる。

スイスからはミニマリズムの風が吹いた。ピーター・ズントー（図3・117）

図3・116　WOZOCO
アムステルダム，
1997年，MVRDV

図3・117　テルメ・ヴァルス
ヴァルス，1996年，
P.ズントー

やギゴン＆ゴヤー（図3・118），ディーナー＆ディーナーなど，単純な直方体を使いながら，それを包む表層の素材の特性や開口部の細かい操作を生かしたデザインが展開される。その背景としては，マリオ・ボッタらのテッシン派や，ETH（スイス連邦工科大学チューリッヒ）で教鞭をとり，単純な形態による自律的な建築を提唱したアルド・ロッシの影響も大きい。

図3・118　具象美術の空間
ギゴン＆ゴヤー，
2003年，ムーマン・
サルトゥー

ヘルツォーク＆ド・ムーロンは，スイスのミニマリズムの代表的な建築家である。彼らのバーゼルのシグナル・ボックス（1995，図3・119）は，箱型の信号所だが，内部の電子器機と外部の環境が影響しあうことを避けるシールドとして，幅20cmの銅の帯を建物の全体に巻く。その結果，無表情になりがちな施設が，オブジェになった。銅の皮膜は，建物の見えない性格も可視化している。リコラのヨーロッパ社の工場と倉庫（1993）は，箱型の建物の前面から庇が大きくはりだす。そして木の葉のイメージをシルクスクリーンで半透明のパネルに印刷し，入れ墨のような薄い皮膜のファサードは光も通過する。彼らは，具象的な写真を無数に反復することで，デジタルの時代の新しい装飾を提示した。

図3・119　シグナル・ボックス
バーゼル，ヘルツォーク＆ド・ムーロン

4・2　1995年以降の建築

(1)　ポスト震災の空間

1995年1月の阪神淡路大震災は，日本の現代建築の流れに影響を与えた。

ポストモダンの興隆はバブルの時代と同期していたために，経済の失速とともに，その熱も冷める。震災後の悲劇的な風景は，ディコンストラクティヴィズムの建築にとどめをさした。瓦礫の街に，激しく傾き，崩れ落ちた建築が出現したことにより，難解な理論を振りかざして地震をメタファーとするようなデザインが不謹慎なものに見えてしまったからだ。こうした批判は必ずしも本質的なものではなかったが，時代の気分として，派手な建築の一掃にバブル経済の崩壊や震災が利用されたといえる。以降，複雑な造形のデザインから透明でシンプルなモダニズムへの回帰が決定的になった。

日本における1995年以降のデザインの変化をもっとも明快に示したのは，隈研吾である。彼は，過去の様式を引用するポストモダンの建築家としてデビューしたが，ミニマルなデザインによって，木や竹を用いながら，日本的な空間を表現するようになった。隈による馬頭町の広重美術館（2000，図3・120）は，繊細な杉の細いルーバーが全体をおおう。伝統的な木造ではないが，バーコードのようにデジタル処理された木の建築である。

図3・120　馬頭町広重美術館
栃木，2000年，隈研吾

(2) 1960年代生まれのユニット派

1960年代以降生まれの日本人建築家は，社会に出ようとしたときにバブルが崩壊し，仕事がなくなり，梯子を外された。その結果，アトリエ・ワンやみかんぐみは，個人名を強調した英雄的な建築家像を追求するよりも，複数のメンバーが共同して設計を行うスタイルを好む。こうした組織のあり方からユニット派と呼ばれた。彼らはコンセプトを誇示する劇的なポストモダンを嫌い，都市の現実を観察し，日常の延長から設計の手法を練る。みかんぐみは，普通であることや，非作家性のデザインを提唱した。アトリエ・ワン（図3・122）は，様々なフィールドワークから設計の手法を導いた。大規模な都市再開発は，ゼネコンや海外の有名建築家に独占されている。上の世代とは違い，公共施設や商業ビルの仕事もないために，都心回帰の気運に乗じて需要が増えた狭小住宅の仕事を手がけた。SANAAの西澤立衛は，森山邸（2006，図3・121）において，小さなヴォリュームの分棟形式により，路地的な空間のある住宅の風景をつくりだした。

ユニット派の世代は，スクラップ・アンド・ビルトに加担するよりも，都市のストックを活用するリノベーションに注目した。宮本佳明は，阪神大震災によって全壊判定を受けた宝塚の自邸を改造し，ゼンカイハウス（1997，図3・122）として再生させた。生まれ育った古い家屋の雰囲気を維持しつつ補強するために，ギブスのように鉄骨のフレームが挿入された住宅である。

図3・121　森山邸
東京，2005年，西沢立衛

図3・122　ミニ・ハウス
東京，1999年，アトリエ・ワン

図3・123　ゼンカイハウス
兵庫，1997年，宮本佳明

彼は，1996年のヴェネツィア・ビエンナーレ国際建築展の日本館に震災の瓦礫を持ち込み，金獅子賞を獲得した。またみかんぐみは団地再生計画などを通じて，戦後の近代的な都市空間をむやみに否定せず，その魅力を再発見する方法を提示した。新しい世代は，美術関係のイベントや国内外の展覧会にも積極的に関与し，建築以外の現場にも活動の拠点を広げている。こうした多彩な活動は，バブルの崩壊後に，建築家が生き残るための戦略でもあった。

4・3　情報化とコンピュータ

(1)　コンピュータは建築を殺すのか

世界初のデジタル・コンピュータは，弾道を計算するために，1946年に登場した。計算結果を表示するグラフィック・ディスプレイを獲得したのは，1958年である。建築界では，1960年代から超高層ビルや東京駅の高層化など，特殊な大型のプロジェクトにおいてコンピュータが使われた。1990年代を迎えると，一般的なデザインの現場にもコンピュータが本格的に導入された。当時，誰でも設計できるプログラムが普及したり，すべての空間が多様なイメージを提供する情報端末になれば，もはや建築家やデザインが不要になるといった極端な議論も行われている。かつてヴィクトル・ユゴーが書物は大聖堂を殺すと述べたように，コンピューターは芸術的な建築を無効にするとみなされた。

一方，新しい空間のフロンティアとして，コンピュータのなかのサイバースペースが注目された。単に図面を描くのではなく，グラフィック・ユーザー・インターフェイス（GUI）が具体化し，画面上で立体を自由に変形できるからだ。その結果，デジタル表現主義というべき有機的な造形をもち，アニメーションのように動く建築が構想される。こうした傾向は，IT化の著しいアメリカが牽引した。アメリカのグレッグ・リンは,形態が成長する規則を設定し，環境の条件を与え，自動的にデザインが進行するプログラムを開発した（図3・124）。

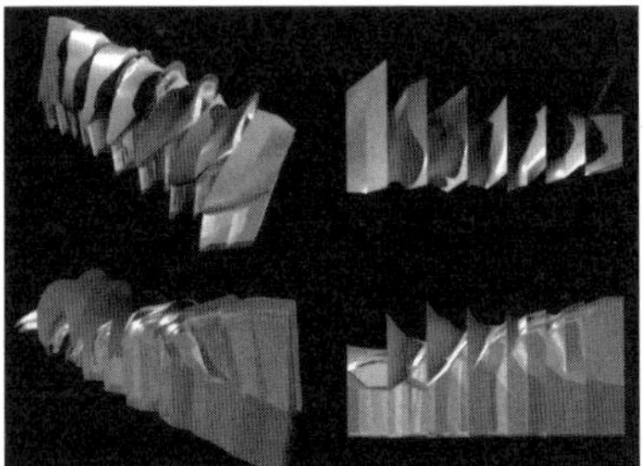

図3・124　H2ハウス計画
ウィーン，1996年，
G.リン

渡辺誠は，コンピュータによる自動生成のプログラムを設計の補助に活用した。地下鉄飯田橋駅（2000，図3・125）では，地中から種が発芽し，根や葉が成長するかのように，天井に沿って緑色のウェブ・フレームが展開する建築をシミュレーションによって決定した。コンピュータは，アルゴリズム的なデザイン手法への興味をもたらす。

(2)　情報化する表層

1990年代後半は，現実の環境と情報の環境を結ぶ試みがあらわれた。アメリカのアシンプトートによるニューヨーク証券取引所のヴァーチャル・マーケット・ホールは，部屋に配置されたモニターを使い，三次元的に可視化された経済のデータを確認できるだけではなく，実際の空間のナビゲーションも行う。彼らは証券取引所の室内環境も設計し，現実と仮想の空間をつなぎ，建築家の新しい職能を示している。フランスのペリフェリックによるトータル・メディア・タワー博物館のプロジェクトは，内外にメディアのスクリーンをもつ。またオランダのNOXによる淡水のパヴィリオン(1997，図3・126)は，流体のようなチューブ状の空間において，来訪者の動きに反応する映像のプロジェクションを行う。

SF映画『ブレードランナー』(1982)の未来都市では，イメージが氾濫する風景においてサインと建築が融合する。そして明快なかたちよりも，大きなスクリーンをもつ情報発信する表層のデザインが注目された。情報化時代の建築のイメージは，動画に限られるものではない。例えば，石田敏明の小鮒刺繍店は，ガラス面に文字がプリントされ，デスクトップ上のエディトリ

図3・125　地下鉄飯田橋駅
東京，2000年，渡辺誠

図3・126　淡水のパヴィリオン
ロッテルダム，1997年，NOX

アル・デザインのようだ。ポストモダンのグラフィックが看板の建築化だとすれば，イメージが重なり，透過度の高いデザインは，コンピュータのスクリーンを模倣したものといえる。

(3)　新しい構造と装飾

コンピュータの導入は，デザインそのものに変化をもたらした。

模型と手描きの図面による設計に比べて，コンピュータは複雑な造形をつくることを容易にした。foaの横浜港大さん橋国際客船ターミナル（図3・127)は，生物の身体をCTスキャンしたかのような有機的な断面が連続する。その結果，大きくうねるランドスケープのような建築が実現した。コンピュータにより，自然や地形が模倣されるようになったのである。また従来は構造が全体のフレームを決定し，その後に装飾が付加されたのに対し，計算技術の進化によって，構造そのものが装飾的な効果をもつデザインが注目された。伊東豊雄のトッズ表参道ビルは，街路のケヤキ並木を意識した木のパターンを重ねたかたちがコンクリートの構造体となり，その隙間をガラスで埋めながら，ビル全体を包む。構造と装飾が一体化し，骨組と皮膚，あるいは抽象と具象の二分法を揺るがした。

フランク・ゲーリーのビルバオ・グッゲンハイム美術館（図3・128）のデザインでは，航空宇宙工学で用いられる3次元CADソフト（CATIA）が活用された。過激な造形の模型を立体的にスキャンしたデータをもとに設

図3・127　横浜港大桟橋国際客船ターミナル
神奈川，2002年，foa

図3・128　ビルバオ・グッゲンハイム美術館
ビルバオ，1998年，F.O.ゲーリー

図3・129　せんだいメディアテーク設計案
1995年，古谷誠章

計を進めるだけではなく，コンピュータと素材の加工のプロセスを連動させる。

せんだいメディアテークのコンペにおける古谷誠章の落選案（1995, 図3・129）は，プログラムのレベルにおいて新しい空間の可能性を提示した。これは図書館の本を分類番号に従い，決まった場所に置くことをやめ，館内のあちこちに独自の偏りが生じる書籍の分布を促進する。その代わりに，利用者が情報機器を使うことで，常に移動する書籍の位置を検索する。またネット環境の普及によって，遠隔地の共同作業や仕事分担，そして複数の建築家によるユニットの活動が世界的に増加した。

4・4　9.11と悲劇の記憶

(1)　9.11が問うアイデンティティ

2001年9月11日，同時多発テロにより，世界貿易センタービル（1976，図3・130）が倒壊した。ニューヨークのランドマークに航空機が衝突し，ツインタワーが劇的に崩れ落ちる映像が流されたことで，世界史の記憶に残る建築となった。世界貿易センタービルは，日系のアメリカ人建築家のミノル・ヤマサキが設計したものである。彼は，シェル構造のセント・ルイス空港（1956）で注目されたが，後に本人の出自を意識して，非西洋圏のデザインの重要性を説く。とくにモダニズムにやわらかい感性やロマンティックな雰囲気を導入すべく，シアトルのアメリカ科学館（1962）やサウジアラビアのプロジェクトなどで尖頭アーチを多用した。世界貿易センタービルも，柱やエレベータを減らし，合理的なオフィス空間を実現する一方，垂直線を強調しつつ，頂部と足元において尖頭アーチをほうふつさせる意匠を使う。ヤマサキは西洋と東洋をまたぐアイデンティティを模索していた。

跡地をめぐっては，非再建案も含め，多くの建築家を巻き込み，白熱した議論が起きた。2003年の再開発のコンペでは，ユダヤ人建築家のダニエル・

図3・130　世界貿易センタービル
ニューヨーク，1973年，
M.ヤマサキ

図3・131　ユダヤ博物館
ベルリン，2001年，
D.リベスキンド

図3・132　ホロコースト・メモリアル
ベルリン，2005年，
P.アイゼンマン

リベスキンドが設計者に選ばれた。彼の案は，アメリカの独立年と同じ1776フィートの高さをもち，自由の女神をイメージしたシルエットを建築の構成に与えながら，ビルの跡地を保存し，9月11日になると，光であふれるV字型の広場をもうけた。21世紀最初の悲劇を記憶するプロジェクトとして評価されたが，その後，計画は大きな変更を余儀なくされている。

(2)　記憶のランドスケープ

2001年9月11日は，奇しくもリベスキンドの出世作であるベルリンのユダヤ博物館（1999，図3・131）の正式なオープニングだった。ユダヤの苦難の歴史を連想させる，激しく歪む造形や，無数の傷のような壁の開口部。

図3・133　ヴェトナム戦争戦没者メモリアル
ワシントン，1982年，M.リン

博物館は，稲妻のごとく折れ曲がるジグザグを直線が串刺しにする平面をもつ。交差部には，展示を断絶させるヴォイドの吹抜けを置く。地下のレベルでは，床の傾いた3本の通路が鋭角に交差し，ホロコーストの軸の突きあたりに，コンクリートに囲まれた暗い塔がある。記憶を喚起する空間の形式としては，庭園の手法がもたらされている。2005年，ベルリンではピーター・アイゼンマンによるホロコースト・メモリアル（図3・132）が完成した。これもモニュメンタルな建築ではなく，2700以上の直方体のブロックが大きさを変えながら林立し，うねる人工的な地形を形成する。

威圧的な建築ではなく，ランドスケープ的な手法によって悲劇の記憶を表現するデザインは，1982年のヴェトナム戦争戦没者メモリアル（図3・133）が大きな契機となった。当時，イェール大学の女子学生だった中国系アメリカ人のマヤ・リンは，V字のラインに従い，大地をへこませることで，死者の名前を刻んだ壁をつくる案を提出し，コンペに勝利した。記念碑的な建造物が並ぶワシントンにおいて，彼女のプロジェクトは実現したものの，静謐な空間は軍人にふさわしくないという議論が起き，近くに英雄的な兵士の彫像も設置されている。

建築の姿を隠した追悼施設は日本でもつくられた。栗生明の長崎原爆死没者追悼平和祈念館（2003）は，7万余の光ファイバーを仕込んだ水盤だけが見える。そして地下の空間は爆心地に向く。アジアにもそうした施設は存在するが，欧米のように建築界で話題になる作品はあまり生まれなかった。

4・5　アジア建築の台頭

(1)　東南アジアと地域性の問題

近世以降，アジアでは西洋の建築が導入されるようになった。ときに植民地として受け入れたり，あるいはアジアが西洋に追いつこうとして，現地の伝統と断絶した新しい建築がもたらされている。当初は西洋に比べると，見劣りするものだった。しかし，20世紀の終わりになって，アジアは建築の実験場として世界から注目されるようになった。

日本人の建築家はアジアの各地において，大きな作品を実現した。シンガポールの中心部では，リー・クアンユー首相に依頼され，丹下健三が再開発に携わり，UOBプラザ（1995）やOUBセンター（1990）を設計している。伊東豊雄も同国や台湾で仕事を行う。アジアの現代建築は伝統性の表現にとりくんできた。スリランカでは，ジェフリー・バワが，伝統的な屋根や素材

図3・134　ペトロナス・タワー　クアラルンプール，1997年，C.ペリ・アソシエイツ

図3・135　クアラルンプール新国際空港　クアラルンプール，1998年，黒川紀章

を用いた国会議事堂（1981）を手がけている。

シーザー・ペリ・アソシエイツによるペトロナス・タワー（1997，図３・134）は，マレーシアのマハティール首相の国家ヴィジョンを表明するものだった。これは世界一だったアメリカの摩天楼の高さを初めてアジアが抜いた建築である。またペリは，先細りのビルの輪郭においてペナンの極楽寺の塔を参照したり，イスラム風の幾何学デザインを組み込むなど，多元的な文化にも配慮している。黒川は，マレーシアのクアラルンプール新国際空港（1998，図３・135）も設計した。林立する柱から滑らかな曲面を描く屋根がのび，幾何学的なデザインは，地域のアイデンティティとしてイスラムの建築を連想させる。

一方，地元のケン・ヤングは視覚的な記号に頼らず，論理的な方法により地域性への対応を展開した。彼は，メラナ・メシニアガ（1992，図３・136）などにおいて，熱帯の環境を解析し，ルーバーや植栽によって，空調機器に依存しないビルを設計している。

(2)　韓国・台湾・香港

金壽根（キム・スグン）は，日本に留学した後，韓国を代表する建築家として活躍した。ソウル・オリンピックの力強いスタジアムを手がける一方，空間社屋（1971，図３・137）や京東教会（1980）など，煉瓦の外壁をもつ

図３・136　メラナ・メシニアガ
1972 年，K. ヤング

図３・137　空間社屋
ソウル，1971 年，
金壽根（キムスグン）

図3・138　サムスン美術館リーウム
ソウル，2004年，J.ヌーヴェル，
R.コールハース，M.ボッタ

図3・139　大安国宅
台北，1984年，李祖原

繊細なデザインを展開したり，雑誌『空間』を刊行し，芸術運動の拠点を築いた。彼の扶余博物館（1968）では，屋根の造形が，日本の神社をほうふつさせるとして，伝統論争が起きている。金に師事した承孝相（スン・ヒョサン）によるウェルコム・シティ（2000）は，コルテン鋼におおわれたボックスを並べ，円熟した都市建築を実現した。サムスン美術館リーウム（図3・138）では，ヌーヴェル，コールハース，ボッタの3人が各棟を設計し，ソウルにも海外の建築家が本格的に介入している。

台湾の李祖原は，アメリカで学んだ後，アジア的なポストモダンを展開した。台北の集合住宅，大安国宅（1984，図3・139）は，伝統的な家屋の記号である鞍型の屋根を頂部にのせる。彼の設計した台北101（2004）の高さ508mは，ペトロナス・タワーの記録を抜いた。

香港は，1980年代に香港上海銀行とI.M.ペイの中国銀行（1989）が登場したが，1997年の中国返還以降，重要なプロジェクトが減少した。とはいえ，隣接する経済特区の深圳は，漁村がメガロポリスに変身するという爆発的な発展を経験した。1990年代末には，あらゆるデザインを模倣した高層ビル群が現れる。アジアの各地では，均質なモダニズムの批判という文脈を欠いたまま，ポストモダンの巨大建築が並ぶ都市風景が増殖した。

(3)　疾走する中国の都市

1980年代の中国では，伝統的なモチーフをとり入れたI.M.ペイによる北京の香山飯店（1982，図3・140）以外に，特筆すべき現代建築がほとんどない。北京市建築設計研究院の馬国馨（マー・クォンシー）は，丹下事務所にて研修をした後，宮殿の屋根を模したスポーツ・センター体育館（1990）を手がけた。しかし，一般的には官営の設計院が仕事を行い，個人名が前面にでない状況だった。

1990年代に中国の経済は急速に成長し，外国の有名建築家を招き，激しい建設ラッシュを迎える。上海では，1920年代の近代建築が並ぶ外灘の対岸にあたる浦東地区に超高層ビル群が出現した。高さ468mの東方明珠電視塔（1994）や，SOMによる高さ420mの金茂大厦（1999）などである。フォスター，ヘルムート・ヤーン，ポール・アンドリュー，アルキテクトニカらのプロジェクトが実現する一方，近代建築のリノベーションも行われた。中国では現代建築の動向を一気に追いかけ，21世紀の風景を生みだした。

北京では，新世代のデベロッパーが，長城コミューン（2002，図3・141）や建外SOHO（2004，図3・142）を実現した。前者は，中国の張永和や韓

図3・140　香山飯店
北京，1982年，
I.M.ペイ

図3・141　長城コミューンのクラブハウス
北京，2002年，承孝相

図3・142　建外（SOHO）
北京，2004年，山本理顕，シーラカンス，みかんぐみ

国の承孝相など，12人のアジアの建築家が参加した別荘群のプロジェクト，後者は，山本理顕，シーラカンス，みかんぐみらによる集合住宅と商業施設の大規模開発である。かくして中国は，若手にチャンスを与え，野心的なプロジェクトに挑戦できる場所として注目された。国家的なプロジェクトとしては，コールハースによる中国中央電視台（CCTV）や，ヘルッォーク＆ド・ムーロンによるオリンピック・スタジアム（図1・143）が挙げられる。前者は，メビウスの輪のごとく，ねじれたリング状の造形の高層ビルだ。後者は，鉄骨でかごを編むような外観をもち，「鳥の巣」と呼ばれた。

図3・143　北京オリンピックスタジアム
北京，2008年，ヘルツォーク＆ド・ムーロン

4・6　グローバリズムと日本の建築家

(1)　グローバリズムの時代

メタボリズム以降，海外でも有名になった日本の建築思想はない。だが，1990年代に入り，ゼネコンだけではなく，日本人建築家の海外のプロジェクトが増えている。もっとも，20世紀の前半も，日本の大陸進出に伴い，中国，韓国，台湾など，アジア各地に近代建築や都市計画を手がけた。1960年代以降は，丹下健三が，中近東のほかに，アメリカ，ヨーロッパ，アフリカ，中南米など，世界各地にプロジェクトを抱えた。

建築家の海外進出が顕著なのは，日本に限られた現象ではない。

モダニズムの時代は，国際コンペは例外的なケースだったが，レンゾ・ピアノやザハ・ハディドのようなスター建築家は，国境を越えて活躍するようになった。ベルリン，バーゼル，ソウルなどの大規模なプロジェクトでは，同じ建築家がそろう現象も起きている。有名建築家は，地元の風景ではなく，世界各地の都市を変えるようになった。

日本人建築家の海外進出は，グローバリズムのあらわれでもある。むろん，その背景としては，独創的なデザインが数多く実現していること，それを支える高い技術力と施工の精度による協力体制，『GA』や『エル・クロッキー』など国内外のメディアの後押しによって，世界的な評価を得ていることが挙げられる。

図3・144　ロサンゼルス現代美術館
ロサンゼルス，1986年，
磯崎新

図3・145　菅野美術館
宮城，2006年，
阿部仁史

(2)　日本人建築家の海外進出

丹下のプロジェクトや万博の日本館などを除くと，1990年までの現代建築では，磯崎新によるロサンゼルス現代美術館（1986，図3・144）やバルセロナのサンジョルディ・パレス（1990）が挙げられる。その後，バブル経済の崩壊によって国内の仕事が減ったのに対し，槇文彦はアメリカ，黒川紀章はアジアやロシアなどに進出した。また磯崎と批評家の浅田彰は，CIAMを再演すべく，建築と哲学を横断する諸問題を討議する10回に及ぶ国際的なANT会議（1991－2000）のシリーズを世界各地で開催した。2007年，阿部仁史（図3・145）は，国内で活躍した日本人の建築家として初めて，カリフォルニア大学ロサンゼルス校（UCLA）の学科長に就任した。

安藤忠雄と伊東豊雄は，1970年代に住宅や商業施設から仕事を始め，1990年頃から公共施設に着手し，やがて国際的な注目に応え，海外のプロジェクトを手がけた。安藤は，ドイツのヴィトラ・セミナーハウス（1993）を皮切りに，アメリカのフォートワース現代美術館（2002）などを竣工し，打ち放しコンクリートによる端正なモダニズムのスタイルを展開している。伊東は，ベルギー，イギリス，シンガポール，台湾などで，新しい建築へ空間と構造を意欲的に展開した。

⑶　国際コンペへの挑戦

1997 年，谷口吉生は，コールハースやペローなどの相手を破り，ニューヨーク近代美術館（MoMA）新館（図３・146）の指名コンペに勝利した。完成した新館（2004）は，本家以上に洗練されたモダニズムを実現できる日本人建築家の力量を示している。2003 年，坂茂は，ポンピドー・センター分館

図３・146　MoMA 新館
ニューヨーク，2004 年，
谷口吉生

図３・147　ノマディック美術館
東京，2007 年，坂茂

の国際コンペの最優秀に選ばれた。彼は，紙管によるルワンダ難民のシェルターや，コンテナを積み上げげて，世界各地を巡回するノマディック美術館（2005年以降，図3・147）など，リサイクル可能な部材を効果的に使う建築家として注目されており，活動の重心を海外に置く。

2005年，SANAAは，国際コンペにおいて，ルーブル美術館ランスの設計者に選ばれた。彼らも幾つかの国際コンペに勝ち，国内よりも海外のプロジェクトが増えた。そして内外ともにガラスの壁を使うアメリカのトレド美術館ガラス・パヴィリオン（2006）やスイスのツォルフェライン・スクール（2006）など，海外でも実験的な建築に挑戦している。

21世紀の初頭，中国やドバイ，あるいはロシアでは，急激な都市開発が進行した。そしてフランク・ゲーリーのように，はっきりとしたキャラクターをもち，一般人にもわかりやすいデザインが好まれている。構造の自由度が高くなったことを背景に生まれたランドマーク的な性格が強い造形は，アイコン建築と呼ばれるようになった。グローバリズムの経済を反映するかのように，国際都市の開発地域では，個性の強い建築家もコレクションの対象となり，日本人でも国内より海外の仕事が多い状況が生まれた。

人名索引

【アルファベット】

BBPR …… 241
foa …… 284
MVRDV …… 277
NOX …… 283
SANAA（妹島和世、西澤立衛）…… 275, 280, 297
SOM Skidmore, Owings, & Merril 80, 228, 229, 230, 292
UN スタジオ …… 277

【あ行】

アーキグラム Archigram …… 209, 220, 249
アーキズーム Archizoom …… 226
アースキン，ラルフ Erskine, Ralph (1914-2005) …… 205, 224
アアルト，アルヴァ Aalto, Alvar (1898-1976) …… 57, 72, 91, 243
アイゼンマン，ピーター Eisenman, Peter D. (1932-) …… 234, 263, 269, 288
相田武文（1937- ）…… 246
アウト，ヤコーブ・ヨハネス Oud, Jacobus Johannes (1890-1963) …… 40, 50, 58
アウレンティ，ガエ Aulenti, Gae (tana) (1927-) …… 260
青木淳（1956- ）…… 276
アシンプトート Asymptote …… 265
アスプルンド，グンナー Asplund, Gunnar (1885-1940) …… 71, 91
東孝光（1933- ）…… 245, 246
安達喜幸（1827-84）…… 104, 109
アトリエ・ワン …… 259, 280
阿部仁史（1962- ）…… 295
アルキテクトニカ …… 292
アレグザンダー，クリストファー Alexander, Christopher (1936-) …… 220
安藤忠雄（1941- ）…… 245, 247, 295
アンドリュー，ポール Andreu, Paul (1938-) …… 292
アンドレーエフ，ヴィクトル …… 270
イームズ，チャールズ Eames, Charles (1907-78) …… 81
イオファン，ボリス Iofan, Boris (1891-1976) …… 67
池辺陽（1920-79）…… 217
石井和紘（1944- ）…… 247, 255
石田敏明（1950- ）…… 283
石本喜久治（1894-1963）…… 171, 172
石山修武（1944- ）…… 246, 255, 263, 267
出江寛（1931- ）…… 262
磯崎新（1931- ）…… 208, 226, 234, 246, 254, 260, 262, 295
市川代次郎（1826-96）…… 102
イッテン，ヨハネス Itten, Johannes (1888-1967) …… 42
伊東忠太（1867-1954）…… 134
伊東豊雄（1941- ）… 245, 259, 267, 274, 275, 284, 289, 295
伊藤平左衛門（1829-1913）…… 115, 166
イトルフ，ジャコブ・イニャーズ Hittorff, Jakob Ignaz (1792-1867) …… 13
井上房一郎（1898-1993）…… 199
今井兼次（1895-1987）…… 211
入江長八（1815-1889）…… 103
岩元禄（1893-1922）…… 172, 174
ヴァン・ド・ヴェルド，アンリ van de Velde, Henry (1863-1957) …… 36
ヴィオレ・ル・デュク，ウジェーヌ・エマニュエル Viollet-le-Duc, Eugène-Emmanuel (1814-79) …… 12, 16
ヴィットヴァー，ハンス Wittwer, Hans (1894-1952) …… 48
ヴィニオリ，ラファエル Vinoly, Rafael (1944-) …… 269
ヴィリリオ，ポール Virilio, Paul (1932-) …… 208
ウエスト 8 …… 277
ヴェンチューリ，ロバート Venturi, Robert Charles (1925-) …… 221, 236, 240
ウォートルス，トマス・ジェームズ Walters, Thomas James (1842-92) …… 104, 108, 110

ヴォーリズ，ウィリアム・メリル Vories, William Merrell (1881-1964) … 147, 151, 155, 180
内井昭蔵 (1933-2002) ……………………… 216
内田祥三 (1885-1972) ………………… 162, 176
ウッツォン，ヨーン Utzon, Jorn (1918-) ……………………………………… 212, 243
浦辺鎮太郎 (1909-91) ……………………… 239
ウンガース，マティアス Ungers, Oswald Mathias (1926-) …………………… 233, 260
江川太郎左衛門 (1801-1855) ………………… 98
エッフェル，ギュスターヴ Eiffel, Gustave (1832-1923) ………………………… 6, 8, 11
エデン，レヒネル Lechner, Ödön (1845-1914) ……………………………… 28
エヌビック，フランソワ Hennebique, Francois (1842-1921) ……………… 32, 175
エリス，ピーター Ellis, Peter (1804-84) … 12
エンデ・ベックマン建築事務所……… 127, 160
遠藤新 (1889-1951) ………………………… 179
遠藤於菟 (1865-1943) ……………… 157, 175, 176
大江新太郎 (1875-1935) …… 141, 156, 165, 200
大江宏 (1913-89) …………………………… 200
仰木魯堂 (1863-1941) ………………… 117, 140
大熊氏広 (1856-1934) ……………………… 119
大隈喜邦 (1877-1952) ……………………… 160
大倉喜八郎 (1837-1928) …………………… 112
大高正人 (1923-) …………… 95, 206, 216, 262
大野勝彦 (1944-) ………………………… 218
大林芳五郎 (1864-1916) …………………… 112
岡田信一郎 (1883-1932) …… 128, 141, 154, 156, 164, 196, 197
岡田捷五郎 (1894-1976) …………………… 166
岡本春道……………………………………… 117
小川治兵衛 (1860-1933) …………………… 143
オゴルマン，ファン O'Gorman, Juan (1905-82) ……………………………… 241
小澤圭次郎 (1842-1932) …………………… 143
オスマン，ジョルジュ・ウジェーヌ Haussmann, Georges-Eugène (1809-91) ……………………………………………… 17
オット，カルロス Ott, Carlos (1946-) … 260
小野薫 (1903-1957) ………………………… 190
オルタ，ヴィクトール Horta, Victor (1861-1947) ………………………… 27, 36
オルブリヒ，ヨーゼフ・マリア Olbrich, Joseph Maria (1867-1908) …………… 29, 35
オルムステッド，フレデリック・ロウ Olmsted, Frederick Law (1822-1903) … 21, 22

【か行】

ガーディナー，ジェームズ・マクドナルド Gardiner, James McDonald (1857-1925) ……………………………………………… 155
カーン，ルイス Kahn, Louis (1901-74) … 82, 213, 249
ガウディ，アントニ Gaudí, Antoni (1852-1926) …………………… 28, 83, 211
カガン，ミッシェル Kagan, Michel (1953-) ……………………………………………… 236
鹿島岩吉 (1816-1885) ……………………… 112
柏木貨一郎 (1841-1898) ……………… 117, 140
片山東熊 (1854-1917) …………… 122, 124, 155
加藤秋………………………………………… 185
カトルメール・ド・カンシー，アントワーヌ・クリソストーム Quatremère de Quincy, Antoine-Chrysostôme (1755-1849) ……… 14
カペレッティ，ジョヴァンニ・ヴィンチェンツォ Cappelleti, Giovanni Vincenzo (1843-1887) ……………………………… 119
亀岡末吉 (1866-1922) ……………………… 115
亀倉雄策 (1915-97) ………………………… 185
カラトラヴァ，サンティアゴ Calatrava, Santiago (1951-) ………… 213
ガルニエ，トニー Garnier, Tony (1869-1948) ……………………………………………… 34
川合健二 (1913-1996) ……………………… 247
川喜多煉七郎 (1902-1975) ………………… 185
川添登 (1926-) ………………………… 95, 206
河村伊蔵 (1860-1940) ……………………… 155
川元良一 (1890-1977) ……………………… 165
カンディンスキー，ワシリー Kandinsky, Wassily (1866-1944) ……………………… 42
ギーディオン，ジークフリート Giedion, Sigfried (1888-1968) …………… 61, 88, 220
菊竹清訓 (1928-) ……… 95, 200, 206, 208, 225
木子清敬 (1844-1907) ……………………… 135
木子棟斎 (1827-93) ………………………… 115
ギゴン＆ゴヤー Gigon, Annette (1959-) and Guyer, Mike (1958-) …………………… 278
岸田日出刀 (1899-1966) …………………… 162
木島安史 (1937-92) ………………………… 267

北川原温（1951- ）……………………………… 267
北村捨次郎…………………………………… 141
ギマール，エクトール Guimard, Héctor (1867-1942) ……………………………………27
金壽根（1931-86）………………………………… 290
キャンディリス，ジョルジュ Candilis, Georges (1913-95) ……………………… 205
キャンデラ，フェリックス Candela, Félix (1910-97) ………………………………………82
久野節（1882-1962）……………………………… 166
隈研吾（1954- ）………………………… 255, 279
熊谷三太郎（1906-1992）……………………… 113
久米権九郎（1895-1965）……………………… 176
クライフス，ヨーゼフ・パウル Kleihues, Josef Paul (1933-)……… 233, 260
グラッシ，ジョルジョ Grassi, Giorgio (1935-) …………………………………… 262
グラバー，トマス Glover, Thomas (1838-1911) ……………………………………99
クラメル，ピエト・ローデウェイク Kramer, Piet(er) Lodewijk (1881-1961) ……………41
クリエ，レオン Krier, Léon (1946-) … 233
クリエ，ロブ Krier, Rob(ert) (1938-) … 233, 262
グリムショウ，ニコラス Grimshaw, Nicholas (1939-) …………………………………… 250
栗生明（1947- ）………………………………… 288
グレイブス，マイケル Graves, Michael (1934-) ……………………………… 234, 252
クレー，パウル Klee, Paul (1879-1940) …42
クレンツェ，レオ・フォン Klenze, Leo(pold Karl) von (1784-1864)………………… 13, 14
クロール，ルシアン Kroll, Lucien (1927-) ……………………………………………… 223
黒川紀章（1934-2007）… 95, 206, 208, 218, 225, 258, 290, 295
黒沢隆（1941- ）………………………………… 258
グロピウス，ワルター Gropius, Walter (1883-1969) ……………35, 42, 44, 48, 50, 55, 57, 58, 67, 69, 78, 88, 174, 211, 215
桑沢洋子（1910-77）…………………………… 185
グワスミィ，チャールズ Gwathmey, Charles (1938-) …………………………………… 234
ゲーリー，フランク Gehry, Frank Owen (1929-) ……………………………… 263, 284
剣持昤（1938-72）……………………………… 217
コープ・ヒンメルブラウ Coop Himmelb(l)au. ……………………………………………… 262
コールハース，レム Koolhaas, Rem (1944-) ……………… 257, 259, 263, 266, 291, 293, 296
コスタ，ルシオ Costa, Lúcio (1902-98) …………………………………………… 75, 92
コッカレル，チャールズ・ロバート Cockerell, Charles Robert (1788-1863) …15
小宮山正太郎（1828-1920）…………………… 102
コレア，チャールズ Correa, Charles Mark (1930-) …………………………………… 243
ゴロソフ，イリヤ Golosov, Ilya (1883-1945) …………………………………………………38
コンタマン，ヴィクトール Contamin, Victor (1840-93) …………………………………… 8
権藤要吉（1895-1970）………………………… 138
コンドル，ジョサイア Conder, Josiah (1852-1920) ………………………… 117, 120, 131, 135, 138, 144, 154, 160, 171

【さ行】

サーリネン，エーロ Saarinen, Eero (1910-61) ……………………………………… 83, 84, 212
坂倉準三（1901-69）……………… 141, 191, 201
坂本一成（1943- ）……………………………… 246
櫻井小太郎（1870-1953）……………………… 132
佐立七次郎（1856-1922）………… 122, 124, 174
佐藤功一（1878-1941）………………… 162, 165
佐藤助九郎（1847-1904）……………………… 113
佐野利器（1880-1956）………… 133, 157, 170
サフディ，モシェ Safdie, Moshe (1938-) ……………………………………………… 223
サリヴァン，ルイス Sullivan, Louis (1856-1924) ……………………… 23, 256
サンテリア，アントニオ Sant' Elia, Antonio (1888-1916) ……………………………………37
シーラカンス…………………………………… 293
ジェイコブズ，ジェーン Jacobs, Jane Butzner (1916-) ………………………… 220
ジェファソン，トマス Jefferson, Thomas (1743-1826) ……………………………………65
シェトフ，ポール Chemetov, Paul (1928-) ……………………………………………… 260
ジェンクス，チャールズ Jencks, Charles Alexander (1939-) ……………………… 252

ジェンニー，ル・バロン　Jenney, Le Baron (1832-1907) ……23
シザ，アルヴァロ　Siza (Vieira), Álvaro Joaquim de Melo (1933-) …… 244
シチュールホフ，ミハイル…… 154
ジッテ，カミロ　Sitte, Camillo (1843-1903) ……19
篠原一男 (1925-2006) …… 245, 262
清水喜助 (1815-81) …… 101, 111, 117, 140, 157
清水義八 (1846-1914) …… 103, 110
下田菊太郎 (1866-1931) …… 184
下元連 (1888-1984) …… 179
シャロウン，ハンス　Scharoun, Hans (1893-1972) …… 50, 55, 61, 211
ジャンヌレ，ピエール　Jeanneret, Pierre (1896-1967) ……48
シュタイナー，ルドルフ　Steiner, Rudolf (1861-1925) …… 211
シュタム，マルト　Stam, Mart (1899-1986) …… 44, 50
シュペーア，アルバート　Speer, Albert (1905-81) ……68
シュミット，ハンス　Schmidt, Hans (1893-1972) ……44
シュミット，フリードリヒ　Schmidt, Friedrich (1825-91) ……16
ジョゴラ，ロマルド　Giurgola, Romaldo (1920-) …… 240
ジョンソン，フィリップ　Johnson, Philip (1906-2005) … 58, 78, 82, 213, 252, 253, 263
白井晟一 (1905-83) …… 200, 241
シリアニ，アンリ　Ciriani, Henri (1936-) …… 235
ジリー，フリードリヒ　Gilly, Friedrich (1772-1800) ……13
シンケル，カール・フリードリヒ　Schinkel, Karl Friedrich (1781-1841) ……14
シンドラー，ルドルフ　Schindler, Rudolf (1887-1953) ……56
スーパースタジオ　Superstudio …… 226
スカリー，ヴィンセント　Scully, Vincent Joseph (1920-) …… 236
スカルパ，カルロ　Scarpa, Carlo (1906-78) …… 239
菅原栄蔵 (1892-1968) …… 179
スコット・ブラウン，デニズ　Scott Brown, Denise (1931-) …… 221
スコット，ジョージ・ギルバート　Scott, George Gilbert (1811-78) ……16
鈴木禎次 (1870-1941) …… 144
鈴木恂 (1935-) …… 246
スターリング，ジェームス　Stirling, James Frazer (1926-92) …… 214, 254
スターン，ロバート　Stern, Robert Arthur Morton (1939-) …… 236
スタビンズ，ヒュー　Stubbins, Hugh (1912-) …… 230
スタルク，フィリップ　Starck, Philippe (1926-96) …… 269
スチュアート，ジェームズ　Stuart, James (1713-88) ……13
スプレッケルセン，ヨハン・オット　Spreckelsen, Johan Otto von (1929-87) …… 261
スフロ，ジャック・ジェルマン　Soufflot, Jacques-Germain (1713-80) …… 3
スマーク，シドニー　Smirke, Sydney (1798-1877) ……11
スマーク，ロバート　Smirke, Robert (1780-1867) ……15
スミッソン夫妻（アリソン，ピーター）Smithson, Alison (1928-93) and Peter Denham (1923-2003) …… 94, 205, 214, 220
承孝相 (1952-) …… 291, 292
ズントー，ピーター　Zumthor, Peter (1943-) …… 277
清家清 (1918-2005) …… 200
関野貞 (1867-1935) …… 134
妹島和世 (1956-) …… 262, 274
セルダ，イルデフォンソ　Cerdá, Ildefonso (1815-76) ……20
セルト，ホセ・ルイ　Sert, Josep Lluís (1902-83) ……88
象設計集団…… 243
曽禰達蔵 (1852-1937) …… 122, 124
曽禰・中條建築事務所…… 124, 139
曽山幸彦 (1859-1892) …… 119
ソリア・イ・マタ，アルトゥーロ　Soria y Mata, Arturo (1844-1920) ……20
ソルニエ，ジュール　Saulnier, Jules (1817-1881) …… 7

【た行】

ターナー，リチャード　Turner, Richard (1798-1881) …… 6
タイガーマン，スタンリー　Tigerman, Stanley (1930-) …… 260, 262
タウト，ブルーノ　Taut, Bruno (1880-1938) …… 36, 42, 44, 56, 69, 174, 179, 199, 268
高崎正治 (1953-) …… 267
高島嘉右衛門 (1832-1914) …… 111
高須賀晋 (1933-) …… 224
高橋箒庵 (1861-1937) …… 117, 141
高松伸 (1948-) …… 267
高峰譲吉 (1854-1922) …… 122
高山栄華 (1910-1999) …… 217
滝澤眞弓 (1896-1983) …… 171
武田五一 (1872-1938) …… 132, 141, 146, 156, 162
武田斐三郎 (1827-80) …… 99
竹中藤五郎 …… 112
竹山実 (1934-86) …… 246
立原道造 (1914-1939) …… 180
辰野金吾 (1854-1919) …… 117, 121, 128, 131, 138, 140, 155
立石清重 (1829-94) …… 102
タトリン，ウラディミール　Tatlin, Vladimir (1885-1953) …… 38
田中光顕 (1843-1939) …… 140
谷口吉生 (1937-) …… 296
谷口吉郎 (1904-1979) …… 238
田上義也 (1899-1991) …… 179
田村鎮 (1878-1942) …… 176
團琢磨 (1858-1932) …… 140
丹下健三 (1913-2005) …… 87, 95, 117, 185, 190, 201, 204, 210, 212, 222, 224, 231, 241, 269, 289, 295
張永和 (1956-) …… 292
中條精一郎 (1868-1936) …… 124
チュミ，ベルナール　Tschumi, Bernard (1944-) …… 256, 259, 263
津田吉之助 (1827-90) …… 102
土浦亀城 (1897-1996) …… 152, 179, 183
坪井善勝 (1907-90) …… 213
妻木頼黄 (1859-1916) …… 127, 131, 134, 158
デ・カルロ，ジャンカルロ　de Carlo, Giancarlo (1919-2005) …… 205, 224, 239
デ・クレルク，ミケル　de Klerk, Michel (1884-1923) …… 41
デ・ファブリス，エミリオ　de Fabris, Emilio (1808-83) …… 16
勅使河原蒼風 (1900-79) …… 185
鉄川与助 (1879-1976) …… 154
デュラン，ジャン・ニコラ・ルイ　Durand, Jean-Nicolas-Louis (1760-1834) …… 4, 19
テラーニ，ジュゼッペ　Terragni, Giuseppe (1904-43) …… 38, 69
ド・ボアンヴィル，チャールズ・アルフレッド・シャステル　de Boinville, Charles Alfred Chastel (1850-97) …… 107
ド・ボド，アナトール　de Baudot, Anatole (1834-1915) …… 32
ド・ポルザンパルク，クリスチャン　de Portzamparc, Christian (1944-) …… 233, 263
ドーシ，バルクリシュナ　Doshi, Balkrishna (1927-) …… 243
土岐新 (1937-) …… 247
土橋長俊 (1901-59) …… 185
飛島文吉 (1876-1925) …… 113
富永譲 (1943-) …… 247
ドメニク，ギュンター　Domenig, Günther (1934-) …… 265
トロースト，パウル・ルートヴィヒ　Troost, Paul Ludwig (1879-1934) …… 68
トローブリッジ・リビングストン事務所 …… 159
トロハ，エドゥアルド　Torroja, Eduardo (1899-1961) …… 82
トンプソン，ベンジャミン　Thompson, Benjamin (1918-2002) …… 78
内藤廣 (1950-) …… 270
長野宇平治 (1867-1937) …… 133, 162, 184
中村順平 (1887-1977) …… 184
ナッシュ，ジョン　Nash, John (1752-1835) …… 6, 10
ニーウウェンハイス，コンスタント (1920-) …… 208
ニーマイヤー，オスカー　Niemeyer, Oscar (1907-) …… 75, 92
西山卯三 (1911-94) …… 238
ヌーヴェル，ジャン　Nouvel, Jean (1945-) …… 242, 251, 291
ネルヴィ，ピエール・ルイジ　Nervi, Pier Luigi (1891-1979) …… 76, 83

ノイトラ，リチャード　Neutra, Richard (1892-1970) ……56
ノヴィッキ，マシュー　Nowicki,Matthew (1910-50) ……84
野呂英夫……185

【は行】

バージェス，ウィリアム　Burges, William (1827-81) ……118
バートン，デシマス　Burton, Decimus (1800-81) ……6
バーナム，ダニエル　Burnham, Daniel (1846-1912) ……23
バーロウ，ウィリアム　Barlow, William (1812-1902) ……8
ハウエルズ，ジョン・ミード　Howells, John Mead (1868-1959) ……48
バワ，ジェフリー　Bawa, Geoffrey (1919-2003) ……243, 289
パクストン，ジョセフ　Paxton, Joseph (1803-65) ……6
バケマ，ヤコブ・ベレント　Bakema, Jakob Berend (1914-81) ……86, 205
橋口信助 (1870-1928) ……146
バスチャン，エドモンド・アルフレッド Bastien, Edmond Alfred (1839-88) ……105
長谷川逸子 (1941-) ……246, 268
長谷川尭 (1937-) ……222
長谷部鋭吉 (1885-1960) ……158
ハディド，ザハ　Hadid, Zaha (1950-) … 257, 263, 264, 266, 294
花輪喜久蔵……103
ハブラーケン，ジョン　Habraken, Nicholas John (1928-) ……223
早川邦彦 (1941-) ……247, 267
林忠恕 (1835-93) ……103, 109
原広司 (1936-) ……242, 246, 267
原弘 (1903-86) ……185
バラガン，ルイス　Barragán, Luis (1902-88) ……244
パラン，クロード　Parent, Claude (1923-) ……208
バリー，チャールズ　Barry, Charles (1795-1860) ……9, 15
ハリソン，ウォーレス　Harrison, Wallace (1895-1981) ……81
ハワード，エベネザー　Howard, Ebenezer (1850-1928) ……19, 215
坂茂 (1957-) ……296
ハンセル，アレグザンダー・ネルソン Hansell, Alexander Nelson (1857-1940) ……107
バンハム，レイナー　Banham, Peter Reyner (1922-88) ……220
ピアチェンティーニ，マルチェッロ Piacentini, Marcello (1881-1960) ……70
ピアノ，レンゾ　Piano, Renzo (1937-) … 248, 249, 251, 294
日高胖 (1875-1952) ……141
ヒッチコック，ヘンリー・ラッセル Hitchcock, Henry-Russell (1903-87) ……58, 61
ピュージン，オーガスタス・ウェルビー・ノースモア　Pugin, Augustus Welby Northmore (1812-52) ……15
ピラネージ，ジョヴァンニ・バッティスタ Piranesi, Giovanni Battista (1720-78) ……14, 68
ヒルベルザイマー，ルートヴィヒ Hilbersheimer, Ludwig (1885-1967) ……52, 78
広瀬鎌二 (1922-) ……217
ファトヒー，ハッサン　Fathy, Hassan (1900-89) ……242
ファン・アイク，アルド　van Eyck, Aldo (1918-99) ……94, 205
ファン・デン・ブローク，ヨハンネス・ヘンドリック　van den Broek, Johannes Hendrik (1898-1978) ……86
ファン・ドースブルフ，テオ　van Doesburg, Theo (1883-1931) ……39, 42, 61
フィジーニ，ルイジ　Figini, Luigi (1903-84) ……69
フォスター，ノーマン　Foster, Norman Robert (1935-) ……249, 292
フォンタネージ，アントニオ　Fontanesi, Antonio (1818-82) ……119
フォンテーヌ，ピエール・フランソワ・レオナール　Fontaine, Pierre-François-Léonard (1762-1853) ……7
福羽逸人 (1856-1921) ……143
藤井厚二 (1889-1938) ……147

フッド，レイモンド　Hood, Raymond (1881-1934) …… 48, 63
フラー，バックミンスター　Fuller, Buckminster (1895-1983) … 76, 85, 208, 223, 249
フライ，マクスウェル　Fry, Maxwell (1899-1987) ……69
ブラントン，リチャード・ヘンリー　Brunton, Richard Henry (1841-1901) …… 106
フランプトン，ケネス　Frampton, Kenneth Brian (1930-) …… 243
フリードマン，ヨナ　Friedman, Yona (1923-) …… 207
ブリジェンス，リチャード　Bridgens, Richard P (1819-91) …… 105, 108, 111
ブリッグマン，エリック　Bryggman, Erik (1891-1955) ……71
プルーヴェ，ジャン　Prouvé, Jean (1901-84) …… 215, 248
ブルネル，イザムバード・キングダム　Isambard Kingdom Brunel (1806-59) … 104
古谷誠章 (1955-) …… 285
ブレー，エティエンヌ・ルイ　Boullée, Étienne-Louis (1728-99) …… 4, 68, 239
フレシネ，ウジェーヌ　Freyssinet, Eugene (1879-1962) ……75
プレチニック，ヨージェ　Plečnik, Jože (1872-1957) …… 239
ブロイヤー，マルセル　Breuer, Marcel (1902-81) ……78
ペイ，イオ・ミン　Pei, Ieoh Ming (1917-) …… 78, 230, 260, 291
ヘイダック，ジョン　Hejduk, John (1929-2000) …… 234
ベーコン，ヘンリー　Bacon, Henry (1866-1924) ……65
ヘーリング，フーゴー　Häring, Hugo (1882-1958) …… 37, 55, 61
ベーレンス，ペーター　Behrens, Peter (1868-1940) …… 35, 41, 50
ペテレスク，アンカ …… 273
ヘネガン，トム　Heneghan, Tom (1951-) …… 262
ペリ，シーザー　Pelli, Cesar (1926-) … 232, 290
ペリフェリック　Peripheriques …… 283
ベルク，マックス　Berg, Max (1870-1947) ……33
ペルツィヒ，ハンス　Poelzig, Hans (1869-1936) ……37
ヘルツォーク&ド・ムーロン　Herzog, Jacques (1950-) and DeMeuron, Pierre (1950-) …… 278, 293
ヘルツベルハー，ヘルマン　Hertzberger, Herman (1932-) …… 230
ペレ，オーギュスト　Perret, Auguste (1874-1954) …… 32, 41, 87, 181
ペロー，クロード　Perrault, Claude (1613-88) …… 2
ペロー，ドミニク　Perrault, Dominique (1953-) …… 274, 296
ホイラー，ウィリアム　Wheeler, William (1851-1932) …… 106
ポートマン，ジョン　Portman, John (1924-) …… 232
ホール，スティーヴン　Holl, Steven (1947-) …… 263
星野総四郎 (1845-1915) …… 110
ボッタ，マリオ　Botta, Mario (1943-) … 243, 269, 278, 291
ポッリーニ，ジーノ　Pollini, Gino (1903-91) ……69
ボフィル，リカルド　Bofill Levi, Ricardo (1939-) …… 254
ホフマン，ヨーゼフ　Hoffmann, Josef (1870-1956) …… 29, 35, 174
ホライン，ハンス　Hollein, Hans (1934-) …… 226
堀江佐吉 (1845-1907) …… 102, 113
堀口捨己 (1895-1984) …… 171, 194
ポレーニ，ジョヴァンニ　Poleni, Giovanni (1683-1761) …… 2
ボワロー，ルイ・オーギュスト　Boileau, Louis-Auguste (1812-96) ……11
本多静六 (1866-1952) …… 143
ポンティ，ジオ　Ponti, Gio (1891-1979) … 230

【ま行】

馬国馨 (1942-) …… 292
マイ，エルンスト　May, Ernst (1886-1970) …… 53, 55, 69

マイヤー，アドルフ　Meyer, Adolf (1881-1929) ……35
マイヤー，ハンネス　Meyer, Hannes (1889-1954) …… 46, 48, 69
マイヤー，リチャード　Meier, Richard Alan (1934-) …… 234
マイヤール，ロベール　Maillart, Robert (1872-1940) ……82
前川国男（1905-86）…… 117, 141, 181, 190, 201, 216, 222, 231
前田又兵衛（1909-93）…… 113
前田健二郎（1892-1975）…… 165
槇文彦（1928- ）…… 95, 206, 216, 247, 267, 274, 295
マコヴェッツ，イムレ　Makovecz, Imre (1935-) …… 243
益田孝（1848-1938）…… 140
松井貴太郎（1883-1962）…… 157, 162
マッキム，チャールズ　McKim, Charles (1847-1909) ……25
マッキントッシュ，チャールズ・レニー　Mackintosh, Charles Rennie (1868-1928) …… 28, 147
マック，マーク　Mack, Mark (1949-) … 263
松田軍平（1895-1981）…… 139
松田権六（1896-1986）…… 141
松永安光（1941- ）…… 262
松室重光（1873-1937）…… 139, 141, 156
松本輝殷（1843-1911）…… 102
ミース・ファン・デル・ローエ，ルートヴィヒ　Mies van der Rohe, Ludwig (1886-1969) …… 44, 50, 58, 78, 80, 211, 214, 228
みかんぐみ…… 280, 293
三島通庸（1835-88）…… 110
水谷武彦（1898-1969）…… 174, 185
ミッチェル，アーマン　Mitchell, Ehrman (1924-) …… 240
宮本佳明（1961- ）…… 280
宮脇壇（1936-98）…… 246
ムーア，チャールズ　Moore, Charles Willard (1925-93) …… 236, 253
ムテジウス，ヘルマン　Muthesius, Hermann (1861-1927) ……35
武藤清（1903-1989）…… 229
村田豊（1917-1988）…… 225
ムラトーリ，サヴェリオ　Muratori, Saverio (1910-73) …… 237
村野藤吾（1891-1984）…… 162, 177, 195, 222
メルニコフ，コンスタンティン　Mel'nikov, Konstantin (1890-1974) ……39
メンデルゾーン，エーリッヒ　Mendelsohn, Erich (1887-1953) …… 37, 56, 67, 78
モザー，カール　Moser, Karl (1860-1936) …53
毛綱毅曠（1941-2001）…… 246, 255, 267
本野精吾（1882-1944）…… 183
モネオ，ラファエル　Moneo,Rafael (1937-) …… 243
モホリ・ナジ，ラースロー　Moholy-Nagy, László (1895-1946) …… 42, 78
モリス，ウィリアム　Morris, William (1834-96) ……16
森田慶一（1895-1983）…… 171
森山松之助（1869-1949）…… 141, 156, 186

【や行】

ヤーン，ヘルムート　Jahn, Helmut (1940-) …… 232, 292
安井武雄（1884-1955）…… 146, 177
矢田茂（1896-1958）…… 171
矢橋賢吉（1869-1927）…… 160
山尾庸三（1837-1917）…… 117
山口文象（1902-1978）…… 174, 185
山口半六（1858-1900）…… 126
ヤマサキ，ミノル　Yamasaki, Minoru (1912-87) …… 199, 229, 286
山下寿郎（1888-1978）…… 229
山添喜三郎（1843-1923）…… 113
山田守（1894-1966）…… 171, 174, 239
山本理顕（1945- ）…… 258, 275, 293
山脇巌（1898-1987）…… 174, 183
ヤング，ケン　Yeang, Ken (1948-) …… 290
ユイドブロ，ボルジャ　Huidobro, Borja (1936-) …… 260
葉祥栄（1940- ）…… 262
横河民輔（1864-1945）…… 127, 157, 176
吉坂隆正（1917-80）…… 192, 201, 211, 243
吉田五十八（1894-1974）…… 164, 196, 241
吉田鉄郎（1894-1956）…… 174, 180
吉武東里（1886-1945）…… 160
吉村順三（1908-97）…… 141, 181, 192, 198
吉村松太郎（生没年不詳）…… 102
ラ・パドゥーラ，エルネスト・ブルーノ　La Padula, Ernesto Bruno (1902-69) ……71

ライト，フランク・ロイド　Wright, Frank Lloyd（1867-1959）……22, 26, 36, 58, 72, 89, 147, 152, 178, 181, 268
ラグーザ，ヴィンチェンツォ　Ragusa, Vincenzo（1841-1927）…………………… 119
ラスキン，ジョン　Ruskin, John（1819-1900）……………………………………………16
ラッチェンス，エドウィン　Lutyens, Edwin（1869-1944）…………………………… 65, 67
ラブルースト，アンリ　Labrouste, Henri（1801-75）…………………………………11
李祖原（1938- ）……………………………… 291
リートフェルト，ヘリット・トマス　Rietveld, Gerrit Thomas（1888-1964）………………39
リシツキー，エル　Lissitzky, El（1890-1941）……………………………………………44
リチャードソン，ヘンリー・ホブソン　Richardson, Henry Hobson（1838-86）……25
リベスキンド，ダニエル　Libeskind, Daniel（1946- ）………………………… 263, 266, 286
リベラ，アダルベルト　Libera, Adalberto（1903-63）…………………………………69
リポー，ジャック　Ripault, Jacques（1953- ）…………………………………………… 236
リン，グレッグ　Lynn, Greg（1964- ）…… 282
リン，マヤ　Lin, Maya（1959- ）………… 288
リンチ，ケヴィン　Lynch, Kevin（1918-84）… 220
ル・コルビュジエ　Le Corbusier（Charles-Édouard Jeanneret）（1887-1965）… 41, 46, 48, 50, 53, 57, 61, 67, 72, 74, 81, 87, 117, 181, 184, 190, 201, 207, 211, 214, 234, 241
ルイ，ヴィクトール　Louis, Victor（1731-1800）…………………………………… 9
ルート，ジョン　Root, John（1850-91）……23
ルドゥー，クロード・ニコラ　Ledoux, Claude-Nicolas（1736-1806）………… 4, 71
ルドフスキー，バーナード　Rudofsky, Bernard（1905-88）……………………… 242
ルドルフ，ポール　Rudolph, Paul（1918-97）……………………………………………… 78, 214
ルドルフ，レネ　Rudnev, Lev（1885-1956）…………………………………………… 270
レヴェット，ニコラス　Revett, Nicholas（1720-1804）…………………………………13
レーモンド，アントニン　Raymond, Antonin（1888-1976）…………………… 181, 190, 198
レスカス，ジュール　Lescasse, Jules（1841-1901 ？）…………………………… 107
ロウ，コーリン　Rowe, Colin（1920-99）… 234
ロージエ，マルク・アントワーヌ　Laugier, Marc-Antoine（1713-69）………………… 3
ロース，アドルフ　Loos, Adolf（1870-1933）……………………………………… 30, 48, 56
ローチ，ケヴィン　Roche, Kevin（1922- ）……………………………………………… 230
ロジャース，リチャード　Rogers, Richard George（1933- ）…………………… 248, 269
六角鬼丈（1941- ）……………………… 247, 268
ロッシ，アルド　Rossi, Aldo（1931-97）… 232, 269, 278
若山鉉吉……………………………………… 176
ワグナー，オットー　Wagner, Otto（1841-1918）…………………………………29
渡辺節（1884-1967）………… 158, 162, 177, 195
渡辺豊和（1938- ）……………………………… 246
渡辺仁（1887-1973）…………………… 161, 165
渡辺福三（1870-1920）……………………… 160
渡辺誠（1952- ）……………………………… 282
渡辺譲（1855-1930）…………………… 127, 178
ワックスマン，コンラッド　Wachsmann, Konrad（1901-80）……………………………77

建物・項目索引

【数字・アルファベット】

「12の理想都市」……… 226
「300万人のための現代都市」……………………52
51C型……………… 258, 189
AEGタービン工場 ………35
AT＆T本社ビル …… 254
CIAM（近代建築国際会議）…………53, 61, 87, 92, 201, 204, 260
DOCOMOMO（ドコモモ）………………………… 238
EUR ………………………70
JFK空港・TWAターミナル…………………… 83, 212
M2 …………………… 255
MIT・クレスジ講堂 ……83
MITベイカー・ハウス …91
OUBセンター ………… 289
PPGプレイス ………… 252
RISE …………………… 267
UOBプラザ …………… 289

【あ行】

アーツ・アンド・クラフツ運動… 17, 27, 30, 35, 42, 141
アーメダバード経営大学………………………… 214
アール・デコ……… 62, 86, 182, 196, 257
アール・ヌーヴォー………27, 30, 32, 35, 37, 62, 138, 175
愛知県庁舎……………… 165
アイビースクエア……… 239
アインシュタイン塔………37
青森県立美術館………… 276
アガ・カーン建築賞…… 242
「赤い家」…………………17
朝吹邸…………………… 155
芦屋浜シーサイドタウン高層住宅…………………… 218
アテネ憲章………… 54, 204
アテネ憲章（修復）…… 237
アテネフランセ………… 192
アブ・シンベル神殿移築プロジェクト……………… 237
アブラクサスの集合住宅 254
アムステルダム郊外の高齢者用の集合住宅………… 277
アムステルダム派……… 194
アメリカ国会議事堂………10
『アメリカ大都市の死と生』………………………… 220
あめりか屋……………… 146
アメリカン・ボザール…………………… 159, 160
アラブ世界研究所… 242, 251
有栖川宮邸……………… 120
アルキテクスト・グループ………………………… 246
アルジェ計画案……………74
アルテス・ムゼウム………14
アルヘシーラス市場………82
飯箸邸…………………… 192
イェーテボリ裁判所………71
イェール大学アート・ギャラリー…………………………82
イェール大学建築学部………………………… 214
イェール大学ホッケー・リンク…………………………84
イギリス国会議事堂… 9, 15
イギリス積み…………… 130
池田……………………… 148
石橋正次郎邸…………… 139
伊豆の長八美術館……… 267
イタリア広場…………… 253
イタリア文明館……………71
一丁ニューヨーク……… 158
一丁ロンドン………… 121, 122, 157, 160
イリノイ工科大学・クラウン・ホール……………………78
イリノイ州センタービル………………………… 232
岩崎小弥太本邸………… 141
岩崎彌之助邸…………… 122
岩崎弥之助邸「開東閣」………………………… 144
インターナショナル・スタイル……… 50, 58, 61, 84, 252
インド総督府………………65
ヴァージニア大学・ロトンダ…………………………65
ヴァイセンホーフ・ジードルング…………… 50, 58, 259
ヴァルハラ…………… 9, 13
ヴィープリ公共図書館……72
ウィーン工房………… 30, 42
ウィーン市庁舎……………16
ウィーン地下鉄駅…………29
ウィーン分離派………………… 29, 30, 35
ウィーン郵便貯金局………30
ヴィトラ・セミナーハウス………………………… 295
ヴィルゲンミラクローサ教会…………………………82
ウールワース・ビル… 25, 64
ヴェトナム戦争戦没者メモリアル…………………… 288
ヴェネツィア憲章……… 237
上野公園………………… 143
上野博物館……………… 120
ウェルコム・シティ…… 291
ウォーキング・シティ… 209
ヴォアザン計画……………52
ウォータールー鉄道駅国際ターミナル…………… 250
内子 - 上芳我家 ………… 115
内子 - 本芳我家 ………… 115
宇部市民館……………… 196
海の博物館……………… 270
浦邸……………………… 192

ウルビノ大学…………… 239
盈進学園東野高校……… 221
エイヘンハールトの住宅地
……………………………41
エキビジョン・センター 266
エクスポタワー………… 225
エコール・デ・ボザール
……… 14, 16, 19, 134, 223
エコノミスト・ビル…… 205
エスプリ・ヌーヴォー館
……………………… 51, 52
エッフェル塔…………… 253
江戸川アパートメント… 188
エトワール凱旋門…………14
エルヴィラ写真工房………28
エンパイア・ステイト・ビル
……………………… 64, 67
延暦寺 - 大書院 ………… 141
大浦天主堂……………… 100
大倉精神文化研究所…… 163
大阪ガスビル…………… 177
大阪城天守閣…………… 164
大阪中央公会堂………… 128
大阪万博………………… 224
大阪ビルヂング………… 158
大隅講堂………………… 162
大谷派本願寺函館別院… 166
大塚女子アパートメント
………………………… 187
オーディトリアム・ビル…24
オート・フォルム街…… 233
オープンエア・スクール…58
大湊軍用水道堰堤……… 132
岡田邸…………………… 194
岡山の住宅……………… 258
オックスフォード大学自然史
博物館…………………… 9
御茶ノ水文化アパート… 151
お祭り広場……………… 225
尾山神社神門…………… 102
オリエル・チェンバーズ…12
オルヴィエート航空機格納庫
……………………………76
オルセー美術館………… 260
オルタ自邸…………………27
オルト邸…………… 100, 104
オルリー空港飛行船格納庫
……………………………75
オルレアンのギャラリー… 7

【か行】

カーソン・ピリー・スコット
百貨店……………………24
カール・マルクス・ホーフ
……………………………56
カールトン・ハウス・テラス
……………………………10
海上都市………………… 208
開拓使物産売捌所……… 120
開智学校………………… 102
開東閣…………………… 138
「輝く都市」………… 54, 74
香川県庁舎……………… 241
カサ・デル・ファッショ…70
カサ・バトリヨ……………28
カサ・ミラ…………………28
佳水園…………………… 196
カステル・ベランジェ……27
カステル・ヴェッキオ美術館
………………………… 239
霞ヶ関ビル……………… 229
華族会館………………… 124
神奈川県庁舎……… 165, 185
神奈川県立音楽堂・図書館
………………………… 191
神奈川県立近代美術館
…………………… 192, 238
金沢 21 世紀美術館 …… 275
金谷ホテル……………… 166
カフェ・デ・ユニ…………41
歌舞伎座……… 156, 164, 197
「カプセル宣言」……… 258
蒲郡ホテル……………… 166
ガラス・パヴィリオン……36
ガラスの摩天楼案…………43
ガララテーゼの集合住宅 232
軽井沢の山荘…………… 196
カレ・ダール…………… 251
ガレリア・ヴィットリオ・エ
マヌエーレ二世………… 7
川合健二自邸…………… 247
川越……………………… 114
神田三崎町……………… 147
官庁集中計画…………… 126
関東大震災………… 130, 150,
154, 157, 166, 174
機械館…………………… 8
岸記念体育館…………… 190
杵屋別邸………………… 197
紀伊国屋書店…………… 190
金日成広場……………… 272
木村産業研究所………… 190
ギャランティ・ビル………24
キャンベラ…………………67
キュー・ガーデンのヤシ温室
………………………… 6
救世主キリスト大聖堂… 270
球泉洞森林館…………… 267
求道会館………………… 162
キュビスム…………… 38, 39
京大学友会館…………… 173
京都 - 帝室博物館 ……… 124
京都市美術館…………… 165
京都タワー………… 172, 239
京都武徳殿……………… 156
擬洋風建築
………… 101, 103, 110, 117
玉流館…………………… 272
京東教会………………… 290
キリンプラザ大阪……… 267
ギルド・ハウス………… 222
銀座煉瓦街…… 108, 125, 130
錦糸公園………………… 169
キンベル美術館…… 213, 249
クアラルンプール新国際空港
………………………… 290
空間社屋………………… 290
空中都市………………… 208
グエル公園…………………28
釧路市湿原展望資料館… 267
グッゲンハイム美術館
(ニューヨーク)…………89
グッゲンハイム美術館
(ビルバオ)……… 265, 284
久邇宮邸…………… 141, 156
くまもとアートポリス… 262
熊本北警察署…………… 262
熊本県営保田窪第一団地
………………………… 258

熊本県草地畜産研究所… 262
クライスラー・ビル… 64, 65
グラス・ハウス……………82
グラスゴー美術学校………29
グラバー邸……………… 100
グラン・アルシュ……… 261
グラン・パレ………………32
クリスタル・パレス……… 7
グルントヴィ聖堂…………28
グレイ派………………… 236
黒部川第二発電所……… 174
軍艦島…………………… 153
軍人会館…………… 165, 185
群馬県立近代美術館…… 234
訓盲院…………………… 120
慶応大学図書館………… 124
ゲーリー自邸…………… 264
幻庵……………………… 246
建外SOHO …………… 292
「健康住宅」………………57
「建築家なしの建築」展
………………………… 242
『建築の多様性と対立性』
………………………… 221
原爆堂計画……………… 201
原爆ドーム……………… 238
小出邸……………… 172, 194
「工業都市」………………34
皇居新宮殿……………… 193
皇居山里正殿案………… 120
皇居山里吊り橋………… 104
「航空母艦都市」……… 226
香山飯店………………… 292
甲子園ホテル…………… 179
交詢社ビル………… 157, 162
構成主義……………… 38, 42,
44, 49, 56, 67, 255, 263
高蔵寺ニュータウン…… 217
神戸アメリカ総領事館… 199
公立はこだて未来大学… 275
コールブルックデールの鋳鉄
橋………………………… 5
国技館…………………… 123
国際文化会館……… 141, 192
国際連合本部………………81
国際連盟-本部設計競技
…………………… 48, 184
国立屋内総合競技場本館 213
国立西洋美術館………… 201
国立第一銀行…………… 111
古渓荘…………………… 140
護国寺・茶室群………… 141
ゴシック・リヴァイヴァル
…………………… 15, 16
古社寺保存法…………… 134
小菅修船場…………………99
国会議事堂……………… 160
五島美術館……………… 197
子供の家…………… 94, 206
小鮒刺繍店……………… 283
コメルツ銀行本社……… 251
五稜郭……………… 99, 108
コングレスポ…………… 257

【さ行】

西郷従道邸……………… 107
再春館製薬女子寮……… 262
済生館…………………… 110
斉藤助教授の家………… 200
在盤谷日本文化会館
………………………… 185
サヴォア邸…………………47
櫻井……………………… 148
サグラダ・ファミリア聖堂28
桜台コートビレッジ…… 216
『錯乱のニューヨーク』
………………………… 257
札幌農学校演武場（時計台）
………………………… 106
『サポート』…………… 223
サムスン美術館リーウム
………………………… 291
サン・ジャン・ド・モンマル
トル聖堂…………………32
産業革命………… 5, 17, 256
サンジョルディ・パレス
………………………… 295
サント・ジュヌヴィエーヴ聖
堂………………………… 3
サント・ジュヌヴィエーヴ図
書館………………………11
サントゥジェーヌ聖堂……11
参謀本部………………… 119
シアーズ・タワー……… 229
シアトル-アメリカ科学館
………………………… 288
シーグラム・ビル… 79, 228
シーランチのコンドミニア
ム……………………… 236
紫烟荘……………… 172, 194
ジオデシック・ドーム
…………………… 85, 208
シカゴ………………………21
シカゴ・トリビューン本社ビ
ル………………… 48, 63
シカゴ派……………………23
シカゴ万博……………… 178
シグナル・ボックス…… 278
四高……………………… 128
静岡県庁舎……………… 165
シティコープ・センター
………………………… 230
シドニー・オペラハウス
………………………… 212
シトロアン住宅……………42
島津忠重邸……………… 122
下村邸…………………… 155
シャンゼリゼー劇場………33
秀英社印刷工場………… 176
自由学園明日館………… 176
首相官邸………………… 178
シュタイナー邸……………31
シュトゥットガルト美術館
………………………… 254
シュミンケ邸………………61
シュレーダー邸……………40
蕉雨荘…………………… 140
尚古集成館……………… 154
ジョン・ハンコック・セン
ター…………………… 230
ジョンソン・ワックス本社事
務棟………………………89
シルバーハット………… 267
白の家…………………… 245
新喜楽…………………… 197
シングル・スタイル 25, 236
新古典主義…………… 3, 15,
48, 67, 69, 71, 159
震災記念堂……………… 164
新宿NSビル …………… 232

『神殿か獄舎か』……… 222
新橋ステーション……… 108
金茂大厦…………………… 292
人民宮殿…………………… 273
新薬師寺本堂……………… 134
水準原点標庫……………… 124
スイス学生会館……… 72, 87
スイス博覧会セメント館…82
スーパードライ・ホール
…………………………… 269
スカイスクレーパー・シティ
……………………………52
スカイハウス……… 200, 206
スティールクラウド…… 265
ストックホルム公共図書館
……………………………71
ストックホルム工芸博エントランス……………………71
ストックホルム市庁舎……28
ストックレー邸……………30
ストロベリ・ヒル…………15
スパイラル……………… 267
スパニッシュ様式
………… 139, 147, 151, 155
スペース・フレーム
………………… 77, 82, 84
隅田川橋梁……………… 168
隅田公園………………… 169
住友本店………………… 158
住友鹿ケ谷邸…………… 141
住吉の長屋……………… 245
成城学園………………… 148
生闘学舎………………… 224
セイナツァロ村役場
…………………… 91, 243
聖ヨハネ聖堂……… 153, 238
世界遺産条約…………… 237
世界平和記念聖堂……… 196
世界貿易センタービル
……………… 197, 229, 286
セキスイハイム M1 …… 218
折衷主義……… 18, 27, 30, 71
ゼンカイハウス………… 280
戦災復興計画…………… 187
線状都市……………………20
せんだいメディアテーク
…………………… 275, 285
センチュリー・タワー… 249
セント・パンクラス駅
……………………… 8, 16
セント・ルイス空港…… 286
セントラル・パーク………21
セントラル・ベヒーア保険会社……………………… 230
泉布観……………… 104, 105
千里ニュータウン……… 216
ソヴィエト・パレス設計競技
…………………… 49, 67
造幣寮…………………… 104
ソーク生物学研究所…… 213
ゾーニング………… 34, 256
ソビエト・ウクライナのハリコフ劇場設計案……… 185
ソビエト・パレス……… 270

【た行】

ダイアモンド・ハウス… 235
大安国宅………………… 291
第一生命館……………… 161
大英博物館……… 9, 11, 251
大学セミナー・ハウス
………………… 193, 211
代官山ヒルサイドテラス
…………………………… 216
第五十九銀行本店……… 113
第三インターナショナル記念塔案……………………38
大審院…………………… 110
大東亜記念建造計画…… 185
台南市庁舎……………… 186
台南州庁………………… 156
台北国際金融大楼……… 291
ダイマクシオン・ハウス…76
大丸心斎橋店…………… 182
台湾閣……………… 141, 156
高岡……………………… 114
高山日下部家…………… 115
高山吉島家……………… 113
タカラ・ビューティリオン
…………………………… 225
託摩団地………………… 262
ダグラス邸……………… 235
武田長兵衛邸……… 139, 156
竹橋陣営…………… 104, 105
ダッカ国会議場………… 214
タッセル邸…………………27
淡水のパヴィリオン…… 283
チームX（テン）… 94, 204
地下鉄飯田橋駅………… 282
チバウ文化センター…… 251
チャッツワースの温室…… 6
チャンディガール…………92
中央銀行………………… 265
中央停車場……………… 123
中国銀行………………… 291
中国中央電視台（CCTV）
…………………………… 293
中世主義……………… 15, 19
長城コミューン………… 292
朝鮮総督府……………… 186
聴竹居…………………… 147
チリハウス…………………37
ツイエフ労働者クラブ……38
通天閣…………………… 144
ツェッペリン広場…………68
ツォルフェライン・スクール
…………………………… 297
築地ホテル館… 105, 111, 127
つくばセンタービル…… 254
土浦亀城自邸…………… 183
鶴舞公園………………… 144
テートモダン…………… 240
デ・ステイル…… 39, 41, 44
デ・ダヘラートの住宅地…41
帝冠様式…………… 165, 185
帝国劇場………………… 127
帝国ホテル…… 178, 181, 238
（旧）帝国ホテル……… 127
ディコンストラクティヴィズム(脱構築主義)… 263, 279
ディズニーランド……… 253
帝都復興計画…………… 167
デイリー・エクスプレス新聞社……………………………62
デイリー・ニュース・ビル
……………………………63
デザイン・サーヴェイ… 238
田園調布………………… 148
田園都市……………… 17, 19
天王寺公園……………… 144

ドイツ工作連盟…　35, 37, 69
ドイツ工作連盟展・モデル劇場……………………………37
トゥーゲントハット邸……52
トゥールーズ・ル・ミレイユ計画…………………… 205
東京朝日新聞…………… 172
東京海上ビル本館… 124, 157
東京カテドラル聖マリア大聖堂……………………… 213
東京銀行集会所…… 157, 162
東京計画 1960 …………………… 201, 210
東京国際フォーラム…… 269
東京ゴルフ倶楽部……… 181
東京商業会議所…… 127, 158
東京女子大学…………… 181
東京中央電信局………… 172
東京中央郵便局…… 175, 180
東京帝室博物館 ……………… 165, 185, 190
東京逓信病院…………… 175
東京都庁舎……………… 269
(旧) 東京都庁舎 …　95, 211
東京日仏学院…………… 192
東京府庁舎……………… 127
東京武道館……………… 268
東宮御所………………… 124
同潤会…………………… 187
塔状都市……………　95, 208
同世代の橋……………… 255
東大寺大仏殿……… 129, 134
塔の家…………………… 245
東方明珠電視塔………… 292
トータル・メディア・タワー博物館………………… 283
常盤台…………………… 148
徳田ビル………………… 183
所沢飛行船格納庫……… 176
『都市のイメージ』…… 220
「都市はツリーではない」………………………… 220
トッズ表参道ビル……… 284
トッレ・ヴェラスカ ……………………　90, 241
トマス・ジェファソン・メモリアル……………………65
富岡製糸所……………… 106
ドミノ・システム…………41
トレド美術館ガラス・パヴィリオン………………… 297

【な行】

ナイツ・オブ・コロンバス本社……………………… 231
中京郵便局庁舎………… 239
中銀カプセルタワー…… 218
長崎原爆死没者追悼平和祈念館…………………… 288
長崎製鉄所…………………99
中の島公園……………… 144
中野本町の家…………… 245
長屋……………………… 150
中山邸…………………… 196
中廊下型住宅…………… 146
今帰仁村中央公民館…… 243
名護市庁舎……………… 243
名古屋市庁舎…………… 185
名古屋電信局…………… 131
「夏の家」……………… 181
奈良帝室博物館………… 124
奈良県庁舎……………… 133
奈良県物産陳列所……… 133
奈良ホテル……………… 133
新潟県会議事堂………… 110
新潟税関庁舎…………… 100
ニコライ堂……………… 154
西方町…………………… 147
西陣電話局分局………… 172
二条城 - 本丸御殿 ……… 116
日活国際会館…………… 197
日光真光教会堂………… 155
日清生命………………… 164
日本基督教大阪教会…… 155
日本銀行本店……… 123, 131
日本工業倶楽部………… 155
日本郵船小樽支店……… 124
日本郵船ビル…………… 124
日本芸術院会館………… 197
日本住宅公団…………… 189
日本相互銀行本店……… 191
日本二十六聖人殉教記念館 ………………………… 211
日本橋…………………… 132
ニュー・バビロン……… 208
ニュー・ブルータリズム 214
ニューグルナのプロジェクト ………………………… 242
ニューデリー………… 65, 66
ニューヨーク………… 21, 63
ニューヨーク近代美術館 (MoMA) ……… 58, 242, 263, 296
ニューヨーク博フィンランド館…………………………73
韮山反射炉…………………96
布谷ビル………………… 269
ネクサスワールド……… 262
ノイエ・ザッハリヒカイト ……………… 43, 44, 55, 61
ノヴォコムン集合住宅……38
「ノー・ストップ・シティ」………………………… 226
野々宮写真館アパート… 152
野武士…………………… 247
ノマディック美術館…… 296

【は行】

ハーフ・ティンバー様式 …………………… 139, 147
ハイアット・リージェンシー・ホテル(サンフランシスコ) ………………………… 232
バイカー・ウォールの集合住宅……………………… 224
ハイテク ………… 248, 249, 250, 251
ハイマート様式……………68
パイミオのサナトリウム ……………………… 57, 72
バウスベアーの教会…… 243
バウハウス…………… 42, 43, 45, 69, 174, 183, 185, 194
バウハウス・デッサウ校舎 ……………………… 46, 58
「バウハウスへの打撃」………………………… 183
函館ハリストス復活大聖堂 ………………………… 155

パターン・ランゲージ… 220
ハッサム邸……………… 107
（旧）服部時計店……… 161
馬頭町・広重美術館…… 279
ハノーバー万博・オランダ館 ………………………… 277
母の家…………………… 221
浜町公園………………… 169
林原第五ビル…………… 251
パリ・オペラ座……… 10, 18
パリ新オペラ座………… 260
パリ・マレ地区………… 238
パリ北駅……………………13
パリ国立国会図書館………11
パリ国立図書館………… 276
パリ大改造…………… 17, 18
パリ地下鉄駅入口…………27
ハリディ・ビル……………25
パリ中央市場……………… 7
パリ万博日本館………… 191
バルセロナ…………………20
バルセロナ万博・ドイツ館 ……………………………50
晴海高層住宅…………… 216
パレ・ロワイヤルの劇場… 9
パレスサイド・ビル…… 230
反射炉………………………98
反住器…………………… 246
ハンスタントンの中学校 …………………… 94, 214
ハンセル邸……………… 107
ハンセルマン邸………… 234
パンプルア聖堂……………92
東本願寺 - 阿弥陀堂 …… 115
東本願寺 - 大師堂 ……… 115
東本願寺 - 勅使門 ……… 115
聖橋………………… 171, 172
批判的地域主義………… 243
日比谷公園………… 127, 143
日比谷日生ビル………… 222
百年祭記念ホール…………33
日向別邸………………… 180
表現主義………………… 37, 42, 43, 58, 61, 90, 162, 172, 174, 180, 194, 211
兵庫県庁舎……………… 128
平壌大劇場……………… 272
平野橋…………………… 132
ピレッリ・ビル…… 86, 230
広島市平和記念公園 …………………… 87, 201
琵琶湖疎水…… 132, 143, 154
琵琶湖ホテル…………… 166
ファグス靴工場……………35
ファニュエル・ホール… 240
ファン・ネレ煙草工場……58
ファンズワース邸…… 79, 82
フィアット自動車工場……34
フィレンツェ・スタジアム ……………………………76
フィレンツェ大聖堂ファサード……………………………16
フェデレーション・スクエア………………………… 266
フォード・ハイランドパーク工場………………………34
フォード財団…………… 231
フォートワース現代美術館 ………………………… 295
フォルコシュレイトの霊安室 ………………………… 243
フォントヒル・アベイ……15
「孵化過程」…………… 226
福岡シーサイドももち住宅環境展…………………… 262
福原有信邸……………… 178
藤沢市湘南台文化センター ………………………… 268
富士通グループ・パヴィリオン……………………… 225
富士屋ホテル…………… 166
ブダペスト郵便貯金局……28
プチ・トリアノン………… 3
プチ・パレ…………………32
武道館…………………… 172
扶余博物館……………… 291
ブラジリア…………………92
ブラッケン・ハウス…… 250
フラット・アイアン・ビル ……………………………24
プラハ城の改修………… 239
フランクフルト工芸美術館 ………………………… 234
フランクリン・コート… 240
フランクリン街のアパート ……………………………32
フランス積み…………… 130
ブランデンブルク門………13
ブリーズ・ソレイユ………75
フリードリヒ大王の記念碑コンペ案……………………13
プルーイット・アイゴー団地 ………………………… 199
ブルータリズム……………91
古河邸…………………… 144
ブルックリン橋…………… 6
プレイリー・ハウス………26
「プレモス」…………… 190
プログラム論…………… 256
分離派………… 117, 194, 222
分離派記念館………………29
分離派建築会……… 171, 173
平安神宮………………… 135
平安神宮神苑…………… 143
ペーパー・アーキテクチャー ………………………… 270
ベーレンス自邸……………35
北京オリンピック・スタジアム……………………… 293
ベスト社ショールーム… 265
ペトロナス・タワー ………………………… 290
ヘリックス・シティ…… 208
ヘルシンキ駅………………28
ベルリン・インターバウ 259
ベルリン・フィルハーモニー・ホール………………… 211
ベルリン計画コンペ案… 205
ベルリン国際建築展（IBA） …………………… 260, 262
ベルリン国立劇場…………14
ベルリン都市計画…………68
ベルリンの壁…………… 273
ペン相互生命保険会社… 240
宝山寺獅子閣…………… 102
法政大学 55 年館 ……… 200
豊平館…………………… 109
ポートランドビル……… 252
ホーム・インシュアランス・ビル………………………23
ポスト・モダニズム…… 252

『ポスト・モダニズムの建築言語』…………………… 252
ポストモダン…………… 235, 252, 254, 266, 269, 271, 274, 279, 291
北海道開拓使本庁舎…… 108
ホテル・イル・パラッツオ ………………………… 269
ホロコースト・メモリアル ………………………… 288
ホワイト派 ……………… 234, 236, 264
本郷元町公園……… 169, 170
香港ザ・ピーク………… 257
香港上海銀行…………… 249
本所公会堂……………… 156
ポンピドウ・センター …………………… 248, 296
ボンマルシェ百貨店………11

【ま行】

前川自邸…………… 190, 192
松本健次郎邸…………… 138
マテオッティ・ヴィレッジの集合住宅……………… 224
マドレーヌ聖堂……… 9, 14
マヨリカ・ハウス…………29
マルチメディア工房…… 275
マルロー法……………… 238
マンネスマン・ビル………86
三重県庁舎………… 110, 238
神子畑鋳鉄橋…………… 104
三角港フェリーターミナル ………………………… 262
ミゼットハウス………… 217
三井組ハウス…………… 111
三井家大磯別邸城山荘… 176
三井家倶楽部…………… 122
三井物産横浜支店… 157, 175
三井本館……… 159, 161, 176
(旧) 三井本館 ………… 157
三越百貨店……………… 161
三菱一号館……………… 122
水戸六番池団地………… 216
みなとみらい21 ……… 262
ミュラー邸…………………31
未来派…………………… 37, 38
睦沢学校………………… 102
ムニエ・チョコレート工場 ……………………………… 7
村井吉兵衛邸…………… 156
村井吉兵衛別邸………… 155
無隣庵…………………… 143
明治学院礼拝堂………… 155
明治宮殿………………… 135
明治神宮宝物館 ……………… 154, 165, 200
明治生命館………… 156, 160
明治村…………………… 238
メイド・イン・トーキョー ………………………… 259
メガストラクチャー …………………… 74, 207
メキシコ大学都市の中央図書館……………………… 241
メキシコ大学宇宙線研究所 ……………………………82
メタボリズム…………… 95, 206, 207, 208, 218, 225, 294
メトロポリタン・ライフ・ビル…………………………25
メニル・コレクション美術館 ………………………… 250
メラナ・メシニアガ…… 290
綿業会館………………… 162
モスクワ大学……… 86, 270
モデナ墓地……………… 232
モデュロール…… 47, 87, 235
本野精吾自邸…………… 183
基町団地………………… 216
モナドノック・ビル………23
森五商店……… 177, 180, 195
「森の火葬場」……………91
森山邸…………………… 280
モンティセロ………………65
モントリオール万博・ハビタ'67 …………………… 223
モントリオール万博・アメリカ館…………………………85
モンパルナス・タワー… 230

【や行】

安田講堂………………… 162
八代市博物館…………… 275
山口県庁舎……………… 156
ヤマトインターナショナル ………………………… 270
大和文華館………… 197, 241
山梨文化会館…………… 231
山邑邸…………………… 178
唯一館…………………… 133
遊就館…………………… 119
郵船ビル………………… 158
ユダヤ博物館…………… 287
ユニット派……………… 280
ユニテ・ダビタシオン……87
洋小屋……………… 101, 129
陽和洞…………………… 139
横須賀製鉄所…………… 105
横浜銀行集会所………… 175
横浜港大さん橋国際客船ターミナル………………… 284
横浜正金銀行本店… 127, 158
吉岡邸…………………… 246
ラ・ヴィレット公園…… 256
ラ・ザルズエラ競馬場……82
ライオンビアホール…… 179
ライジングサン石油…… 181
「ライト・コンストラクション」展………………… 274
ライヒスターク………… 251
「ラウムプラン」…………31
落水荘………………………72
『ラスベガス』………… 221
リーダーズ・ダイジェスト東京支社………………… 198
リヴァ・サンヴィターレの住宅……………………… 243
李王家の邸宅…………… 138
リオデジャネイロ教育・厚生省…………………………74
リオデジャネイロ計画案…74
リコラのヨーロッパ社の工場と倉庫………………… 288
リチャーズ医学研究所… 213
リフォーム・クラブ……… 9

リンガー邸………… 100, 104
リンカーン・メモリアル…65
ル・アーブル………………87
ル・ランシーのノートルダム聖堂……………… 33, 181
ルイ・ヴィトン名古屋… 276
ルーヴァン・カトリック大学・学生寮………………… 223
ルーフトップ・リモデリング……………………… 265
ルーヴル美術館ガラスのピラミッド………………… 260
ルーヴル美術館ランス… 297
ルサコフ労働者クラブ……39
レイクショア・ドライブ・アパートメント……………79
レヴァー・ハウス… 80, 228
レヴィットタウン……… 215
レーモンド自邸…… 181, 199
レスター大学工学部棟……………………… 214
レスプリ・ヌーヴォー……41
レッティ蝋燭店………… 226
レホボトの原子炉……… 213
「連続するモニュメント」……………………… 226
ロイズ・オブ・ロンドン……………………… 249
ロイヤル・パヴィリオン… 6
ロイヤル・スクエア集合住宅計画…………………… 233
ロヴェル・ビーチ・ハウス56
労働宮計画……………………38
ローマ・テルミニ駅………83
ローリー競技場……………84
鹿鳴館…………………… 120
ロサンゼルス現代美術館 295
ロックフェラー・センター………………………………63
ロビー邸………………………26
ロンシャンの礼拝堂…………………… 90, 211
ロンドン市庁舎………… 251

【わ行】

ワールド・フィナンシャル・センター……………… 232
和小屋……………… 101, 129
ワシントン DC ……… 21, 65
渡辺翁記念館…………… 177

図版出典一覧

■第1編

第1章

図1・1，1・5　Middleton, Watkin, "Neoclassical and 19th Century Architecture 1", 1980
図1・4，1・9，1・21，1・22，1・29　Watkin, "A History of Western Architecture", 1996
図1・18　Middleton, Watkin, "Neoclassical and 19th Century Architecture 2", 1977
図1・20, 1・27　Mignot, "Architecture of the Nineteenth Century in Europe", 1984
図1・28，1.30，1.31，1.32　Choay, "The Modern City", 1969
図1・33　"à la richerche de la cité idealé", Institut Claude-Nicolas Ledoux, 2000

第2章

図1・35　Wayne Andrews, "Architecture in New York, Atheneum", 1969
図1・49　Tafuri, Dal Co, "Architettura Contemporanea/1, Electa", 1979
図1・50，1・65　A. Colquhoun, "Modern Architecture", Oxford University Press, 2002
図1・55　"à la richerche de la cité idealé", Institut Claude-Nicolas Ledoux, 2000
図1・58，1・59，1・60　W.J.R.Curtis, "Modern Architecture since 1900", Phaidon, 1982
図1・62，1・67　Sprio Kostof, "A History of Architecture", Oxford University Press, 1985
図1・63，1・64　Guillen, "the Taylorized Beauty of the Mechanical", Princeton University Press, 2006

第3章

図1・68　Watkin, "A History of Western Architecture", Laurence King, 1986
図1・69，1・93　A. Colquhoun, "Modern Architecture", Oxford University Press, 2002
図1・70，1・85　W. J. R. Curtis, "Modern Architecture since 1900", Phaidon, 1982
図1・71，1・84　Benevolo, "Storia dell'architettura moderna", Laterza, 1960
図1・72，1・79　L. M. Roth, "Understanding Architecture", Westview Press, 2007
図1・74，1・91　H. R. Hitchcock, "Architecture 19 and 20 centuries", 1958
図1・75，1・76，1.86　Tafuri, Dal Co, "Architettura Contemporanea/1", Electa, 1979
図1・82　Gold, "The experience of modernism", E&FN SPON, 1997
図1・83　"à la richerche de la cité idealé", Institut Claude-Nicolas Ledoux, 2000
図1・87，1.88　Ford, "The Details of Modern Architecture 1", MIT, 1990
図1・89　Karl Fleig, "Alvar Aalto", Girsberger, 1963
図1・90　F. Salmon(ed.), "Summerson and Hitchcock", Yale University Press, 2006
図1・92　K. Frampton, "Modern Architecture", Thames and Hudson, 1980

第4章

図1・94　"Exposition Internationale des Arts Decoratifs et Industriels Modernes au xxeme siecle II Architecture", Garland Publishing, 1977
図1・96　Rem Koolhaas, "Delirious New York", The Monacelli Press, 1994
図1・97，1・98　Wayne Andrews, "Architecture in New York", Atheneum, 1969
図1・101　"A Guide to the Architecture of Washington D.C.", Frederick A. Praeger, 1965
図1・102　Sprio Kostof, "A History of Architecture", Oxford University Press, 1985
図1・103　Ching, "A global history of Architecture", John Wiley & Sons, 2007
図1・104　"à la richerche de la cité idealé", Institut Claude-Nicolas Ledoux, 2000
図1・105，1・114　Watkin, "A History of Western Architecture", Laurence King,

1986
図 1・106，1・117　Sprio Kostof, "A History of Architecture", Oxford University Press, 1985
図 1・107，1・119　W. J. R. Curtis, "Modern Architecture since 1900", Phaidon, 1982
図 1・109　Richard A. Etlin, "Modernism in Italian Architecture", 1890-1940, MIT Press, 1991
図 1・111，1・115，1・116　A.Colquhoun, "Modern Architecture", Oxford University Press, 2002
図 1・118　Agnoldomenico Pica, "Pier Luigi Nervi", editalia, 1969
図 1・120　Benevolo, "Storia dell'architettura moderna", Laterza, 1960
第 5 章
図 1・122，1・128　David Speath, "Mies van der Rohe", Rizzoli, 1985
図 1・125　A.Colquhoun, "Modern Architecture", Oxford University Press, 2002
図 1・126　Wayne Andrews, "Architecture in New York", Atheneum, 1969
図 1・129　John Jacobus, "Twentieth-Century Architecture The Middle Years 1940-65", Federick A. Praeger, 1966
図 1・130　"The Structure of Eduardo Torroja", F.W.Dodge Corporation, 1958
図 1・131　Sigfried Giedion, "Space, Time and Architecture", Harvard University Press, 1967
図 1・132，1・135　Curt Siegel, "Strukturformen der Modernen Architektur", Georg D. W. Callwey, 1961
図 1・139　Tafuri, Dal Co, "Architettura Contemporanea/1", Electa, 1979
図 1・140　"Le Havre Auguste Perret et la Reconstruction", Inventuire general, 1999
図 1・142　Sprio Kostof, "A History of Architecture", Oxford University Press, 1985
図 1・146　W. J. R. Curtis, "Modern Architecture since 1900", Phaidon, 1982
図 1・148，1・149，1・151　John Jacobus, "Twentieth-Century Architecture The Middle Years 1940-65", Federick A. Praeger, 1966
図 1・152　S. U. Barbieri, L. van Duin, "A Hundred Years of Dutch Architecture 1901-2000", SUN, 2003

■第2編

図 2・16，2・64　「皇室建築」鈴木博之監修　建築画報社
図 2・17　財）建築研究協会編「重要文化財 神子畑鋳鉄橋修理工事報告書」，兵庫県朝来町，1983 年 7 月
図 2・19　財）文化財建造物保存技術協会編「重要文化財 旧札幌農学校演武場（時計台）保存修理工事報告書」，札幌市，1998 年 10 月
図 2・26　栃木県立美術館「高橋由一 －風景への挑戦－」，栃木県立美術館，1987 年 11 月
図 2・30　財）文化財建造物保存技術協会編「重要文化財 重要文化財 第五十九銀行本店本館保存修理工事報告書」，青森銀行，1985 年 9 月
図 2・32，2・33　「日本の美術 10」至文堂
図 2・52　「日本の美術 9」至文堂
図 2・60　「国宝東大寺金堂（大仏殿）修理工事報告書」
図 2・70　鈴木博之編「建築ライブラリー 18 復元思想の社会史」，建築資料研究社，2006 年 6 月
図 2・74，2・104　「日本の美術 51　西洋館」坂本勝比古
図 2・89　「集客都市」橋爪紳也，日本経済新聞社
図 2・87，2・124，2・181　共同通信社提供
図 2・92　平井聖「住宅史の立場から一団欒の場としての茶の間を中心とする住まいを見直そう」，住宅建築研究所報告 No.12,1985 年
図 2・93　W.M. ヴォーリズ　写真集「日本人を超えたニホン人 ウィリアム・メレル・ヴォーリズ」，びわ湖放送，1998 年 2 月
図 2・95　「近代日本の郊外住宅地」片木篤，藤谷陽悦，角野幸博編，鹿島出版会
図 2・96，2・97，2・125，2・126　「東京の都市計画」越沢明著　岩波新書
図 2・98，2・99，2・100　「日本のすまい」（1）西山卯三　『新住宅』連載
図 2・104　「武田五一・人と作品」博物館　明治村，1987 年

図 2・116，2・124　共同通信社提供
図 2・122 「日本の美術 11」至文堂
図 2・123 「日本の駅舎とクラシックホテル」鈴木博之，増田彰久ほか，白揚社
図 2・128　再発見・モダン都市東京の公園
図 2・133，2・137，2・138，2・148，2・151，2・157，2・158，2・161，2・165，2・166，2・169，2・173，2・174，2・180 「文化遺産としてのモダニズム建築 DOCOMOMO100 選展」汐溜ミュージアムカタログ
図 2・135，2・167 「横浜・都市と建築の 100 年」横浜市
図 2・139, 2・140　NPO 法人大谷石研究会編「大谷石百選 自然美・建築美」NPO 法人 大谷石研究会 ,2006 年 7 月
図 2・145，2・146，2・175 「アントニン ＆ エノミ・レーモンド」 鎌倉近代美術館
図 2・147，2・153，2・154，2・155，2・162 "Maekawa Kunio" by Jonathan M. Reynolds, University of California Press
図 2・149，2・150 「バウハウスと茶の湯」山脇道子著　新潮社
図 2・152 「建築の 20 世紀　PART 1」新建築社
図 2・159 「51C 家族を容れるハコの戦後と現在」鈴木成文ほか，平凡社
図 2・163，2・164 「坂倉順三の仕事」鎌倉近代美術館
図 2・171，2・172 「吉田五十八建築展カタログ」
図 2・179 「大江宏」別冊新建築

■第3編

図 3・9　黒川紀章「黒川紀章－都市デザインの思想と手法」彰国社 ,1997 年 7 月
図 3・12 「近代建築」'69 年 2 月号，近代建築社
図 3・15　Alexander Tzonis, Liane Lefaivre, Richad Diamond, "Architecture in North America since 1960", Thames and Hudson, 1995
図 3・17　Sibyl Moholy-Nagy, Paul Rudolph, Gerhard Schwab,"The Architecture of PAUL RUDOLPH", Thames and Hudson, 1970
図 3・21 「大和ハウス工業の 50 年」，大和ハウス工業，2006 年 1 月
図 3・25　Kevin Lynch, "The Image of the City, "The M.I.T.Prcss, June1960
図 3・26　矢代眞己「20 世紀の空間デザイン」彰国社
図 3・30 「村野藤吾のデザインエッセンス 4」建築資料研究所
図 3・28，3・42，3・50，3・62，3・63，3・79，3・97　Alexander Tzonis, Liane Lefaivre, Richad Diamond, "Architecture in North America since 1960", Thames and Hudson, 1995
図 3・40 『近代建築』'00 年 8 月号，近代建築社
図 3・49 "Robert A. M. Stern, Buildings and Projects 1981-1986" , Rizzoli, 1986
図 3・66 『建築文化』'88 年 10 月号，彰国社
図 3・68 『建築文化』'72 年 11 月号，彰国社
図 3・106　共同通信社提供
図 3・107 『ＳＤ』'93 年 4 月号，鹿島出版会
図 3・113 「非線型の出来事」彰国社
図 3・118 『a+u』'06 年 11 月号，エーアンドユー社
図 3・127 『建築文化』'02 年 8 月号，彰国社
図 3・145　阿野太一

【編著者】 **鈴木 博之**（Hiroyuki SUZUKI）
1968年 東京大学工学部建築学科卒業
1974年 東京大学工学系大学院博士課程満期退学
1974－75年 ロンドン大学コートゥールド美術史研究所留学
（英国政府給費留学生）
1990年 東京大学 教授
元青山学院大学 教授，元東京大学 名誉教授，故人

【著 者】 **五十嵐 太郎**（Taro IGARASHI）
1990年 東京大学工学部建築学科卒業
1992年 東京大学大学院修士課程修了，博士（工学）
現 在 東北大学 教授

横手 義洋（Yoshihiro YOKOTE）
1994年 東京大学工学部建築学科卒業
1997－99年 ミラノ工科大学建築学部留学（イタリア政府給費留学生）
2001年 東京大学大学院工学系研究科博士課程修了
現 在 東京電機大学未来科学部建築学科 准教授，博士（工学）

近代建築史（部分カラー版）

2008年10月24日 初版発行
2010年10月22日 部分カラー版発行
2019年 2月15日 部分カラー版第4刷

編著者 鈴 木 博 之
発行者 澤 崎 明 治

企画・編修 澤崎 明治 印刷 廣 済 堂
編修・校正 山田美智子 製本 三省堂印刷
構成・装丁 本郷 彰司 図版 丸山図芸社

発行所 株式会社市ヶ谷出版社
東京都千代田区五番町5
電話 03-3265-3711（代）
FAX 03-3265-4008

ISBN978-4-87071-134-1